俞可平 著

帝国新论

A NEW THEORY OF EMPIRE

浙江人民出版社

图书在版编目（CIP）数据

帝国新论 / 俞可平著. — 杭州 : 浙江人民出版社, 2023.5

ISBN 978-7-213-11005-4

Ⅰ. ①帝… Ⅱ. ①俞… Ⅲ. ①帝国-研究 Ⅳ. ①D033

中国国家版本馆CIP数据核字(2023)第055392号

帝国新论

俞可平 著

出版发行：浙江人民出版社(杭州市体育场路347号 邮编 310006)
市场部电话：(0571)85061682 85176516

出版统筹：王利波
营销编辑：陈雯怡 陈芊如 张紫懿
责任编辑：诸舒鹏
责任校对：何培玉
责任印务：程 琳
封面设计：周伟伟
电脑制版：杭州天一图文制作有限公司
印 刷：浙江新华印刷技术有限公司
开 本：710毫米×1000毫米 1/16
印 张：17.25
字 数：205.8千字
插 页：6
版 次：2023年5月第1版
印 次：2023年5月第1次印刷
书 号：ISBN 978-7-213-11005-4
定 价：98.00元

序　言

展现在读者面前的这本拙著，既不是目前学术界最看重的各种国家课题或基金项目的成果，也不是刻意计划的产物，而是不经意间的一个作品。随着全球化时代的来临，传统的国家主权遇到前所未有的严峻挑战，作为一种世界政治秩序的帝国体系又成了许多人的政治梦想，一些强权人物甚至逆历史潮流而在实践上又开始追逐帝国的霸业了。与此相适应，帝国研究在21世纪以来再度成为国际人文社会科学界的关注热点，出现了一些有影响的帝国研究专著。然而，学术界对帝国的研究依然存在着一些重大的缺憾。已有的帝国研究以历史学为主，着重于对历史上著名帝国的考察与论述，而缺乏对帝国的一般性理论分析，以致帝国研究中出现了不少严重的偏差。例如，关于帝国的概念模糊不清，很多作者虽在论述帝国，但并不真正清楚帝国与天下、国家、民族、强国、大国、霸权、帝制、王权等概念的区别与联系；对帝国兴衰的普遍规律和历史命运也缺乏深刻认识，错误地将帝国的兴盛强大与人民的繁荣富足混为一谈。为了廓清帝国的一些基本概念，寻找帝国兴亡的规律，分析帝国的历史命运，破除人们对帝国的梦幻，从2020年开始，我决定暂时放下手头的其他研究，集中精力写一篇关于帝国一般理论、兴衰规律和历史命运的文章。不想这篇文章下笔后居然收不住手，最后成稿时全文长达7万字。只好将拙作拆分成3篇文章，分别发表在不同的刊物上。它们分别是发表在《山西大学学报（哲学社会科学版）》2022年第1期的《论帝国的兴衰》、《清华大学学报（哲学社会科学版）》2022年第2期的《帝国新论》和《国家研究》辑刊2022年第1期的《历史上的著名帝国》。还有一个始料未及的是，《帝国新论》在《清华大学学报（哲学社会科学版）》发表的当日，恰巧发生了俄乌冲突这一世界历史重大事件。拙文被《清华大学学报（哲学社会科学版）》公号推送后，竟然成为人们关注的一篇热文。紧接着便有几家眼光犀利的出版社相继向我约稿，希望能够出版一本关于帝国研究的专著。最后我答应了先前有过愉快合作经历的浙江人民出版社，这便有了眼前这部拙著。

本书的主要目的，就是澄清帝国研究的一些基本理论问题，帮助人们正确认识帝国源于对其他国家和民族的军事侵略与野蛮掠夺，其本质是民族间的政治不平等，帝国的辉煌建立在被压迫民族的苦难之上。因此，帝国体系的崩溃对广大被压迫民族来说是一种政治解放，第二次世界大战后帝国退出世界历史舞台是人类政治历史的巨大进步，任何复辟帝国梦想的企图都是对人类文明的根本性反动，也注定逃不出失败的命运。鉴于这一目的，本书的重点在于对帝国进行一般性的理论分析，特别是从政治学的角度界定帝国的概念，辨析帝国与国家、民族、大国、强国、王国、霸权、殖民地、民族国家和帝国主义等类似概念的异同，总结帝国盛衰兴亡的普遍规律，最后警醒人们帝国的时代已经一去不复返，即使当今最强大的国家，如果还想冒天下之大不韪，试图依靠其军事和经济实力追求帝国的春秋大梦，最终必将被世界历史和人类文明抛弃。拙著用相当的篇幅来阐述和辨析帝国的概念与特征，也是为了纠正目前社会科学领域中存在的一种十分有害的偏向，即在日益强调数据资料和案例研究的同时，严重忽视了对所研究的社会现象进行理论抽象。理论抽象是科学研究活动中一种质的飞跃，是揭示事物本质属性和一般特征的必经环节。理论抽象的重要形式和结果，就是一系列新的概念和范畴的形成。概念和范畴不同于一般的术语和语词，后者是对事物外在属性的描述，前者则是对事物内在属性的揭示。遗憾的是，即使在社会科学研究者中间，许多人也将这两者混淆起来，将语词、术语混同于概念、范畴。例如，汉语中自古就有的"共和""法治""民主""治理""平等"等语词和术语，与作为现代政治学基本概念的"共和""法治""治理""平等"等的意义几乎南辕北辙，而一些学者居然津津乐道：这些西方的现代政治学概念，我国古已有之。在我看来，概念的辨析和范畴的建构，是社会科学进步的重要标志，也是对研究者分析能力和思辨能力的考验与挑战。

按照上述构思，本书分为两个部分。第一部分为"帝国的理论"，第二部分为"历史上的帝国"。虽然两个部分各分8章，但第一部分是本书的重点。第一部分体现了作者的重要研究发现和关于帝国的主要结论，第二部分列举了亚述、波斯、亚历山大、罗马、蒙古、奥斯曼、西班牙和英国等8个历史上的著名帝国。这8个帝国是世界历史上各类帝国的代表，它们分别体现了帝国的某些本质属性和典型特征。因此，选择这8个帝国既是为读者提供典型的帝国范例，更是为佐证作者在第一部分中阐述的那些分析性观点和结论性判断。作者并非帝国史研究专家，对这些代表性帝国的分析和叙述不敢造次，主要通过引述相关的权威性研究成果来作出自己的评介。

如前面所说，拙著是在三篇公开发表的论文的基础上拓展而成的，因此，在本书出版之际，我首先要感谢《清华大学学报（哲学社会科学版）》《山西大学学报（哲学社会科学版）》和《国家研究》这三家杂志（辑刊）对拙文的发表与推送，否则恐怕也没有后来衍生的这部书稿；其次要感谢浙江人民出版社对拙著的热情约稿，他们对学术著作的重视在目前的出版生态中尤其值得称道；还要感谢我的助手和研究生，他们为我借阅和整理了相关的研究文献。最后值得一提的是，无论是最初关于帝国研究的论文，还是现在这本帝国研究的小书，都碰巧是2021年和2022年暑期在长白山脚下的“松鼠窝”度假村做“休假式研究”的成果。“松鼠窝”夏日的清凉、宁静、洁净和友好，助我将本来多少有些枯燥的理论研究变成了莫大的学术享受。

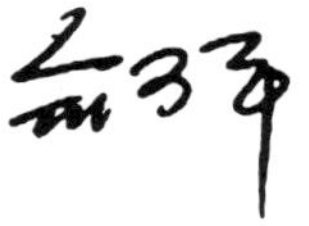

2022年9月16日于京郊九直园

目　录

第一部分　帝国的理论

第二部分　历史上的帝国

第一部分

帝国的理论

第一章
帝国研究

关于帝国的研究，20世纪中叶的第二次世界大战是一个根本的分水岭。第二次世界大战前，帝国研究与国家研究相互交织、密不可分，常常合而为一。进而言之，第二次世界大战以前的东西方主流政治思想中，帝国是一个褒义词，它是国家强盛的极致，是最高形式的国家，是人们所追求的政治梦想。在传统政治中，国家强大的一个最明显指标，就是领土范围的扩大和对周边国家的征服。因而，国家理论中关于如何让国家在经济上和军事上变得强盛，以至于有足够的力量可以进行对外扩张；如何将国家的对外扩张行为合法化，以使自己的对外扩张师出有名，以及如何对被征服国家进行有效的统治，使附属国臣民对宗主国的统治心悦诚服等，本身也是传统帝国理论研究的重要内容。

无论在中国还是在西方的传统政治思想中，都存在着一种强大的“国家一帝国”的政治逻辑。这一政治逻辑的核心思想是，只要一个国家足够先进和强大，那么它不仅有能力威服四方，而且它也有责任将更先进的文明带给其他国家。在传统中国，这种思想体现在“王道”和“天下”的逻辑中：一个行王道的君主，可以“治国平天下”；一个行王道的国家，天下的其他国家就会自愿臣服。孟子举例说，商汤最初起源于葛国，方圆不过70里地。但它行王道，为周边其他国家所信服。所以，当它开始征服其他国家时，其他国家便纷纷归顺于它，甚至于其他国家的民众还抱怨商王为什么不早一点来征服自己的国家："臣闻七十里为政于天下者，汤是也。未闻以千里畏人者也。书曰：'汤一征，自葛始。'天下信之。'东面而征，西夷怨；南面而征，北狄怨。'"（《孟子·梁惠王章句下》）

古希腊的亚里士多德也有着相似的政治逻辑，他认为希腊人是文明的使者，将希腊文明传播到其他地方，是一种值得称道的进步。他的学生亚历山大大帝秉承了这一理念，对周边国家进行肆无忌惮的扩张征服，建立了横跨欧亚的马其顿帝国，并将其征服的大片领土加以希腊化。亚里士多德和亚历山大师生的这种"国家—帝国"逻辑，在直至第二次世界大战前的西方世界一直占据着主导地位。例如，但丁这样来论证帝国的合理性：人类文明的普遍目标是全面地、不断地发展人的智力，使人类的科学艺术不断创新进步。而"达到这一目标最好的办法是实现世界和平"，"为了造就普天下的幸福，有必要建立一个一统的世界政体"。这个"一统天下的尘世政体，一般也称作帝国"[①]。

第二次世界大战的结果深刻地改变了人类的历史进程，它不仅使人类的和平力量最终战胜了法西斯军国主义的侵略力量，结束了数个世纪以来以欧洲为中心的世界政治格局；而且引发了风起云涌的民族解放运动，绝大多数亚非拉国家在战后纷纷挣脱殖民宗主国的束缚，成为独立的民族国家，从而彻底摧毁了统治人类历史数个世纪之久的帝国主义殖民体系，主权独立的民族国家成为世界政治

---

①［意］但丁：《论世界帝国》，朱虹译，商务印书馆，2017年，第3—7页。

舞台的主角。正如马丁·托马斯（Martin Thomas）和安德鲁·汤普逊（Andrew S.Thompson）所说："过去的20世纪，正式的殖民统治的崩溃、帝国的终结，或如专家们通常所说的非殖民，已经重新塑造了世界的政治地理。"[①]昔日被视为政治荣耀的帝国体制，已成为人类所不齿的政治压迫机器，而帝国主义则被当作是对外侵略和殖民的政治符号。随着帝国日益淡出人们的视野，对帝国的研究也日益被边缘化，代之而起的是对民族国家的研究。第二次世界大战后，整个国家理论研究的重点不再是帝国，而是民族国家或主权国家。

20世纪末，随着全球化时代的来临以及苏联东欧社会主义阵营的解体，人类的历史进程再次发生重大的转轨，世界政治格局也随之得以重新调整，以美国和苏联两个超级大国为代表的世界政治两极时代宣告结束，人类政治进入了多极化时代。特别是全球化进程深刻地冲击了传统的主权国家体系，从根本上动摇了人们对民族国家的想象。与这一人类政治历史进程的转变相适应，国家理论的关注重点也再次发生变化。一个能够预见的变化是，更多的政治学者开始关注全球化对国家主权和民族国家所带来的深刻影响。另一个多少出乎许多政治学者意外的是，帝国问题再度受到重视。

正如《千年帝国史》的作者克里尚·库马尔（Krishan Kumar）所说：无论在政治上还是学术界，第二次世界大战后，帝国的热潮渐退。政治上最明显的变化就是欧洲海外帝国的解体，包括英国、法国、荷兰、比利时和葡萄牙，新的国家由此诞生。因为帝国被视

---

①［澳］马丁·托马斯、［英］安德鲁·汤普逊：《反思非殖民化：21世纪的新研究议程》（Rethinking Decolonization： A New Research Agenda for the Twenty-First Century），《牛津帝国终结手册》（*The Oxford Handbook of the Ends of Empires*），牛津大学出版社，2017年，第1页。

作过去的遗留物，人们对历史的具体情节缺乏兴趣，包括帝国的治理原则、帝国的目标愿景以及帝国代表的这种特殊政治实体。于是，人们对帝国既反感，又漠视。然而，自21世纪初以来，人们对于帝国的研究热情空前高涨。“最近几十年来，无视帝国的态度发生了改观。帝国研究重新回归人们的视野，大批分量极重的著作、研讨会以及大众媒体宣传都说明了这一点。”[①]

关于21世纪以后帝国研究的重要著作，我们不妨在此随便举些例子：

麦克尔·哈特（Michael Hardt）和安东尼奥·奈格里（Antonio Negri）的《帝国》（*Empire*，中文版译名为《帝国——全球化的政治秩序》），2000年，哈佛大学出版社出版，两位作者均是著名的左翼学者。哈特是美国杜克大学文学系的德勒兹（Deleuze）专家，奈格里是著名的意大利籍政治理论家。作者认为，全球化时代国家主权拥有了新的形式，它由一系列国家的和超国家的机体构成，形成了一种以美国为权力核心的新全球政治秩序，这种新的全球政治秩序便是全球化时代的帝国。由于作者用马克思主义的视角分析和批判了全球化时代的帝国体系，因此该书被认为是左翼阵营中最有影响的政治理论书籍。

列文（D.C.B.Lieven）的《帝国：俄罗斯帝国及其竞争对手》（*Empire: Russian Empire and Its Rivals*），2000年，伦敦约翰·莫雷出版社（John Murray）出版。作者列文是伦敦经济学院教授，著名俄国史研究专家。作者认为，绝大多数关于帝国的著作都将焦点集中在欧洲的海上强国，而本书则关注俄罗斯在欧洲的扩张和崛起对全球

① 参阅［美］克里尚·库马尔：《千年帝国史》，石炜译，中信出版社，2019年，第2—3页。

政治的重要意义。该书将俄罗斯帝国与其主要竞争对手哈布斯堡、奥斯曼帝国和大英帝国进行比较，同时参考分析了从古代中国和罗马到今天的美国和欧盟等案例，集中探讨了包括苏联在内的俄罗斯帝国的兴亡史，试图解答关于帝国研究的一些重要问题：一个帝国与另一个帝国有何不同？帝国为什么会兴衰？是什么让帝国在世界的某些时代和地区蓬勃发展，而在其他时代和地区却没有？

默顿（J.Muldoon）的《帝国与秩序：帝国的概念》（*Empire and Order：The Concept of Empire，800—1800*），2000年，美国天主教大学出版社出版，作者是罗格斯大学的名誉教授。众多帝国研究的著作是由历史学家撰写的，其中大部分关注历史上帝国的兴衰规律和政治经济状况，很少从理论上关注帝国的概念。与此不同，默顿在本书中结合历史上帝国的具体案例，深入分析了帝国的概念。历史学家将帝国的概念归入前现代世界，将国家视为现代世界特有的政治形式。本书着重考察了中世纪和现代早期帝国概念的各种意义，展示了帝国和国家的概念是如何并行发展的。作者认为，帝国概念含有广泛的意义，它不仅意味着对广阔领土的统治，也意味着基督教世界的秩序。帝国概念本身就具有多元性，而不是只有一种意义。

尼尔·弗格森（Niall Ferguson）的《帝国：大英世界秩序的兴衰与全球霸权的教训》（*Empire：The Rise and Demise of the British World Order and the Lessons for Global Power*），2003年，纽约基础图书公司出版。作者弗格森是著名历史学家，斯坦福大学胡佛研究所高级研究员。本书着重揭示了作为世界历史上最大帝国的大英帝国如何在全球范围内进行扩张，并在扩张过程中如何塑造现代世界的秩序。作者说，我们今天所知道的世界在很大程度上是不列颠帝国时代的产物。大英帝国在对外经济扩张的同时，也将资本主义、电信、英语和代议制政府机构扩展到了全世界，从而在很大程度上形塑了“现代世界”。

勒波维克斯（H.Lebovics）的《将帝国带回家：全球化时代的法兰西》（*Bringing the Empire Back Home: France in the Global Age*），2004年，杜克大学出版社出版。本书作者勒波维克斯是石溪大学历史学教授，耶鲁大学博士。在书中，作者以引人入胜的方式讲述了在过去的半个世纪中，法国人关于全球化与反全球化的激烈争论，重新定义了巴黎、各地区和前殖民地之间的关系以及整个世界。在一个由各类群体组成的叙述中，作者揭示了当代法国社会和文化可能是西方多元化和同质化最重要的试验场。本书强调了法国努力综合地区、国家、欧洲、后殖民民族和全球的政治意义，从一种新的角度展示了历史上的法兰西帝国对今日法国的文化认同所产生的深远影响。

大卫·哈维（David Harvey）的《新帝国主义》（*The New Imperialism*），2005年，牛津大学出版社出版。作者哈维也是美国著名的左翼学者，任教于纽约市立大学（CUNY），以研究和批判资本主义和帝国主义著称。在本书中，哈维分析了美国作为新帝国主义超级霸权的形成历史，着重考察了美国从新自由主义的帝国主义转变为新保守主义的帝国主义的历程，揭示了其背后的领土逻辑和资本逻辑，指出了美帝国主义的本质仍然是“掠夺”和“剥夺性积累”。该书出版后产生了极大反响，被认为“对理解当代帝国的沧桑巨变作出了重大的理论贡献”。

珍妮弗·皮茨（J.Pitts）的《转向帝国：英法帝国自由主义的兴起》（*A Turn to Empire: The Rise of Imperial Liberalism in Britain and France*），2005年，普林斯顿大学出版社出版。作者珍妮弗·皮茨是美国芝加哥大学政治学教授。皮茨在该书中比较系统地考察了在18、19世纪之交的60年中，英国和法国政治思想中关于帝国观念所发生的巨大转变。在18、19世纪早期，亚当·斯密、埃德蒙·伯克和边沁等著名思想家激烈批评英国等欧洲老牌帝国。在这些思想家看来，帝国统治是不公正的，在政治和经济上对被征服国家来说都是极大的灾难。然而，到了19世纪中期，最著名的英国和法国自由主义思想家，包括密尔和托克维尔，都积极支持欧洲列强对非欧洲民族的征服。皮茨解释说，这反映了文明自信心的上升，因为人类进步的理论变得更加咄咄逼人，所以对文化差异的容忍度也更低。该书还获得了美国政治学会政治学理论类基金会2006年的“首作奖”（First Book Award）。

约翰·达尔文的（John Darwin）的《帖木儿之后：1405年以来的全球帝国史》（*After Tamerlane: The Global History of Empire since 1405*），2007年，伦敦布鲁姆斯伯里出版公司（Bloomsbury Publishing）出版，后多次重版。作者约翰·达尔文是英国著名历史学家、英国国家学术院院士、牛津大学历史系荣休教授、牛津大学全球史研究中心首任主任。达尔文在此书中重新解释了全球性帝国对世界历史的深远意义，认为1405年帖木儿的逝世以及帖木儿帝国的崩溃，才是多元化的全球现代历史的开端。达尔文认为，帖木儿是最后一位“世界征服者”，帖木儿帝国的崩溃，标志着成吉思汗以来草原帝国主导整个欧亚大陆的时代也随之结束，全球历史翻开新的一页。该书跳出了欧洲中心主义的视角，全方位考察了1405年以来的世界舞台，将奥斯曼、萨法维、莫卧儿、“中华”、日本、俄罗斯（苏联）、英国、美国等帝国，拉进欧亚大陆政治竞逐的大棋盘，使得1405年以后600多年的世界政治历史，不再是西方帝国的“独角戏”。

简·伯班克（Jane Burbank）和弗雷德里克·库珀（Frederick Cooper）的《世界帝国史：权力与差异政治》（*Empires in World History: Power and the Politics of Difference*），2010年，普林斯顿大学出版社出

版。作者简·伯班克和弗雷德里克·库珀均为纽约大学历史学教授。本书是一部波澜壮阔的帝国统治史，内容始于公元前3世纪，绵延至20世纪中期，幅员广阔的世界诸帝国在这一时期纷纷登上历史舞台。作者分析了影响深远的罗马帝国、俄罗斯帝国、自成一体的“中华帝国”，以及彻底开启全球化进程的西方诸帝国，分析了它们各不相同的统治策略如何深刻影响了世界历史的发展轨迹。作者不仅关注它们如何崛起、竞争并形成其独特制度与统治实践，而且超越对历史细节的泛泛叙述，将帝国作为一种统治形式加以分析考察。同时本书借助对各个帝国统治策略、施政传统的一系列对比，充分展示其内部的差异性、丰富性和复杂性，从而加深了人们对帝国统治史的理解。本书曾获2011年美国世界史学会年度图书奖。

克里尚·库马尔的《帝国的幻象：五大帝国如何塑造世界》（*Visions of Empire: How Five Imperial Regimes Shaped the World*），2017年，普林斯顿大学出版社出版，中文版书名译为《千年帝国史》（中信出版社，2019年）。作者克里尚·库马尔为美国弗吉尼亚大学特级讲座教授。在该书中，库马尔从罗马帝国切入，全景式地分析了奥斯曼帝国、哈布斯堡王朝、俄罗斯、英国和法国五大帝国。克里尚·库马尔试图从新的视角解读这些帝国统治者的身份特征，他们如何为帝国统治寻找正当性，他们如何认识自我，以及如何统治帝国的民众。库马尔认为，这些帝国的统治者在建立世界秩序的过程中，留下了与当今世界息息相关的多元化政治遗产，从而深刻地影响了世界历史的进程。

马丁·托马斯和安德鲁·汤普逊主编的《牛津帝国终结手册》（*The Oxford Handbook of the Ends of Empires*），2017年，牛津大学出版社出版。主编马丁·托马斯和安德鲁·汤普逊均为英国埃克塞特大学（University of Exeter）历史学教授，前者是著名的帝国史研究专家，后者是现代史专家。《牛津帝国终结手册》全书分为四个部分，共包含36篇相对独立的研究文章。第一部分“国家视角”，第二部分“地区视角”，第三部分“主题视角”，第四部分“遗产与记忆”。文章的作者都是区域史和国别史研究专家，全书着重对20世纪帝国终结的原因、过程与后果进行了全面的讨论和分析。两位主编共同写了一篇题为《反思非殖民化：21世纪研究的新议程》的文章，由此可见本手册的宗旨就是试图通过对西欧、东欧与东亚各主要帝国衰亡过程和原因的分析，揭示出非殖民化是全球政治发展不可逆转的必然趋势。

彼得·F.邦（Peter Fibiger Bang）、C.A.贝里（C.A.Bayly）和W.谢德尔（Walter Scheidel）合编的两卷本《牛津世界帝国史》（*The Oxford World History of Empire*），2021年，牛津大学出版社出版。主编分别是哥本哈根大学历史学副教授、剑桥大学历史学教授和斯坦福大学人文历史教授。两卷本《牛津世界帝国史》汇集了当今西方学术界众多有影响的帝国研究专家，是迄今最全面地展示世界帝国历史的文章汇编，堪称帝国研究的百科全书。第一卷“帝国的经验”，旨在综合与比较帝国跨文化和跨历史的多方面经验。这一卷的内容涉及范围极为广泛，包括帝国的定义和概念、人口和领土规模、世界体系和地缘政治、军事和政治组织、政治经济精英等。编者将这些广泛的议题统一置于四个维度下进行考察：权力系统、权力文化、权力差异以及帝国衰亡。第二卷“帝国的历史”，系统地追踪了从青铜时代国家形成之初到当今世界复杂多变的帝国统治历史。这一卷主要由历史上著名帝国的案例组成，共分8个部分45个篇章，依据帝国的历史演进依次为“从青铜到铁器时代”“古典时代”“大转折时代”“蒙古时代”“另一个世界”“巨大影响”“全球转折”和“20

世纪”。[①]

客观地说，帝国以及与之密切相关的帝国主义在当今世界的主流政治话语中，仍然被排除在人类政治进步的范畴之外。但我们不能因之而否认，在人类漫长的政治历史进程中，帝国曾经是人类的主要政治生存环境。这一点几乎是政治学家、社会学家和历史学家的共识。正如库马尔在《千年帝国史》的扉页中所指出的：“世界史就是一部帝国史，在留有记录的大部分历史中，人类生活在帝国之中。”因此，若要全面了解人类自己所发明的基本政治制度，就不能不研究帝国。尽管20世纪末和21世纪初以来，各国政治学者重新关注帝国的原因各不相同，但当全球化从根本上动摇人类的民族国家认同时，人们对帝国的热情再度高涨不只是历史人文学者和社会科学者的单纯学术兴趣使然，而有其深刻的时代背景和内在的理论逻辑。

例如，著名社会学家艾森斯塔得说，从历史上看，帝国代表了大部分的重要人类文明的某些发展阶段。无论是古近东文明、美洲文明、希腊文明，还是远东文明、伊斯兰世界和近代欧洲国家，都有着帝国的深刻印记。[②]历史学家约翰·达尔文在《未终结的帝国》中说：“帝国由某个民族或种族的统治者通过影响或政治统治得以掌控其他人而建立，它长久以来一直是世界大多数地区在大多数时期

---

① 关于“帝国研究的回归”，英文文献可集中参阅［丹］彼得·F.邦、［英］C.A.贝里和W.谢德尔合编的两卷本《牛津世界帝国史》，牛津大学出版社，2021年；以及［美］珍妮弗·皮茨的《帝国与帝国主义的政治理论：文献的检索》（Political Theory of Empire and Imperialism: An Appendix），［美］萨卡·墨图（Sankar Muthu）编：《帝国与现实政治思想》（*Empire and Modern Political Thought*），剑桥大学出版社，2012年，第351—389页。中文文献亦可参阅饶淑莹：《转型时代的帝国研究》，上海人民出版社，2010年。

②［美］S.N.艾森斯塔得：《帝国的政治体系》，阎步克译，贵州人民出版社，1992年，第4页。

的政治统治方式，是国家政治体制的默认模式。”“我们如今所处的世界是由诸多帝国共同缔造的。事实上，无论是殖民地还是在曾经的殖民地，非洲、亚洲、欧洲还是美洲，这些帝国的遗迹在现代世界随处可见。现代世界的历史与文化充斥着这些帝国留下的记忆、抱负、制度和不满。”①法国著名思想家雷蒙·阿隆（Raymond Aron）在其1962年出版的代表作《民族国家间的和平与战争》一书中，也毫不避讳地肯定了帝国的当代价值，甚至可以说在某种程度上预示了帝国研究的回归。他认为，为了寻求人类的永久和平，五种不同流派的理论家提出了各种办法，这些办法概括地说就是“以法律求和平与以帝国求和平”两种。以法律求和平的理论家认为国家具有多样性，思忖着如何使国家服从法治；以帝国求和平的理论家意识到国家的多样性可能引发战争，探索如何居于国家之上。雷蒙·阿隆自己显然倾向于后者，他说：“按照历史先例，当前危机的出路应当是一个一统天下的帝国。每一个过去所谓的全球帝国都统一了一个文明区，结束了敌对主权间的争端。依此类推，在20世纪的后半叶，全球帝国应当包括人类整体。”②

全球化进程对国家主权和民族国家认同的巨大冲击，促使人们思考全球化时代新的国际秩序。在人类漫长的政治发展进程中，帝国体系曾经是人类遏制国家间的战争、维持世界和平秩序最主要的结构性安排之一。第二次世界大战后，这一结构性安排被民族国家和主权国家所取代。全球化时代的到来，对人类造成的最深刻冲击之一，便是开始从根本上动摇基于主权之上的民族国家认同和民族

---

①［英］约翰·达尔文：《未终结的帝国：大英帝国，一个不愿消逝的扩张梦》，冯宇等译，中信出版社，2015年，第7、3页。

②［法］雷蒙·阿隆：《民族国家间的和平与战争》（下卷），王甦等译，社会科学文献出版社，2021年，第971、1011—1012页。

国家体系。全球化对主权国家体系的这种冲击，主要体现在以下这些方面：联合国、国际货币基金组织、世界贸易组织等超国家组织，对国内政治生活的影响日益增大；跨国公司在相当程度上，左右着民族国家的国内政治生活；国家在权力体系中的核心地位，由于分层化和中空化而受到一定程度的动摇；国家的传统政治职能受到了严重的削弱；国际因素已经成为制约国内政治的基本变量；大量的全球问题使得国家权力的边界变得模糊不清；民族国家的认同遇到了新的危机；全球化正在重塑国家的自主性。①

既然全球化从根本上动摇了人类用以取代帝国体系的民族国家体系，那么人类接下去将用什么结构安排来维系基本的全球秩序？在思考这一问题的过程中，有些人便自然想到了传统的帝国体系。例如，麦克尔·哈特和安东尼奥·奈格里那本风靡学界的《帝国》，其副标题就是“全球化的政治秩序”。奈格里自己也明确说过，他们研究帝国理论主要有三种分析视角，其中两种都与全球化相关：“在对帝国进行界定时，我们使用三种基本的分析手段：第一，我们考察全球化现象；第二，我们分析民族国家的危机；第三，我们追溯本体论层面的社会变化，即，在物质劳动、生产合作和由此产生的生命政治等方面的变化。”②

一方面，全球化正在从根本上动摇建立在国家主权基础之上的民族国家体系；另一方面，全球化又没有带来人们所期待的新世界秩序。不仅如此，全球化时代虽然结束了以美苏冷战为主导的世界范围内的北约国家集团与华约国家集团之间的对峙，但并未终结世

① 参阅俞可平等：《全球化与国家主权》，社会科学文献出版社，2004年，第38—50页。

②［意］安东尼奥·内格里（Antonio Negri，即前引书作者安东尼奥·奈格里）：《超越帝国》，李琨等译，北京大学出版社，2016年，第3页。

界范围内的冲突与战争。旧的冲突与战争威胁消失了，但大国之间和地区之间新的冲突产生了，人类依然处于战争的威胁之中。全球化有利于人类有限的资源在全球范围内得到便利的流动和合理的配置，从而在根本上有利于人类文明的进步与繁荣，也因而是一个不可逆转的过程。但全球化也导致了前所未有的全球风险，以及民族文化与全球价值之间的新冲突。联合国竭力倡导和推动的全球治理，对解决全球化时代人类面临的全球问题起到了积极的作用，但远没有解决全球化时代人类面临的新挑战。人类仍然需要探寻一种后民族国家时代的新世界秩序，以最大限度地遏制国家间的战争、减少国家间的冲突、增强国际合作与信任，达到多元文明的和平共存。正如国内一位年轻的帝国研究者所说："今人研究帝国，有一个重要的原因是，现代民族国家并不尽如人意。"①在这样的一种背景下，有些人便重新回想起"帝国治下的和平"，并希望从过去的伟大帝国中吸取某些经验。例如，促使库马尔开始系统研究《千年帝国史》的主要动因，其实也是全球化对现存世界秩序的挑战。他自己在书中明确表示：帝国已经重新回到了政治思考的中心，维护帝国运转的许多要素正是我们今天所急需的。人们在全球化时代期待"多元文化主义"，让不同信仰与不同生活方式的人们可以和谐相处。帝国从定义上就包含了多元文化因素：帝国不仅是"多民族的"，而且是"超越民族的"。最后，库马尔甚至公开期待，"帝国出现在民族国家之前，或许在将来会再次取代民族国家"②。

作为冷战结束后唯一的超级大国，美国在全球秩序体系中无可

---

① 郑非：《帝国的技艺：统治不可统治之地》，广西师范大学出版社，2021年，第27页。

② 参阅［美］克里尚·库马尔：《千年帝国史》，石炜译，中信出版社，2019年，第3页等。

取代的重要作用，也激发了不少人新的“帝国想象”。20世纪90年代后，苏联解体，以苏联为首的社会主义阵营也随之退出历史舞台，美苏两个超级大国之间的冷战宣告结束，国际政治中美苏之间的对峙与平衡也不复存在，美国成为独霸天下的唯一超级大国。美国是世界最大的经济体，拥有最强大的经济实力，2020年美国的国内生产总值（GDP）近21万亿美元，人均GDP为6.3万美元，在过去数十年中稳居世界第一。1944年布雷顿森林体系确立之后，美元成为世界唯一的通用货币，美国因而也成为世界的金融中心。美国的整体科技水平和教育水平也稳居世界第一，无论是诺贝尔奖获得者人数，还是世界一流大学的数量，都是其他国家无法匹敌的。除此之外，美国还是世界唯一的超级军事大国，国防经费支出一直居全球之首，拥有世界上数量最多的海外军事基地，武器装备的先进程度也公认是世界之最。虽然自21世纪以来，中国的迅速崛起对美国的霸权地位构成了巨大的挑战，但到目前为止，美国仍然是唯一有实力充任“世界警察”的国家。鉴于过去曾经有过的“雅典治下的和平”“罗马治下的和平”和“英国治下的和平”的历史记忆，不少学者自觉或不自觉地把美国视为全球化时代的新帝国。

麦克尔·哈特和安东尼奥·奈格里的《帝国》立论依据如此，帕特里斯·格尼费和蒂埃里·伦茨主编的《帝国的终结》的逻辑其实也同样如此：“是的，美国正在衰落；不，它仍居群首。”一方面，美国毫无疑问仍居世界首位，这首先靠的是它的军事实力。美国的军备投入只占国民生产总值的4.5%，却占世界各国军费总和近一半。技术先进的武器、装备与海外700个基地所组成的“帝国”网络进一步加强了其霸权地位。这些军事基地分布于世界70多个国家和地区，而英国、法国和俄罗斯一共只拥有30多个海外基地。[①]所不同的只是，肯定者充分赞扬美国的新帝国地位，并期待它给世界秩序带来美好的前景；而否定者一则质疑美国的这种霸权能力是否足以形成一个新的帝国体系，二则批判美国的新帝国角色，认为美国的新帝国主义只会给世界带来更多的动荡和不安。

全球化时代对历史的深刻反思，同样召唤着帝国研究的回归。历史具有惊人的相似性，许多当代世界的重大政治事件在历史上曾经反复出现，这被许多思想家称为人类历史的周期性。历史发展也具有普遍的规律性，在相同的社会政治经济条件下，某些社会现象便会重复发生。因此，历史研究始终成为人类自身吸取经验教训的重要途径，重大的历史事件和历史人物也总是为人类的前进起着镜鉴的作用。帝国的文明曾经在世界各大文明体系中占据过核心的地位，帝国的体制也曾经是人类长期生活于其内的政治结构，历史研究如果缺失了帝国研究，那就不成其为真正的人类史。无论是古代历史学家希罗多德的《历史》、修昔底德的《伯罗奔尼撒战争史》和塔西佗的《编年史》，还是近代英国史学家爱德华·吉本（Edward Gibbon）的《罗马帝国衰亡史》，直到现代法国历史学家费尔南·布罗代尔的《菲利普二世时代的地中海和地中海世界》和英国历史学家保罗·肯尼迪的《大国的兴衰》，都不仅是帝国研究的名著，更是历史研究的名著。它们揭示的既是帝国兴亡的规律，更是人类文明演进的规律。人类进入全球化、信息化和网络化时代后，具体的政治法律、科学技术和经济生产条件不同了，但人类文明发展的规律依然存在，昔日帝国的兴亡依然对今日大国的起落有着警示作用。无论人类

① 参阅［法］帕特里斯·格尼费、［法］蒂埃里·伦茨主编：《帝国的终结》，邓颖平等译，海天出版社，2018年，第427页等。

处于什么样的时代，如果要最大限度地降低进步的代价，避免重蹈历史的覆辙，人类就需要不断进行历史的反思；对于全人类而言，只要进行历史的反思，就离不开反思历史上那些帝国兴亡的经验和教训。

最后，帝国研究的回归，也与左翼学者对帝国主义的批判和对后殖民主义的反思密切相关。包括西方马克思主义者在内的西方左翼学者和激进学者，对帝国主义始终保持着高度的警惕，对以美国为代表的新霸权主义开展了毫不妥协的斗争。不少左翼学者对帝国主义的分析与批判，不仅仅只针对以美国为首的西方列强的政治霸权和经济侵略，也试图深刻地揭露帝国主义在被殖民国家遗留下来的文化流毒，唤醒被殖民国家广大民众的自主意识。因而，众多的左翼学者纷纷成为新一轮帝国和帝国主义研究的急先锋。无论是哈特和奈格里的新“帝国”理论，还是哈维对“新帝国主义”的批判，或者萨义德和阿里夫·德里克（Arif Dirlik）对后殖民主义文化现象之本质的揭露，都可以看作是左翼学者对当代帝国研究的新贡献。正如一位中国学者所看到的那样：“当代帝国研究的学术背景发生了很大变化。以爱德华·赛义德的《东方学》或《东方主义》（Orientalism）为例，它是当代帝国研究的标志性著作。《东方学》关注的是现代学科和知识体系（比如人类学、语文学）与欧洲帝国（大英帝国以及法国）的殖民扩张之间的密切联系。”在这位学者看来，这些左翼学者对后殖民主义文化的批判性分析，直接推动了当代的帝国研究。“帝国研究不是传统的对殖民地的研究，因为很早就有对殖民地的研究，研究殖民统治者怎样统治那里的人民。那些研究基本上都是先从制度上给殖民地一个界定，然后讨论殖民管理，也就是殖民官员如何统治当地人民，这是一种相当狭窄的殖民地研究。当代帝国研究由于后殖民思路的引入，强调文化意义上的殖民。谈到文化殖民，你就不能简单地说他的民族被殖民过，我的民族没有被殖民过，当你把帝国研究扩展到文化这个领域，就已经不是单纯的有没有殖民地官僚体制的问题。”①

21世纪以来西方世界帝国研究回归中另一个值得关注的现象，是更加重视“中华帝国”的研究。传统的帝国研究，主要局限于欧洲历史，很少关注亚洲和非洲的帝国经验。新一轮帝国研究大大拓宽了视野，多半是从全球史或世界史的角度对帝国进行全方位的考察。其中，所谓的“中华帝国”（Chinese Empire）更成为各种帝国研究的重点内容之一。在所有重要的帝国研究著作中，“中华帝国”几乎都成为不可缺少的内容。有些著作把“中华帝国”作为一个整体国家加以论述，有些著作则选择“秦帝国”“汉帝国”“元帝国”“清帝国”等个别强盛王朝作为帝国的案例加以分析。除西方帝国研究专家关注“中华帝国”外，一些西方著名的中国研究专家，也开始从“帝国”的视角重新反思中国历史。例如，哈佛大学的欧立德（Mark C.Elliott）教授系统地梳理了中文语境中的“帝国”概念②，英属哥伦比亚大学的卜正民（Timothy Brook）教授则从帝国的视角分析中国传统语境中的“大国”概念③。

西方最新的“帝国研究”之所以重视“中华帝国”，主要原因不外三个方面。首先，最重要的原因是，一些西方学者开始挣脱“欧洲中心主义”传统的束缚，拓展了帝国史研究的视野，从欧洲历史转向世界历史。正如彼得·F.邦所说：“大多数帝国理论墨守成规，

---

① 黄晓武：《帝国研究——刘禾访谈》，《国外理论动态》，2003年第1期。

② 参阅［美］欧立德：《传统中国是一个帝国吗?》，《读书》，2014年第1期。该文详细而清晰地梳理了“帝国”概念在中国近代的引入与演变，追溯了“大清帝国”和“中华帝国”的概念与想象的源流和定型。

③ 参阅［加］卜正民：《大国》（Great States），《亚洲研究》（*The Journal of Asian Studies*），2016年第4期，第957—972页。

局限于欧洲统治世界的经验。显而易见，这种视角和模板必须扩大和调整，将其放到世界统治史和征服史的适当背景之中。毕竟在欧洲声称主导世界历史进程之前，人类已经走过了很长时间：我们的知识视野必须做相应调整。”[①]因此，他主编的洋洋两卷本《牛津世界帝国史》涵盖了从公元前3000年的远古帝国，直到21世纪为止的全球各种帝国形态，包括多个中国王朝。约翰·达尔文也说：欧洲的诸帝国瓦解后，新兴的后殖民国家取而代之，欧洲本身则成为“西方”的一部分。因此，他在《帖木儿之后：1405年以来的全球帝国史》一书中，“将欧洲（和西方）放在更大的范畴里，放在欧亚世界其他地区建造帝国、建造国家、建造文化的宏大工程之间来探讨。个人认为，唯有如此我们才能正确理解欧洲扩张的进程、本质、规模和范围，并且稍微厘清当下世界复杂性的源头”[②]。其次，中国在改革开放后迅速崛起，成为世界政治经济舞台的重要角色，这使得中国在世界历史进程中的重要作用开始凸显，从而引起更多西方世界史专家的关注。最后，随着中国的对外开放和日益强大，西方学界对中国历史和现实的研究力度前所未有地增强，大量研究成果发表，客观上也为西方学者的帝国研究提供了必要的素材。

---

①［丹］彼得·F. 邦等编：《牛津世界帝国史》，牛津大学出版社，2021年，第一卷“序言”，第xx页。

②［英］约翰·达尔文：《帖木儿之后：1405年以来的全球帝国史》，黄中宪译，中信出版社，2021年，“前言”，第xxvi页。

第二章
帝国的概念

尽管在人文社会科学中人们经常不假思索地谈论着帝国，但许多关于帝国的观念需要进一步澄清和辨析，许多关于帝国的重大理论和现实问题需要我们作出回答。帝国不仅是政治学的基本概念，也是最流行的大众语言之一。在日常语境中，帝国泛指那些地域辽阔并拥有一个至高无上权力的皇帝的强国和大国。规模庞大，自成体系，实力雄厚，影响远播，成为日常语言中帝国一词的四个要素，由此引申出许多衍义，如商业帝国、企业帝国、金元帝国、影视帝国等。社会科学的概念，总是不同于日常生活语言。政治学中的帝国，有其特定的含义，与日常语言中的帝国语义相去甚远。帝国是人类历史中延续时间最长的一种特殊国家权力结构，是由若干国家或地区组成的等级权力体系，其中的一个国家为宗主国或母国，其他国家或地区则为附属国或殖民地。帝国内的所有领土和人民均服从一个最高的统治者，这个至高无上的统治者通常是皇帝或君主，在阿拉伯世界亦称“苏丹”，在蒙古人那里则称“可汗”。

帝国的英文和法文为empire，它们最初均源于拉丁文imperium，意为至高无上的权力或绝对的权力。在古罗马时代，它特指掌握最高军事和政府权力的统治者，包括民选的执政官和独裁者。法国学者帕特里斯·格尼费、蒂埃里·伦茨在《帝国的终结》一书中说："我们大体上可以把帝国定义为一个群体及其政治对其他的一些群体、政治（也许没有）、政权、行政区划、部落、种族、文化进行统治的结果。……从更广义上来说，法语中'帝国'（empire）一词起源于拉丁语imperium，意为最高权力，即中世纪的'绝对统治权'（souverainete parfaite），拥有这项权力的人能够制定法律，而不受其他规则的束缚。皇帝即众王之王。"[①]库马尔也指出：帝国的拉丁语imperium，本意是罗马官员或统治者依法被赋予的权力。此外，这个词本身也是军事用语，指握有最高军事指挥权的那个人。Imperium的第一个义项从罗马开始就延续下来。1533年，亨利八世的《禁止上诉法》称"英格兰就是帝国"，意思即是，英格兰国王在他的领地不听命于任何人，他的统治至高无上。近代思想家认为，帝国的核心在于权威，特别是皇室权威。在欧洲绝对主义盛行时期，许多统治者都将自身的统治地域称为帝国。帝国几乎成了至高权力的同义语。这是博丹、霍布森、格劳秀斯和斯宾诺莎著作中赋予"帝国"的主要含义。[②]

帝国是一个由不同属国组成的国家权力体系，在这个国家权力体系中，除了宗主国之外，其他国家不再拥有对自己国家的最高统治权。即使在自治程度很高的帝国体系中，对外而言具有象征意义的最高统治权也属于宗主国。例如，奥匈帝国是一个庞大的国家体系，除了奥地利和匈牙利两个主要大国外，还包括捷克斯洛伐克、斯洛文尼亚、克罗地亚和塞尔维亚等小国。帝国的法律规定，奥地

① [法] 帕特里斯·格尼费、[法] 蒂埃里·伦茨主编：《帝国的终结》，邓颖平等译，海天出版社，2018年，第2页。

② 参阅 [美] 克里尚·库马尔：《千年帝国史》，石炜译，中信出版社，2019年，第9—10页。

利和匈牙利是平等而独立的两个国家，奥匈两国在立法、行政、司法、税收、海关、铸币等领域分别享有自主权，但外交和国防则由帝国中央政府负责。从这个意义上说，帝国也是一种国家间或地区间的权力关系，在这种权力结构中，只有一个至高无上的主权，其他权力附属于它。政治学者托姆·纳恩（Tom Nairn）和保罗·詹姆士（Paul James）把帝国界定为这样一些政治体，它们将权力关系凌驾于其他领土空间之上，其权力关系所涉及的那些领土空间不再拥有优先的和合法的主权。[①]另一位政治学者莱恩·塔格佩拉（Rein Taagepera）也把帝国定义为“规模相对较大的政治主权实体，作为其组成部分的属国不再拥有主权”[②]。于尔根·奥斯特哈默认为：“帝国是一种大的地理空间内的权力统治形式，我们可以将它定义为一种在既有的技术和地理条件下实现地域最大化的政治单位。多民族性、文化多样性以及政治上的中央集权化，是帝国的特征。”[③]

帝国也是一个由若干国家组成的等级秩序体系，在这个相对独立的等级秩序体系中，宗主国居于绝对的支配地位，其他属国则处于服从地位。帝国的存在，本身就意味着国家间权力的不平等。任何帝国体系，即使是那些号称最平等的帝国体系，内部也必定拥有一个实质上不平等的等级权力结构。这个自成一体的等级秩序体系，是帝国内部维持稳定与和平的结构基础。从历史经验来看，在存在强大帝国的时期，国际秩序通常会比较稳定，甚至常常带来比较持

---

①［澳］保罗·詹姆士、［澳］托姆·纳恩：《全球化与暴力》（*Globalization and Violence.Vol.1: Globalizing Empires, Old and New*），赛奇出版社，2006年，第xxiii页。

②［美］莱恩·塔格佩拉：《帝国的规模与存续时间》（Size and Duration of Empires: Growth-Decline Curves, 600 B.C.to 600 A.D.），《社会科学史》（*Social Science History*），1979年，第3期，第117页。

③［德］于尔根·奥斯特哈默：《世界的演变：19世纪史》（Ⅱ），强朝晖等译，社会科学文献出版社，2016年，第815页。

久的和平，最著名的即是“罗马治下的和平”。这种帝国治下的和平，其结构基础便是帝国内部的等级权力秩序。德国学者明克勒这样来界定帝国：“帝国不仅仅是大国，它们活动于一个属于自己的‘世界’里。普通主权国家联合其他国家一道，共同创建一个容纳它们的秩序体系，但没有一个国家可以独力支配这个体系。帝国则不同，它是秩序体系的缔造者，也是维护者。这个秩序的存在，离不开帝国。”[①]基辛格事实上也把帝国视为一种由若干个国家组成的“国际体系”。他说：“在人类绝大部分的发展过程与历史演进当中，帝国一直是典型的政治形态。帝国无意在某个国际体系中运作，它期望把本身建立为一个国际体系。”[②]

在传统中国的语境中，虽有类似意义的“天下”概念，却并无“帝国”概念，汉语语境中的“帝国”概念，是近代以后对英文empire的翻译。据一些学者考证，汉语“帝国”一词最初出现于隋朝王通的以下论述：“强国战兵，霸国战智，王国战义，帝国战德，皇国战无为。天子而战兵，则王霸之道不抗矣，又焉取帝名乎！故帝制没而名实散矣。”[③]但王通这里所说的“帝国”一词，并非政治学意义的“帝国”概念，“在这里的确切含义是指中国上古时期以道德仁义立国的理想国家”[④]。近代以后，英文的empire开始译介成中文的“帝国”。这最早出现于传教士马礼逊于1820年发表在《察世俗每月

---

① [德] 赫尔弗里德·明克勒：《帝国统治的逻辑：从古罗马到美国》，程卫平译，社会科学文献出版社，2021年，第8页。

② [美] 亨利·基辛格：《大外交》，顾淑馨等译，海南出版社，1998年，第13页。

③〔隋〕王通：《中说·卷五·问易》，载张沛：《中说译注》，上海古籍出版社，2011年，第141页。

④ 参阅李扬帆：《“中华帝国”的概念及其世界秩序：被误读的天下秩序》，《国际政治研究》，2015年第5期。此文对中西方语境中的“帝国”“中华帝国”和“天下”等概念有详细的辨析。

统记传》上的一篇名为《全地万国纪略》的文章中，其中提到了“侯国”“王国”“帝国”。1850年，清廷专门负责粤海防的梁廷枏发表了《夷氛闻记》一书，其中提到：“窃思欧罗巴洲各国，即大国小邦帝国王邦，无分统属。”这被认为可能是“中国文人最早以汉语词汇‘帝国’反映西方‘empire’一词词义的用例。”[①]

中国学者最初对接受从西方引入的“帝国”概念抱有一种保守和谨慎的态度，一个典型的例证是严复对empire的翻译和介绍。他在翻译亚当·斯密的《国富论》（当时译为《原富》）时，并没有将“empire”意译为“帝国”，而音译为“英拜尔”，只是在注释中将其译为“帝国”：“又，英拜尔近人译帝国，亦译一统，或译天下。亚洲之英拜尔若古印度、波斯，今日本皆是。其欧洲则古希腊、罗马、西班牙、法兰西，今俄、英、德、奥，其王皆称帝者也。”[②]梁启超则完全接受了帝国的概念，他在发表于1902年的《论民族竞争之大势》中说：“国家者，State之义也；帝国者，Empire之义也，其性质各不同。”[③]在《国家思想变迁异同论》等论著中，他也频繁地使用了“帝国主义”“民族帝国主义”和“新帝国主义”的概念，认为欧洲列强所推行的“民族帝国主义”（National Imperialism）虽为“时势”，却不适合中国，中国应该实行“民族主义”（Nationalism）[④]。不过，即使在清王朝于1908年公布的宪法草案中，正式在官方法律文件中引入“大清帝国”的名号后，仍有不少中国学者质疑“帝国”

---

①［美］欧立德：《传统中国是一个帝国吗?》，《读书》，2014年第1期。

②［英］亚当·斯密：《原富》，严复译，商务印书馆，1981年，第566页。

③〔清〕梁启超：《论民族竞争之大势》，汤志钧、汤仁泽编：《梁启超全集》第二集，中国人民大学出版社，2018年，第712页。

④ 参阅〔清〕梁启超：《国家思想变迁异同论》，汤志钧、汤仁泽编：《梁启超全集》第二集，中国人民大学出版社，2018年，第529—532页。

概念在中国语境中的适用性。例如，钱穆就坚持主张帝国是西方的制度，中国历史上并无帝国，因而不能随意地用西方的“帝国”概念来指称中国的王朝：“西方人称中国为大清帝国，又称康熙为大帝，西方有帝国，有所谓大帝，中国则从来就没有这样的制度和这样的思想。而我们却喜欢称大汉帝国乃及秦始皇大帝了。在正名观念下，这些都该谨慎辨别的。”[①]

不过具有讽刺意味的是，在希冀以宪法的形式确立“大清皇帝统治大清帝国，万世一系，永永尊戴”的清王朝被辛亥革命推翻之后，“帝国”一词不仅没有在中国的语境中消失，反而传播益广，直至成为日常生活的流行语和叙述中国政治史的主流话语。诸如“秦帝国”“大汉帝国”“大唐帝国”“大清帝国”“中华帝国”等称号，不仅为文学影视作品所津津乐道，而且大量地见诸严肃的学术讨论之中。直到改革开放后，随着中华民族复兴运动的蓬勃兴起，中国的学者们又开始从两个视角对中文语境中的“帝国”概念提出异议。一是承袭钱穆的思想传统，认为中国传统社会不存在西方式的帝国制度和帝国政治，用“帝国”概念解读中国传统的王朝政治是一种严重的“误读”。二是多少带有些新儒家的精神，认为中国传统长期存在的“天下”概念要超越西方的“帝国”概念，“天下”理念比“帝国”概念更能解释传统中国的国家权力体系。例如，一位“天下”思想的倡导者说：“与西方语境中的‘帝国’（empire）概念不同，‘天下’这一中国传统概念表达的与其说是帝国的概念，还不如说是关于帝国的理念。概念和理念虽然大体一致，但有一点区别：理念不仅表达了某种东西所以是这种东西的性质（希腊人认为是一种决定性的‘形式’），而且表达了这种东西所可能达到的最好

---

① 钱穆：《中国历代政治得失》，生活·读书·新知三联书店，2001年，第161页。

状态。”[①]

帝国与民族、国家、王国、大国、邦国、联邦、霸权、殖民地，以及与霸权主义、殖民主义和帝国主义有着紧密的联系，但帝国的上述这些特征，将它与其他政治共同体或政治现象明显地区别开来。

帝国与国家（state）。国家是一个基于领土、主权和民族之上的一元政治共同体，有明确的国土边界，在国家内部的各个民族和地区之间至少奉行形式上的政治平等。国家是人类最早的公共政权形式，一般认为它是在部落联盟的基础上演化而成的，最初以城邦的形式出现。国家先于帝国，根据已有的考古发现，人类历史上第一个国家和帝国均出现于古埃及。公元前3200年左右，美尼斯（Menes）统一上下埃及建立了“第一王朝”，标志着古埃及国家的形成。[②]公元前2334年，阿卡德人建立了人类历史上第一个帝国“阿卡德帝国”（Akkadian Empire，前2334—前2192年，阿卡德语mãt Akkadi，苏美尔语a-ga-de）。[③]从已有的考古证据看，人类历史上的第一个国家与第一个帝国，相距近千年。从世界各地的政治历史看，一个共同的政治发生逻辑是，国家产生后必然会导致帝国的出现。一些国家足够强大后必然会对周围其他国家进行征服和吞并，从而形成由宗主国与属国组成的帝国体系。梁启超似乎已经看到了由国家向帝国演进的这种政治逻辑：“盖自人群初起以来，人类别为无量

① 参阅赵汀阳：《“天下体系”：帝国与世界制度》，《世界哲学》，2003年第5期。

② ［英］比尔·曼雷（Bill Manley）：《古埃及的历史图谱》（*The Penguin Historical Atlas of Ancient Egypt*），企鹅出版社（Penguin Books），1997年，第22—23页。

③ 参阅［意］马里奥·利沃拉尼（Mario Liverani）主编：《阿卡德，世界上的第一个帝国：结构、观念和传统》（*Akkad，The First World Empire：Structure，Ideology，Traditions*），萨尔贡（Sargon）出版社，1993年。

之小部落；小部落相竞，进而为大部落；大部落相竞，进而为种族；种族相竞，进而为大种族；复相竞焉，进而为国家，进而为大国家；复相竞焉，进而为帝国，进而为大帝国。”①进而言之，帝国是一个若干国家的集合体。国家是帝国存在的前提，而帝国则是由若干国家组成的多元政治共同体。国家的领土边界一般都非常清楚，帝国的国土边界往往模糊不清。国家内部各地区和民族之间通常在法律形式上是平等的，而帝国内部各个区域和各个民族之间，特别是宗主国与附属国之间，在形式上也是不平等的。所以，明克勒说：“帝国有别于国家，准确地说有别于制度化的领土国家，后者遵从完全不同的准则和行动逻辑，包括内部人口融合方式和对属地边界的理解。一般而言，国家间的边界清晰而明朗，但这种明晰的国界除了少数例外，鲜见于帝国。……帝国的疆界不是将权利对等的政治实体隔开，而是起到将权力和影响力分层之作用。”②

帝国与民族（nation）。民族是一个基于语言、文化、血缘和地域之上的族群，它是一个文化和血缘共同体。德国哲学家费希特（Johann Gottlieb Fichte）特别强调语言对于民族的本质性意义，认为只要存在一种独立的语言，那就存在一个独特的民族。③帝国是基于领土和主权之上的政治共同体，它与作为血缘和文化共同体的民族既密不可分，又有明显的区别。单一民族可以组成一个国家，单一国家也可以有多个民族。当单一民族居住在共同的地域时，通常会

---

①〔清〕梁启超：《论民族竞争之大势》，汤志钧、汤仁泽编：《梁启超全集》第二集，中国人民大学出版社，2018年，第712页。

②［德］赫尔弗里德·明克勒：《帝国统治的逻辑：从古罗马到美国》，程卫平译，社会科学文献出版社，2021年，第17页。

③［德］费希特：《致德意志民族》（*Addresses to the German Nation*），公开法庭出版公司（Open Court），1922年，第215页。

形成一个国家。随着民族和国家的演变，单一国家也可能会有多个民族。帝国则必定由多个民族组成，而且各个民族之间通常在制度上就是不平等的。一个民族往往拥有共同的语言和文化，帝国则是一个多元文化共同体，帝国内部总是存在不同的文化与语言。因而，正如查理·迈尔（Charles S.Maier）所说："帝国与民族可以相互重构，但两者有着不同的品性。一个民族通常会产生一种更加激进的认同感，包括语言和宗教的认同。民族也通常会产生出公众参政的意识形态和对社会平等的追求，表现出强烈的归属感。一般而言，民族允许更大范围的平等，而帝国则强调容忍。无论在国内还是在遥远的属国，帝国倾向于放弃平等。即使它承诺法律上的平等，它也几乎不会去追求平等。"[①]进而言之，任何一个民族都内在地有一种民族主义的倾向，而任何帝国则内在地反对民族主义。从这个意义上说，"帝国与民族形同仇雠。民族表现为彻底的平等主义：民族内部在原则上人人平等，所有人都是民族'精神'的化身。而且，民族具有极强的特殊性。……帝国则展现出与民族完全相反的特性。帝国是多民族或多种族的国家，其所追求的自然不是一种共同文化，而强调文化的异质多样性，特别是上层的精英文化与底层的庶民文化的差异。帝国等级森严，与平等主义原则大相径庭"[②]。

帝国与民族国家（nation-state）。民族国家是以一个或多个民族为主体的近代国家形式，是民族与国家的混合体。民族国家将文化认同与政治认同合而为一，使政治疆域与文化版图相契合。民族国家是"两种不同的结构和原则的熔合，一种是政治的和领土的，另一

---

①［美］查理·迈尔：《帝国的一员：美国的统治及其先例》（*Among Empires: American Ascendancy and Its Predecessors*），哈佛大学出版社，2006年，第29—30页。

②［美］克里尚·库马尔：《千年帝国史》，石炜译，中信出版社，2019年，第20页。

种是历史的和文化的。……在为数不多的情况下，国家和民族甚至于在同一领土范围内共存，并在社会的文化混合当中和谐共处。……绝大多数所谓的民族国家是一种多民族的混合体，将它们称为国家民族可能更为贴切”[①]。雷蒙·阿隆把民族国家当作理想的政治单元，认为它具有三个特征：“其一，所有被统治者通过兵役制或普选制这两种形式参与到国家之中；其二，这种政治意愿同文化共同体的意愿刚好吻合；其三，民族国家对外完全独立。”[②]帝国与国家、民族的区别，在很大程度上也适合于帝国与民族国家的区别。这些区别集中在产生历史、国家性质、权力结构、领土边界和成员关系等方面。除了帝国的历史远远早于民族国家之外，于尔根·奥斯特哈默对民族国家与帝国做了八个区分：第一，民族国家与周边国家之间有明确的边界，帝国与相邻国家的边界通常是模糊的；第二，民族国家强调自身的同质性和不可分割性，帝国则强调异质性和差别；第三，民族国家的权力合法性来自下层的人民，而帝国的权力合法性则来自上层恩赐；第四，民族国家中公民身份是平等的，帝国成员的身份是不平等的；第五，民族国家中宗教、语言、习俗等文化为全民共享，帝国中共享的文化仅限于少数贵族精英；第六，民族国家中普及文明是国家的责任和公民的权利，帝国中则体现为贵族精英的使命和对民众的施惠；第七，民族国家溯源于祖先的部族，帝国则溯源于创立帝国的统治者；第八，民族国家对特定的地域有

---

①［英］安东尼·D.史密斯：“民族国家”（Nation-State）词条，［英］戴维·米勒等编：《布莱克维尔政治学百科全书》，中国政法大学出版社，1992年，第490页。

②［法］雷蒙·阿隆：《民族国家间的和平与战争》（上卷），王甦等译，社会科学文献出版社，2021年，第404页。

情感的依托，而帝国更看重领土的扩张。[①]

帝国与王国（kingdom）。王国是人类历史上早期的主要政治形式，是一种以国王或君主为国家元首的政权体制。无论在东方世界，还是西方世界或中东地区，早期国家的主要形式都是王国。例如，古埃及最早的国家是“第一王朝”，中国古文献记载的夏朝、商朝和周朝等早期国家也推行王制。王制或王朝的主要特征便是君王拥有至高无上的统治权，至少在法律上，国王是王国最高的统治者。王国或王朝的普遍形式是君主制，君主制分为绝对君主制（Absolute Monarchy）和君主立宪制（Constitutional Monarchy，或称有限君主制和虚君共和制）两种形式。绝对君主制是君主制的常态，在这种政治体制中，国王是王国实际的主权者，而在君主立宪制中，国王只是王国形式上的主权者。作为一种政权体制，王国可以存在于帝国之中，也可以存在于普通国家之中。古往今来众多的王国并非都形成帝国，如先秦时期中国的齐、楚、燕、韩、赵、魏、秦等“战国七雄”，它们都是强大的王国，但尚未成为帝国。现代世界中沙特阿拉伯、科威特、阿联酋等中东地区的王国，也不是帝国。反之，帝国可以是王国，也可以不是王国。例如，罗马共和国在公元前27年正式放弃共和制，赐予屋大维以君权和“奥古斯都”头衔时，标志着罗马正式由共和国变成了帝国。但在罗马帝国早期，还保留着原先的元老院，尽管它不再是最高权力所在，而且最初的罗马皇帝都以“罗马第一公民”的政治面目出现。所以，罗马帝国不是通常意义上的王国。又如蒙古帝国被称为“马背上的帝国”，其最高统治者是“大汗”，尽管大汗与君王一样握有绝对的帝国主权，但在政权形

---

① 参阅［德］于尔根·奥斯特哈默：《世界的演变：19世纪史》（Ⅱ），强朝晖等译，社会科学文献出版社，2016年，第811—815页。

式上也不同于一般意义上的王国。

帝国与联邦（federation）。联邦也是一种地域性政治组织，它是“一种立法权由中央立法机构和组成该联邦的各州或各地域单位的立法机构分享的立宪政体。公民则因不同的目的而服从两个不同的法律机构，并且组成联邦的各个单位还设有与联邦一级的行政、司法机构相对应的行政、司法机构。这种权力的配置是由宪法规定的，不能由任何一级立法机构单独改变”①。联邦与帝国一样，亦由两个以上相对独立的政治实体组成，组成联邦的这些政治实体在进入联邦前通常是主权国家。因而，联邦与帝国有惊人的相似之处，即从联邦或帝国的构成来看，内部的各组成地区常常都是独立的政治实体。但无论从纵向的权力关系，还是从横向的权利关系看，两者之间都有着实质性的区别。在国家结构上，联邦制不是单一制，帝国虽然由不同属国构成，但本质上是一种单一制政体。与帝国不同，联邦内的各个政治实体仍然保留部分主权，并且在联邦法律框架内仍拥有一定的对外交往权；联邦的立法、行政和司法等权力机构与联邦成员的立法、行政和司法机构，从法律上讲通常不是上下级关系；联邦内部各个政治实体之间奉行普遍平等的原则，联邦成员之间具有平等的法律地位。与此相反，帝国内的各个政治实体可以拥有一定的自治权，但通常不再保留对外主权；尤其是，帝国内部各政治实体之间在法律上一般不拥有平等的政治地位。此外，联邦制国家既可以采用共和政体形式，也可以采用君主政体形式，而帝国则普遍采用君主政体形式。当一个国家虽有海外殖民地或附属国而没有皇帝或君主时，通常这种政权形式也不称为帝国，如古代罗马

---

①［英］杰弗里·马歇尔：“联邦制”（Federalism）词条，［英］戴维·米勒等编：《布莱克维尔政治学百科全书》（修订版），中国政法大学出版社，2002年，第271页。

共和国。然而，从世界政治历史的实际经验看，联邦与帝国的边界也确实常常模糊不清。当联邦制徒有其名，各邦不再享受实质性的宪法分权时，它就或者蜕变为单一制国家，或者演变成一个帝国。

帝国与殖民地（colony）。殖民地与帝国也有着切不断而又难说清的联系，在绝大多数情况下，殖民地的存在本身就意味着帝国体系的存在，特别是近代帝国，绝大多数属于霍布斯鲍姆（Eric Hobsbawm）所说的"殖民帝国"（colonial empire）。"1876—1915年间，地球上大约有1/4的陆地，是在六七个国家之间被分配或再分配的殖民地。英国的领土增加了400万平方英里左右，法国的领土增加了350万平方英里左右，德国取得100多万平方英里，比利时和意大利各取得将近100万平方英里。美国取得约10万平方英里，主要是夺自西班牙之手；日本从中国、俄国和朝鲜取得的面积也有约10万平方英里。葡萄牙在非洲的旧式殖民地扩张了大约30万平方英里。"[①]尽管如此，帝国与殖民地之间仍不能画等号。在少数特殊情况下，殖民地并不属于帝国的版图。殖民地一般指在政治、经济和文化等人类生活的基本方面受宗主国统治而又非宗主国本土的地域，殖民地没有独立的政治、行政、经济、军事和外交权力。殖民地可以是一个原先独立的国家，也可以是一个局部的地区或岛屿。殖民地的历史可以追溯到公元前8世纪腓尼基人在北非海岸建立的迦太基城。在古希腊城邦时代，许多强大的希腊城邦国家也纷纷在海外建立了各自的殖民地。从古代帝国一直到近代帝国，殖民化是帝国扩张的主要方式之一，殖民地在绝大多数情况下也总是帝国版图的重要内容。殖民统治甚至也是帝国的重要统治方式之一，帝国的中央

①［英］艾瑞克·霍布斯鲍姆：《帝国的年代：1875—1914》，贾士蘅译，中信出版社，2017年，第66—67页。

政府通常会有一个专门的政府部门，负责对殖民地的管理。当殖民地没有现成的制度与习惯时，它们通常会被要求模仿或克隆宗主国的制度和惯例；但若殖民地有自己独特的制度与习惯，它们常常会受到宗主国的尊重。然而，严格地说，殖民地与帝国两者之间并不能画等号。亚当·斯密在《国富论》中曾对殖民地有个专门的论述，并将殖民地分为两个类型；一类是古希腊那样的移民式殖民；另一类是罗马帝国那样的征服式殖民。[①]前一类属于“移民垦殖殖民地，是在无主的空地或荒地上殖民，殖民者把母国的生产关系、政治法律制度及生活方式、风俗习惯等全部迁移过来，这实际上是一块国内殖民地”。后一类“奴役土著殖民地则不同，被征服的土地原来是有主人的。殖民者并没有把母国的生产关系等全部搬过来，而是利用当地原有的生产条件进行生产。这种殖民地属于国外殖民地”[②]。严格地说，只有后一类殖民地，才属于帝国体系。正如有的学者指出的那样：帝国领土与殖民地的一个公认区别是，殖民地是宗主国向殖民地区的移民定居，而帝国是宗主国对其他国家的扩张性统治。[③]一个国家如果对一些无人荒岛进行殖民，仅拥有原先无人居住的殖民地，而并无其他属国或殖民地，这样的国家就不是严格意义上的帝国。还有一种情况是，如果原先的宗主国对殖民地居民给予与本国其他地区居民完全同等的法定地位和待遇，原先的殖民地已经事实上成为国家的一个平等的政治实体，那么，这样的国家也不

---

① 参阅［英］亚当·斯密：《国富论》，唐日松等译，华夏出版社，2004年，第402—408页。

② 王苏颖：《从殖民地概念的发展看当代殖民体系》，《复旦大学学报（社会科学版）》，1995年第5期。

③ 参阅［美］珍妮弗·皮茨：《帝国与帝国主义的政治理论：文献的检索》，［美］萨卡·墨图编：《帝国与现实政治思想》，剑桥大学出版社，2012年，第354页。

再是帝国。

帝国与霸权（hegemony）。霸权的概念在英文语境中有不同的意义，最著名的霸权概念是由意大利政治理论家葛兰西发展起来的，他在《狱中札记》中对霸权概念进行了系统论述，认为它是统治阶级对被统治阶级在政治、经济、文化和日常生活中的全面控制和领导，具体可分为“政治霸权”“文化霸权”和“总体性霸权”[①]。国际关系中的霸权概念不同于葛兰西的霸权理论，它强调的是强国或大国在政治、经济和军事上对其他国家的控制力和领导力。它起源于古希腊，一般指公元5世纪雅典为抗衡波斯帝国而结成的雅典同盟，雅典在同盟中处于霸主（Hegemon）的地位，对联盟的其他成员国而言处于压倒性的支配地位。正是在国际关系的意义上，霸权与帝国两个概念发生了交叉和重叠。帝国建立的过程，通常就是宗主国凭借其强大的军事和经济实力对其他国家和地区进行控制和统治的过程。换言之，帝国的行径就是一种霸权的行径，宗主国就是霸主。霸权的基本意义就是，军事和经济上处于绝对优势的国家对其他国家和地区的支配性地位。正因为如此，人们容易把帝国不加区分地等同于霸权。尽管绝大多数帝国是事实上的霸权，但从严格的法律和制度意义上说，帝国不等同于霸权，帝国与霸权有着若干重要的区别。首先，霸权国家不一定就是帝国，如果一个实力强大的国家只谋求对其他国家的控制和支配性影响，而并未将其他国家和地区加以吞并，那么，这样的霸权国家就不是严格意义上的帝国。其次，霸权国家至少在形式上与其他国家是平等的，即在正式的国内和国际法律制度上承认国家之间的平等，尽管事实上处于严重的

---

① 关于葛兰西的“霸权”概念，具体可参阅仰海峰：《葛兰西的霸权概念研究》，《山东社会科学》，2005年第11期。

不平等状态；而帝国在形式上也不承认宗主国与其他国家的平等，以正式的法律制度规定宗主国对附属国的各种政治经济特权，正是帝国的重要特征之一。“霸权是在形式上平等的政治行为体所构成的集团中雄踞主宰地位的力量。帝国则不同，至少在形式上取消了平等，将弱势行为体降格为附庸国或者卫星国，而且它们或多或少仰帝国中心之鼻息。”[①]在当代的国际关系理论中，与霸权一词密切相连的还有另一个流行语，即“霸权主义”（Hegemonism）。当一个国家凭借其强大的经济和军事实力试图控制和欺凌其他国家时，人们便称其为“霸权主义”。它与帝国主义（Imperialism）一样，被用于批判和谴责强权国家对别国事务的非法干涉和侵犯。

帝国与大国（great states）。大国并非一个政治科学的概念，更多是一个流行的国际政治概念，用以指那些人口和领土规模较大的国家。大国未必是强国，但大国因其巨大的人口和经济体量，常常在国际体系中有其重要地位。从领土规模和综合国力的一般意义上说，帝国与大国是一种交叉重叠的关系。帝国是强权国家对其他国家的征服和占领，是宗主国对外的领土扩张和军事征服，因此，在领土规模和综合国力的双重意义上说，帝国通常都是大国。然而，领土规模的大国和综合国力的强国未必就是帝国。只有当大国进行对外扩张，征服和占领其他国家的领土时才转变为帝国；只要不进行对外扩张，不占领和统治其他国家的领土或属地，大国至多就是一个区域性的霸权国家，而不是帝国。不过，加拿大中国历史研究专家卜正民在2016年的《大国》一文中提出了一个富有启发的观点：东亚语境中的“大国”，如“大宋”“大元”“大明”

---

① 参阅［德］赫尔弗里德·明克勒：《帝国统治的逻辑：从古罗马到美国》，程卫平译，社会科学文献出版社，2021年，第12、58—67页。

“大清”等，是一种特殊的政治形态，与欧洲语境中的“帝国”（empires）有着某种内在的联系。他说：“亚洲的国家形态里已经没有‘大国’（great state）了。一千年来，内亚和东亚都在用这个词。但这个词对今天大部分学者没有意义。这个词很少被注意到，没被描述过。近来内亚和东亚政治的关系让我认为‘大国’是一种独特的政治形态。如果亚洲研究者要撰写全球帝国史，这种政治形态应该有一席之地。‘大国’这个词在亚洲各语言中都有明确用法。汉语‘daguo’，日语‘daikoku’，韩语‘daeguk’，越南语‘daiquôc’，契丹语‘masaqú gúr’，蒙古语‘yeke ulus’，满语‘amban gurun’都是‘大’加‘国’的词法。只有党项语‘lhiə tha’是‘国’加‘大’的词法。”虽然他还不能断定，“‘大国’应该被视为与我们称之为帝国的政治形态相同，还是其变体或背离”，但他表示，“‘大国’的概念有可能以亚洲的方式解决亚洲内部的帝国主义，并将这种帝国主义更明确地纳入帝国的比较史中”①。

帝国与帝国主义（imperialism）。当霸权国家凭借其强大的军事和经济力量，把对外扩张领土和征服他国作为自己的基本国策，把奴役和统治他国作为自己的价值目标时，它就成为一个帝国主义国家。“帝国主义（imperialism）是从拉丁文imperium（帝国）演化而来的。它最初仅与西方文明进程中所出现的那些古典帝国，如罗马帝国、查理曼帝国的扩张行为相联系。从十五六世纪开始，随着地理大发现和西、葡等殖民帝国的建立，‘帝国主义’一词也伴随着世界殖民体系的形成和发展而具有了新的内涵。像法文词colonialisme一样，帝国主义最初也是一个法文词。从19世纪30年代开始，‘帝

①［加］卜正民：《大国》，《亚洲研究》，2016年第4期，第957—972页。

国主义’和‘帝国主义者’便频频出现在法文中”。[1]1902年，英国学者约翰·阿特金森·霍布森（John Atkinson Hobson）发表了著名的《帝国主义》一书，从此“帝国主义”成为流行的政治和学术话语。在霍布森看来，帝国主义意味着对外的扩张，而这种扩张的主要动因即是金融资本的扩张，即通过对外投资、掠夺和投机满足国内特权阶级的利益。[2]

沿着霍布森的思路，列宁在1916年发表了具有深远历史影响的《帝国主义是资本主义的最高阶段》一书。列宁一方面对考茨基和霍布森等的帝国主义理论进行了批判，同时对帝国主义的本质和特征进行了系统论述，认为帝国主义的基本特征就是在生产和资本集中高度发展的基础上形成的垄断统治，在帝国主义阶段，世界领土已经被资本主义列强瓜分完毕。列宁说：“如果必须给帝国主义下一个尽量简短的定义，那就应当说，帝国主义是资本主义的垄断阶段。这样的定义能包括最主要之点，因为一方面，金融资本就是和工业家垄断同盟的资本融合起来的少数垄断性的最大银行的银行资本；另一方面，瓜分世界，就是由无阻碍地向未被任何一个资本主义大国占据的地区推行的殖民政策，过渡到垄断地占有已经瓜分完了的世界领土的殖民政策。过于简短的定义虽然方便（因为它概括了主要之点），但是要从中分别推导出对应当下定义的现象的那些最重要的特点，这样的定义毕竟是不够的。因此，如果不忘记所有定义都只有有条件的、相对的意义，永远也不能包括充分发展的现象一切方面的联系，就应当给帝国主义下这样一个定义，其中要包括帝国

① 高岱：《帝国主义概念考析》，《历史教学》，2007年第2期。

② 参阅［英］约翰·阿特金森·霍布森：《帝国主义》，纪明译，上海人民出版社，1960年。

主义的如下五个基本特征：（1）生产和资本的集中发展到这样高的程度，以致造成了在经济生活中起决定作用的垄断组织；（2）银行资本和工业资本已经融合起来，在这个‘金融资本的’基础上形成了金融寡头；（3）和商品输出不同的资本输出具有特别重要的意义；（4）瓜分世界的资本家国际垄断同盟已经形成；（5）最大资本主义大国已把世界上的领土瓜分完毕。帝国主义是发展到垄断组织和金融资本的统治已经确立、资本输出具有突出意义、国际托拉斯开始瓜分世界、一些最大的资本主义国家已把世界全部领土瓜分完毕这一阶段的资本主义。”①从霍布森和列宁对帝国主义的经典论述中可以发现，帝国主义既是一种对外扩张的基本政策，也是一种基于垄断统治的社会形态，还是一种倡导帝国价值的政治思潮。它与作为一种国家政权形式和政治实体的帝国有着内在的有机联系，但两者又属于不同的范畴。

正像任何社会科学的基本概念一样，帝国的概念也充满着争议和分歧。这种争议和分歧，除了研究者的知识背景、价值观和时代原因之外，更重要的是帝国概念本身在不同时空条件下具有不同的内涵和意义。不仅古代人对帝国的理解与中世纪人、近代人和现代人的理解不同，希腊人、罗马人、法国人、英国人、德国人、美国人与日本人、俄罗斯人和中国人对帝国的理解也不尽相同。“在英格兰和西班牙，帝国起着呼吁统一的作用。在法国，帝国则成了巩固君主制的一个因素。在意大利，尽管领土已经支离破碎，但它仍然能够唤起一种文化共同体的情感，这种情感可以被当作爱国主义的首要

① [苏] 列宁：《帝国主义是资本主义的最高阶段》，《列宁全集》（第二十七卷），人民出版社，2017年，第401页。

表现。在德国，帝国观念的作用则更加复杂。”[①]罗伯特·福尔茨（Robert Folz）在详细研究了从公元5世纪到14世纪西欧的帝国概念后指出，西欧的帝国概念植根于希腊的普遍主义（Universalism）和基督教传统，帝国具有某些共同的特征，例如拥有一个掌握国家最高行政权和军事权的皇帝或君主，神圣的帝国最高主权者被视为尘世的上帝，罗马帝国则被视为帝国的典范。然后他详细论述了关于帝国概念的各种分歧和争论，从政治的层面看，帝国的统治虽然有积极的作用，但也常常导致危机；从知识的层面看，始终存在着针对帝国意识形态的各种反对力量，但从14世纪开始也出现了为帝国进行辩护的哲学论据。所以，福尔茨最后问道：“究竟什么是帝国？怎样及通过何种手段才能成为帝国皇帝？教会是帝国的一部分，还是帝国是教会的一部分？教皇和皇帝的权力究竟能有多大？”这些问题依然存在，并且远未取得共识。当人们研究这些问题时，能够发现的就是，“帝国的概念史不仅存在着神话与现实的分离，而且与帝国制度本身也存在着巨大的分歧”[②]。

---

①［法］罗伯特·福尔茨：《公元5世纪至14世纪西欧的帝国概念》（*The Concept of Empire in the West Europe from the Fifth to the Fourteenth Century*），希拉·安·奥吉尔维（Sheila Ann Ogilvie）译，爱德华·阿诺德出版社（Edward Arnold Publishers），1969年，第175页。

②［法］罗伯特·福尔茨：《公元5世纪至14世纪西欧的帝国概念》，希拉·安·奥吉尔维译，爱德华·阿诺德出版社，1969年，第173页。

第三章
帝国的特征

帝国有不同的类型，对帝国类型学的研究，也是帝国理论的重要内容。人们可以按照帝国所处的历史时期、帝国创立的方式、帝国的地缘政治特征、帝国存续的时间、帝国的权力结构、帝国的功能、帝国统治的方式、宗主国与附属国的关系、帝国人口和领土规模等标准，对世界历史上形形色色的帝国做出不同的分类。

古代帝国与近代帝国。从人类政治历史的发展阶段来看，帝国可以分为古代帝国和近代帝国两大类。在帝国建立和扩张的手段上，古代帝国一般都是直接的军事征服，军事征服几乎是唯一的扩张手段，也是建立帝国的唯一途径。近代以后，军事征服仍然是建立帝国的主要手段，但近代帝国除了军事征服外，也常用殖民经济和王族联姻等间接手段。例如，在哈布斯堡帝国体系形成的过程中，王族的政治联姻有着重要的作用，而大英帝国的扩张过程中，经济殖民有着重要的作用。从帝国的版图看，古代帝国的领土通常由毗连成片的属地构成，帝国通常是宗主国对外的领土延伸。而近代帝国的领土则时常包括与宗主国并不直接毗连的海外领地，像大英帝国和西班牙帝国等，大片的领土是远离宗主国的海外飞地。从政体形式看，古代帝国的最高主权者都是专制独裁的君主或寡头，近代帝国的最高主权者除了专制君主外，还包括代议民主形式下的议会和内阁。尤其到了近代的晚期，欧洲的不少帝国开始实行君主立宪制，形式上的最高统治者仍是君主，但国家主权实际上已经开始转为议会或内阁。从时间跨度上看，古代帝国的延续时间更长，古埃及帝国超过3000年，古巴比伦帝国、亚述帝国和罗马帝国也存续2000年左右。近代帝国的延续时间明显变短，几乎不再有所谓的“千年帝国”。近代帝国存续时间最长的是奥斯曼帝国，也未超过650年，西班牙帝国延续400年左右，显赫一时的大英帝国即使按其最早的起源算也只有300多年，俄罗斯帝国不到200年。

在论及古代帝国与现代帝国的区别时，库马尔说：“与古代帝国相比，现代帝国的国运相对较短。古埃及延续了3000多年，中国的历史也超过2000年；相继在美索不达米亚出现的阿卡德帝国、巴比伦帝国和亚述帝国延续了约2000年；算上此前约200年的共和时期与西罗马覆灭后的约1000年时间，罗马也有近2000年的国运。现代帝国中，奥斯曼帝国的历史最长，从15世纪到20世纪初——超过了500年。俄国——算上苏联——从16世纪延续到了20世纪，几乎与奥斯曼帝国一样悠久。哈布斯堡家族统治了两大帝国——西班牙和奥地利，加起来的延续时间也和俄国相当。英国始于16世纪末，终结于20世纪中，但在18世纪也经历了一个断层……无论如何，现代帝国的古往今来以世纪为单位——大约500年是其大限——而不像古代帝国以千年为计。”①

陆地帝国、海洋帝国和草原帝国。从地缘政治的角度看，历史上的帝国可分为陆地帝国、海洋帝国和草原帝国等几大类。陆地帝

---

①［美］克里尚·库马尔：《千年帝国史》，石炜译，中信出版社，2019年，第427—428页。

国由内陆国家和领地组成，主要通过对周边国家的领土蚕食和扩张来书写帝国的版图。早期的帝国由于受到交通和军事技术的限制，许多是陆地帝国，如古埃及的阿卡德帝国和中国的西周帝国等。陆地帝国的典型特征，是宗主国只对毗邻的周边国家进行战争征服，即使其领土扩张至海边，也没有海外领地。海洋帝国的构成主要是沿海领地，并依靠海外殖民来进行领土扩张，历史上的绝大多数帝国均属于海洋帝国，如奥斯曼帝国、大英帝国、荷兰帝国、葡萄牙帝国、西班牙帝国等。海洋帝国的典型特征，就是除了对毗邻的周边国家进行扩张外，开始拥有海外的殖民地。

菲利普·费尔南德兹–阿迈斯托（Felipe Fernandez-Armesto）对陆地帝国与海洋帝国的特征作了系统对比，他认为陆地帝国的主要特征包括：强调控制大量的人和大片的土地；需要巨大的军事投入来安置前哨人员和维持军队；除非加以控制，陆上和海上的通道不堪一击；需要巨大的资本投入，来支撑帝国殖民地，建立基础设施；需要高级技术来克服土著的反抗问题；与帝国臣民的社会与文化接触扩大；依靠土著合作者。海洋帝国的特征则包括：通过夺取适当的港口和控制海路来控制国际贸易；在有限的沿海交通枢纽地带殖民；生产和运输价值昂贵的产品；有限的帝国殖民地内的军事冲突和投入；开发与革新海上技术；扩大探险海图的使用，控制遥远的地区；依靠土著合作者。[①]

草原帝国也称游牧帝国，特指游牧民族建立的庞大帝国，它主要依靠骑兵征服和统治大片帝国领土，其典型代表即是蒙古帝国。“草原帝国的典型特征是，它们不会将其统治方式从剥削型过渡到投

---

①［美］菲利普·费尔南德兹–阿迈斯托：《世界：一部历史》（上），叶建军等译，北京大学出版社，2010年，第611页。

资型，或者说是文明教化型。在这些征服者眼里，那些被征服之地，归根到底就是战利品；同样，他们也将占领地作为战利品来对待。由于被征服者几乎无一例外地在文化上优于那些游牧民征服者，于是后者只能将其统治筑垒于武力和掠夺之上。”①

当然，上述分类也只是相对的，正如明克勒所说：“陆地帝国，诞生于对统领之地的扩大、延伸；而海洋帝国，则通过加强和拓展商贸关系，完成扩张。经过一段时间的发展，我们也同样可以看到，出现在这种归类之中的相互转化和彼此交融的情形。”②

正式帝国与非正式帝国。很多学者则从帝国的权力结构、帝国的功能、帝国统治的方式、母国与属国的关系、核心与边缘的关系等角度对帝国进行分类。其中最有影响的分类包括“正式帝国”（formal empire）与“非正式帝国”（informal empire），以及“直接统治的帝国”与“间接统治的帝国”。“正式帝国”即是那些在法律制度上明确声称对其他被征服国家拥有主权要求的帝国，历史上的大多数帝国都属于这类所谓的“正式帝国”。“非正式帝国”则是指正式的政治法律制度并无对其他国家的主权要求，甚至也没有“殖民地”“领地”“附属国”“庇护国”等正式名称，但某些列强却运用其政治、经济和军事影响力，实际上控制和支配着其他国家和地区的权力体系。格里高利·巴顿（Gregory Barton）和布雷特·贝内特（Brett Bennett）对“非正式帝国”的定义是：商业和政治精英有意地对海外领土、资源和人民的成功控制。其控制手段包括强制施行治外特权（extraterritorial privileges）、政治与经济制裁的威胁，常常还包括在极

①［德］赫尔弗里德·明克勒：《帝国统治的逻辑：从古罗马到美国》，程卫平译，社会科学文献出版社，2021年，第146页。

②［德］赫尔弗里德·明克勒：《帝国统治的逻辑：从古罗马到美国》，程卫平译，社会科学文献出版社，2021年，第82页。

端情况下使用其他可能的帝国权力。他们特别强制，“非正式帝国”意味着列强运用治外法权对其他国家实行经济控制。[①]戴维・A.莱克（David A.Lake）则按照国家的决策权力在中心政治精英与边缘政治精英之间的分配程度，来区分“正式帝国”与“非正式帝国”。他认为，中心精英拥有完全的内政外交决定权的体系，是“正式帝国”；反之，边缘精英对其所在国家和地区拥有较大决策权的体系，则是“非正式帝国”。据此，他认为苏联就是一个典型的“非正式帝国”。他说：第二次世界大战后，随着美国与西欧诸国的结盟，“苏联则在东欧创立了一个非正式帝国。美国的西欧联盟性质上是政府主义的（anarchic），所有合作伙伴都公开地或不公开地同意进行相互防御，每个盟国都保留着对协议的实质性自由裁量权。苏联的非正式帝国则更多是等级式的（hierarchic），不仅承诺相互防御，而且为了确保其他国家对其的效忠，苏联深度介入了协约国的国内政治、经济和社会事务”[②]。

除了上面这些帝国的分类外，人们还试图从建立帝国方式、帝国的领土和人口规模、帝国的权力结构和统治方式、帝国内部各属国之间的关系，以及帝国中央权力的性质等维度对人类历史上形形色色的众多帝国作出不同的分类。常见的分类还有军事帝国与经济帝国、直接帝国与间接帝国、伊斯兰教帝国与基督教帝国、民主帝国（democratic empires）与非民主帝国，还有“依据主要经济来源和

---

①［澳］巴顿、［澳］贝内特：《作为外交政策的林业》（Forestry as Foreign Policy：Anglo-Siamese Relations and the Origins of Britain’s Informal Empire in the Teak Forests of Northern Siam，1883—1925），《东印度研究》（*Itinerario*），2010年第2期，第65—86页。

②［美］戴维・A.莱克：《无政府、科层和国际关系的多样性》（Anarchy，Hierarchy，and the Variety of International Relations），《国际组织》（*International Organization*），1996年第1期，第1—33页。

政治社会形态，把各帝国划为农业帝国、商业帝国、游牧帝国、殖民帝国等”[①]。

总体而言，与国家的类型学不同，帝国的类型学非常不成熟，没有人们公认的帝国分类，上面这些也只是相对而言拥有较多共识的分类。在帝国研究已经成为热门领域的情况下，仍然没有比较成熟的帝国类型学，主要原因有两个。首先是与国家不同，帝国的边界和标识常常模糊不清，以至于很难对其作出抽象的类型学概括。其次更重要的是，帝国体系本质上是一种国家权力体系，帝国的性质本质上取决于宗主国的性质。当人们试图从帝国的内部权力关系对其作出分类时，就很难与国家的类型学有实质性的区别。但无论是哪种类型的帝国，都应当具备以下这些一般特征，否则，就不是政治学意义的帝国，而只是某种关于帝国的比喻或滥用。

帝国具有“跨国性”。帝国不是一个国家，而是若干属国或领地的组合，这些附属国可以是王国、藩国、邦国、汗国、公国、酋邦和殖民地等。无论一个国家多么强大，其领土多么辽阔，只要在法理上没有属国和殖民地，那么它至多就是一个霸权或列强，而不是政治学意义上的帝国。韦农·波格丹诺以下对帝国的流行定义，就包含了帝国的这一“跨国性”特征：“一个统治若干超越其国境的领土，由不同的民族构成的国家。自古以来，帝国存在于人类历史的每一阶段。所有帝国都必定与下述这个几乎无法解决的帝国统治问题纠缠在一起：在其居民与中央的关系为从属关系、而他们似乎并不情愿接受帝国权威的领土上，如何保持政治控制。由18世纪末发展起来的，一直延续到第二次世界大战后迅速非殖民化阶段的现代

① 郑非：《帝国的技艺：统治不可统治之地》，广西师范大学出版社，2021年，第75—76页。

殖民帝国，一般说来是由散布各地的一个个殖民区域构成的，而不像古代帝国那样是连成一片的。”[①]作为帝国的组成部分，其他的国家或领地均从属于帝国，并服从帝国的统治。在组成帝国的国家或领地中，必定有一个居绝对统治地位的主要国家，通常称之为宗主国，它是帝国的象征和主权所在。或者如库马尔所说，“帝国将自身制度推广到附属国，由此建立两者之间的桥梁，创造一种共同文化，使得本土制度和思想优于附属国”[②]。

帝国拥有广袤的领土。帝国通常是通过领土扩张而建立的国家联合体，其最明显的特征，就是帝国的领土版图极其广阔，其领域面积通常要数倍于单个国家。人类迄今领土版图最为广阔的国家形式，无一例外都是历史上的帝国。例如，波斯帝国包括了今伊朗、伊拉克、阿富汗等多国领土，其极盛时期的疆域东起印度河及葱岭，西临巴尔干半岛与地中海，南抵亚丁湾和红海，北达高加索山脉跟咸海，波斯帝国是第一个地跨亚、欧、非三洲的大帝国。蒙古帝国是历史上连续性版图最辽阔的国家，其鼎盛时期的疆域一度达到3300万平方千米，是一个横跨欧、亚两洲的全球帝国。俄罗斯帝国在全盛时期的版图也多达2200万平方千米，仅从清政府手中抢占的中国领土就达300多万平方千米。大英帝国全盛时期包括了近50个国家，面积达到3000万平方千米，其帝国版图覆盖了北美洲的大部分、加勒比海广大地区、非洲撒哈拉沙漠以南大片土地、整个印度次大陆、澳大利亚、东南亚和太平洋部分地区，甚至一度控制中东的大部分地区，是名副其实的“日不落帝国”。

---

①［英］韦农·波格丹诺：“帝国”（Empire）词条，［英］戴维·米勒等编：《布莱克维尔政治学百科全书》，中国政法大学出版社，1992年，第226页。

②［美］克里尚·库马尔：《千年帝国史》，石炜译，中信出版社，2019年，第15页。

帝国奉行君主专制主义的政治体制。虽然王国不一定是帝国，但历史上的帝国一般都是权力集中于国王或皇帝的王国，帝国的权力也相应地集中于宗主国的王朝。一位专制的皇帝或君主，虽不是帝国的充分条件，却是帝国的必要条件。久负盛名的罗马帝国脱胎于同样声誉卓著的罗马共和国，罗马共和国的版图早已远远超越罗马本土。经过3次布匿战争和4次马其顿战争，罗马征服了周围许多国家，包括此前盛极一时的希腊半岛，成为一个横跨非洲、欧洲、亚洲，称霸地中海的大国。但即便如此，人们仍称它为罗马共和国，而不是后来的罗马帝国。罗马帝国是从罗马共和国的执政官盖乌斯·屋大维·图里努斯（Gaius Octavius Thurinus）成为奥古斯都大帝（Imperator Caesar Divi Filius Augustus）开始的，史称“奥古斯都时刻”。霍布斯鲍姆之所以将1875—1914年间称为“帝国的年代”（The Age of Empire），除了其他原因外，一个重要的原因就是“一个老式得多的理由”，即这个时段突然冒出许多专制的皇帝：“在世界近代史上，正式自称为‘皇帝’，或在西方外交官眼中配得上‘皇帝’这个称号的统治者人数，恐怕正是在这段时期达到最大值。在欧洲，德国、奥匈帝国、俄国、土耳其和（就其作为印度领主而论的）英国统治者，都自称是‘皇帝’”[①]。像任何专制国家一样，帝国的权力结构也呈金字塔形状，在其最高端是拥有至高无上权力的独裁者。掌握帝国最高权力的统治者通常是皇帝和国王，例如亚述帝国、马其顿帝国、罗马帝国、大英帝国、奥匈帝国和西班牙帝国等，但在不同的国家和不同的宗教文化背景下，这个帝国的主权者也可称为“可汗”“沙皇”和“苏丹”等。存在一个掌握至高无上权力的最高

---

①［英］艾瑞克·霍布斯鲍姆：《帝国的年代：1875—1914》，贾士蘅译，中信出版社，2017年，第64页。

统治者，是帝国的必要条件，没有这样一个最高的主权者就不成其为帝国。但这样至高无上的皇帝或君主的存在，并非是帝国的充分条件。即使拥有这样一位掌握绝对权力的皇帝或君主，若没有帝国构成的其他要素，这样的国家同样不是帝国。①

帝国拥有不平等的政治结构，帝国之内的各附属国和民族之间，拥有不平等的政治地位。帝国内部的宗主国和附属国、支配民族与其他民族之间，实际上是统治与被统治的关系，宗主国与附属国的居民（民族）拥有完全不同的法定权利，宗主国民族作为统治民族享有极大的等级特权。宗主国与附属国、支配民族与被支配民族之间的不平等关系，通常由帝国的法律加以明确规定。例如，蒙古帝国境内，蒙古族作为统治民族，拥有众多法定的特权，其他多数民族事实上处于被奴役的地位。蒙古的法律规定，国内臣民分为四等，蒙古人作为统治民族是一等人，其他则按照其征服时间的先后分为三等，依次为：色目人，即最早被蒙古征服的西域人，如钦察、唐兀、畏兀儿、回回等；汉人，即淮河以北原金国境内的汉、契丹、女真等族以及较晚被蒙古征服的四川、云南人；南人，即最后被蒙古征服的原南宋境内各族，淮河以南不含四川地区的人民。大英帝国统治下的非洲，白人就是统治民族，而黑人则是被统治民族，处于被奴役的地位，在教育、就业、婚姻、语言、税收、兵役、交通、居住等社会政治、经济和文化生活的各个主要方面，黑

① 也有一些学者认为，对于那些“殖民帝国”来说，对其海外殖民地或“海外帝国”（oversea empire）的统治不一定是专制皇帝，其最高统治者可以是城邦国家、国会、君主和半官方的公司，如东印度公司（例见［美］查理·迈尔：《帝国的一员：美国的统治及其先例》（*Among Empires: American Ascendancy and Its Predecessors*），哈佛大学出版社，2006年，第43页）。对海外帝国的情况应当区别对待，如果在形式上也没有掌握主权的专制君主，那就不是帝国，如拥有众多海外殖民地的罗马共和国。反之，像英国和荷兰奉行立宪君主制，即使通过半官方的公司去统治海外殖民地，也应属于帝国体系。

人普遍受到歧视。作为近代欧洲最主要的大陆型帝国，奥匈帝国社会结构的突出特点是其民族的多样性。它是一个由11个民族和至少7种宗教组成的帝国体系，帝国民族关系的突出特点是两个强势民族对众多弱势民族的不平等关系。“民族关系与治理是帝国治理的重中之重，这也决定了帝国走上了不同于其他西欧大国的对内扩张和殖民的道路。帝国在民族关系的治理上主要采取了‘扶强压弱’的不平衡方式，即主要以牺牲众多弱势民族的利益来维护日耳曼人和匈牙利人的强势政治地位，以达到维持帝国统一的目的。”①

帝国具有广泛的文化、语言、民族和宗教多样性。早期的普通国家通常建立在单一的民族或种族的基础之上，并且拥有单一的民族文化和宗教信仰。与此不同，帝国是对其他国家和种族的征服，除了宗主国的文化、语言、民族和信仰之外，必然或多或少会保存被征服者的民族文化特征，从而在语言、风俗、习惯、种族、宗教等方面，具有丰富多彩的多样性。尽管征服者常常也会强迫被征服者统一使用征服者的语言，信奉征服者的宗教，遵循征服者的习俗，但无论征服者如何强大，几乎不可能消除这种文化和民族的多样性。统治者如果强制推行文化一元主义，消除不同的民族文化传统和宗教信仰，不仅代价巨大，而且会从根本上危及帝国的统治秩序。因而，明智的帝国征服者反而会保存并利用被征服者的文化、语言、民族和宗教特征，以实现帝国内部多民族和多文化的融合。例如，幅员辽阔的奥斯曼帝国，除了土耳其人外，还包括希腊人、犹太人、阿尔巴尼亚人、法纳尔人、亚美尼亚人、塞尔维亚人、波斯尼亚人、匈牙利人或其他种族。这些不同的民族各有自己的民族文化和语言

---

① 高晓川：《奥匈帝国的民族与民族关系治理》，《世界民族》，2014年第4期。

文字，还有伊斯兰教、犹太教和基督教等不同的宗教信仰。奥斯曼帝国的统治者为了维护帝国秩序，采取了最大限度的民族、宗教和文化包容政策，这被认为是奥斯曼帝国强盛的重要原因之一。因此，帝国体系通常奉行多元文化主义（Multiculturalism），倡导对不同文化和宗教的包容和尊重。

帝国通常是一个相对独立的国际秩序体系。由于帝国由多个原先独立的不同国家和民族组成，这些不同的民族和国家各有自己的历史文化传统和政治法律制度，宗主国不仅会在相当程度上维持这些属国原先的语言文化传统，而且会在一定程度上允许保持原先的政治法律制度。帝国通过这些各自的法律和制度，在帝国内部的各个属地之间维持秩序和稳定。因此，帝国实际上就成为一个特殊的国际体系。历史上众多著名的帝国，如波斯帝国、马其顿帝国、罗马帝国、奥斯曼帝国和大英帝国等，拥有不少属国和殖民地，领土面积广阔，甚至跨越欧洲、亚洲和非洲的边际界线，成为或大或小的国际体系。像极盛时期的大英帝国，其包罗的国家之众多，帝国面积之广阔，足可以自成一个跨洲的国际体系。鉴于帝国的这一特征，一些学者把庞大的帝国体系视为一种世界体系，把帝国政权视为国际政权。

例如，勃里恩在论及亚述帝国时，就认为亚述人建立了第一个国际性的政权，从而开创了人类的帝国历史：“亚述人还缔造了人类历史上第一个真正的帝国，一个建立在复杂的组织和管理工具基础上的高度中央集权的国际性的政权，而非仅仅是依赖附庸国进贡的强大王国。亚述之后的每个帝国，从波斯帝国到罗马帝国，都效法亚述人的征服、统治的制度。帝国的历史从此开始了。”①

帝国的存在带有周期性。周期性其实是许多事物的普遍特性，它指的是事物在生长发展过程中会出现一些规律性的重复，呈现周而复始的现象。尤其是一些延续时间较长的事物，这种周期性就更加明显，以至于一些学者称之为“长周期律”。历史上的帝国常常存在数百年，甚至千年以上，在帝国存续的这个漫长时期中，帝国的命运会发生某种规律性的重复，这就是通常所说的帝国的周期性。著名历史学家吉尔平说：“虽然学者们承认，就国际关系而言，民族国家在当代处于首要地位，但在前现代时期占统治地位的政治组织形式却是帝国。尽管存在城邦、封建主义，以及其他形式的社会结构，但国际关系史大体上是大帝国的接续。过去的1000年里，国际政治的转变形式被描绘成一个帝国周期。世界政治以强大帝国的兴衰为特征，每一个帝国都统一并安排了它自己的国际体系。我们所承认的每一种文明的周期性形式，都是由一个国家在其帝国统治下统一的体系。”②一些学者认为历史上的帝国与强国一样，有一个崛起、鼎盛和衰落的过程，而且衰落的时间往往很长。这就是所谓的“大国兴衰”模式。按照这一模式，“几乎所有帝国的历史都经历了一个短暂且活跃的上升期和一段漫长的衰落期”。另一些学者则认为，帝国的兴亡与一般的大国兴衰不同，帝国在漫长的存续过程中会重复发生多个兴衰过程，与“崛起—鼎盛—衰亡”模式不同。例如，罗马帝国就是这样：在2世纪初，罗马帝国的国力达到极盛，

---

①［美］科马克·奥·勃里恩：《帝国的衰亡：十六个古代帝国的崛起、称霸和沉没》，邵志军译，现代出版社，2015年，第56页。

②［美］罗伯特·吉尔平：《世界政治中的战争与变革》，武军等译，中国人民大学出版社，1994年，第113页。

帝国的疆土扩至最广；此后便开始陷入衰落时期，中间虽有戴克里先的改革，但在3世纪末，罗马帝国开始东西分治，无论帝国的皇帝们如何励精图治，都无法挽回罗马帝国最后灭亡的命运。“按照这一模式，所有政治实体，在其长短不一的历史中都会经历若干周期；在这些周期里，几经兴衰起伏。至于经历几次周期，周期内的上升阶段持续多久，这些则取决于政治实体领袖的政治手腕和远见。”①

正像关于帝国的概念充满着争议一样，关于帝国的特征和要素也同样不可能有完全一致的意见。伊恩·莫里斯（Ian Morris）的观点在很大程度上代表了当代西方帝国研究者在这一问题上的最新观点，我们不妨引述如下。他说，历史学家不可能对“帝国”概念有一致的认识，但正像对于文化和宗教等事物一样，大多数学者对什么是帝国会有某种相似的看法。对于他们在《牛津世界帝国史》一书中选择的50个帝国案例，多数学者会认同这种选择，但也会遗漏某些重要的帝国。他概括说，他们选择的这50个案例包含了古今遍布世界各地的著名帝国，所有这些帝国都共享以下五个要素：（1）帝国都是政治组织，它们本身都是由政府领导的国家，而教会、公司、家族和部落组织都不是政治组织，尽管它们也拥有某些帝国的特征；（2）帝国都握有军事力量，它首先是一个军事组织，没有军事组织不可能成为一个帝国；（3）帝国都拥有广阔的领土，虽然对帝国领土规模没有确定的标准，但他们所选择的这50个帝国的版图，都在100万平方千米之上；（4）在帝国广阔的版图之内，在所有军事、法律、经济和文化等重大事务上，帝国政府对其他所有组织都

① 参阅［德］赫尔弗里德·明克勒：《帝国统治的逻辑：从古罗马到美国》，程卫平译，社会科学文献出版社，2021年，第98—99页。

拥有优先权；（5）在帝国内部，统治者和被统治者之间存在一种“强烈的外国人感”（a strong sense of foreignness）。正是这种感觉将帝国与大国区分开来。[①]

①［英］伊恩·莫里斯：《帝国与军事组织》（Empire and Military Organization），［丹］彼得·F.邦等编：《牛津世界帝国史》第一卷，牛津大学出版社，2021年，第156页。

第四章
帝国的规模

从表面上看，帝国最显著的特征莫过于其无与伦比的巨大规模。人们提及帝国，自然就会想到广袤的国土、众多的人口、强大的军队和无穷的财富。规模的巨大，是所有帝国的共同表征。现代发展经济学的“规模效应”（scale effects）在历史上的帝国中早已暴露无遗：帝国由于其超大的人口、领土、经济和军事规模，往往可以创造单一国家难以创造的综合效益。从规模的角度看，世界历史上的许多奇迹都是帝国书写的——从国民经济的总值，到军事武装的数量；从资源物产的丰富，到宗教文化的多样；从陆地的长途交通，到海上的跨国航行；从语言文字的传播，到宗教信仰的扩散；从政治法律制度的移植，到宫殿教堂的建筑——历史上的帝国都创造了众多前无先例的纪录，以至于在当今世界各国的日常语言中，帝国也总是与气势恢宏、威震四海、八方来朝、富丽堂皇和丰衣足食等美好的景象联系在一起。

一、领土

土地是人类赖以生存的基本物质条件，也是人类迄今最重要的财富。在前现代的传统社会中，土地对人类的生成与发展有着压倒一切的重要性。首先，土地为人类生命的存在和成长提供基本的物质空间，有了土地，人类才能够有固定的住处，以及必要的交往和活动场所。人非鸟类，不能在空间生息，没有足够的生存空间，任何民族都不可能生存并繁衍后代。近代以后用来为帝国的领土扩张提供合法性依据的“生存空间”理论，虽然是赤裸裸的强盗逻辑，但将土地与生存联系起来，并将领土视为民族的“生存空间”，却有其蛊惑人心的理由。其次，土地生产人类维系生命所必需的粮食、蔬菜、水果等基本食品。在漫长的农业社会中，耕地与食物有着直接的关系，耕地的大小与食物的多少成正比。中国古人说，民以食为天，食物对于人来说就是天大的事情。作为个人，没有食物就会饿死；作为族群，没有土地就没有食物，也就无法维系生存。其三，土地也是人类自身幸福和文明进化所需的自然资源，有了足够的土地，才会拥有河流、水源、草原、大山、森林、矿藏、动物等自然资源，它们是民族繁荣富强的必要条件。其四，土地也是防御自然灾害的天然屏障。在生产技术落后的传统社会，人们只能靠天吃饭。一旦发生瘟疫、水灾、旱灾或虫害等自然灾难，要是没有足够广阔的土地，整个族群就会濒临灭顶之灾。反之，拥有足够辽阔的土地，即使某个地区发生了自然灾难，也可能通过其他地区获得救济。最后，土地也是抵御外敌入侵的自然屏障。广阔的土地既可以在面临周边强敌时用作战略缓冲地带，也可以在外敌侵犯时利用山川河流等自然屏障抵抗敌军进犯。

由于土地对于人类和族群的生存发展具有如此的重要性，拥有比母国本土更广阔的领土便成为帝国追逐者的首要目标，从而也是帝国“辉煌”或“荣誉”的首要表征。霍布斯鲍姆在谈到19世纪晚期和20世纪初期的“帝国的年代”时说：“帝国扩张可为选民带来光荣，进而减轻其不满情绪。有什么比征服外国领土和有色人种更光荣呢？特别是这些征服也用不了多少钱。”[①]帝国形成的过程，实际上就是强权国家对外进行领土扩张的过程，也是吞并其他国家领土的过程。历史上的那些帝国没有一个不进行对外领土扩张的，所谓伟大的帝国首先就体现为在大规模领土兼并的基础上形成巨大的领土版图。在领土规模与帝国的关系上，有两个明显的普遍特征。一是世界历史上的著名帝国，无一不拥有巨大规模的领土版图。帝国的领土面积往往数倍，甚至数十倍于其母国的领土面积。反过来说，世界政治史上迄今为止最为广阔的领土版图，都是由分布于世界各地的帝国描绘的。二是帝国的命运通常也与其领土版图的大小休戚相关，当帝国强盛时，对外穷兵黩武，攻城略地，其领土版图就不断扩大；而当帝国衰落时，外敌兵临城下，常常割地赔款，其领土版图便日益缩小。

地球表面积5.1亿平方千米，陆地为1.49亿平方千米，占全球表面积的29.2%。其中，适合人类居住的面积不到16%，约为8000万平方千米。以世界现存的200多个国家数量计算，平均每个国家的可适合居住的面积仅40万平方千米左右。然而，历史上绝大多数帝国的领土版图，少则数以百万平方千米计，多则数以千万平方千米计。据爱沙尼亚裔的美国政治学家莱恩·塔格佩拉在多卷本的《帝国的规模与存续时间》（*Size and Duration of Empires*）统计，不包括美国和前苏联，领土在100万平方千米以上的帝国多达80个，其中传统帝国75个，海外殖民帝国5个。在这80个领土面积超过百万平方千米的帝国中，又有8个帝国的领土版图超过了1000万平方千米。这8个超千万平方千米国土面积的帝国分别是：1270年前后的蒙古帝国

① [英] 艾瑞克·霍布斯鲍姆：《帝国的年代：1875—1914》，贾士蘅译，中信出版社，2017年，第78页。

（Mongol），约2400万平方千米；1790年前后的大清帝国（Qing），约1470万平方千米；1895年前后的俄罗斯帝国（Russia），约2280万平方千米；750年前后的倭马亚帝国（Umayyad），约1110万平方千米；1760年前后的西班牙帝国（Spain），约1230万平方千米；1938年前后的法兰西帝国（France），约1210万平方千米；1938年前后的大英帝国（Britain），约3360万平方千米。以下是塔格佩拉绘制的百万平方千米以上的帝国版图：

表1 领土规模至少覆盖100万平方千米的帝国一览表[①]

帝国	世界地区	时期(年)	领土规模(百万平方千米)
(1)传统帝国			
埃及(Egypt)	非洲	BC1300	1
阿克苏姆(Axum)	非洲	350	1.25
法蒂玛(Fatimid)	非洲	969	4.1
阿尔摩拉维德(Almoravid)	非洲	1120	1
阿尔摩哈德(Almohad)	非洲	1200	2
马里(Mali)	非洲	1380	1.1
马穆鲁克(Mamluk)	非洲	1400	2.1
印加(Inca)	美洲	1527	2
匈奴(Xiongnu)	中亚	BC 176	4
鲜卑(Xianbei)	中亚	200	4.5
柔然(Rouran)	中亚	405	4
突厥(Gokturk)	中亚	557	6

① ［美］莱恩·塔格佩拉：《帝国的规模与存续时间》，［丹］彼得·F.邦等编：《牛津世界帝国史》，牛津大学出版社，2021年，第92—94页。

续表1

帝国	世界地区	时期(年)	领土规模 (百万平方千米)
回鹘(Uigur)	中亚	800	1.5
吐蕃(Tufan Tibet)	中亚	800	4.6
哈扎尔(Khazar)	中亚	850	3
花刺子模(Khorezm)	中亚	1210	4
喀喇汗(Qara Qitai)	中亚	1210	2.5
蒙古(Mongol)	中亚	1270	24
金帐汗国(Golden Horde)	中亚	1310	6
察合台(Chagatai)	中亚	1350	3.5
帖木儿(Timurid)	中亚	1405	4.4
准噶尔(Zhungar)	中亚	1650	3.6
商(Shang)	东亚	BC 1122	1.25
秦(Qin)	东亚	BC 220	2.3
西汉(Western Han)	东亚	BC 50	6
金(Jin)	东亚	280	3.1
前秦(Former Qin)	东亚	376	
北周(Northern Zhou)	东亚	577	1.5
梁(Liang)	东亚	579	1.3
隋(Sui)	东亚	589	3
唐(Tang)	东亚	715	5.4
辽(Liao)	东亚	947	2.6
北宋(Northern Song)	东亚	1000	3.1
女真(Jurchen)	东亚	1126	2.3
明(Ming)	东亚	1400	3.1

续表2

帝国	世界地区	时期(年)	领土规模 (百万平方千米)
清(Qing)	东亚	1790	14.7
罗马(Rome)	欧洲	117	5
匈奴(Huns)	欧洲	441	4
东罗马(East Roman)	欧洲	555	2.7
法兰克(Frankish)	欧洲	814	1.2
基辅(Kiev)	欧洲	1000	2.1
拜占庭(Byzantine)	欧洲	1025	1.35
神圣罗马帝国 (Holy Roman Empire)	欧洲	1050	1
立陶宛-波兰 (Lithuania-Poland)	欧洲	1480	1.1
奥斯曼(Ottoman)	欧洲	1683	5.2
俄罗斯(Russia)	欧洲	1800	15.5
		1895	22.8
高棉(Khmer)	东南亚	1290	1
孔雀王朝(Maurya)	南亚	BC 260	3.4
塞克(Saka)	南亚	20	2.6
贵霜(Kushan)	南亚	200	2
笈多(Gupta)	南亚	400	3.5
嚈哒(Hephthalite)	南亚	470	4
曷利沙(Harsha)	南亚	648	1
普腊蒂哈腊(Pratihara)	南亚	860	1
古尔(Ghurid)	南亚	1200	2

续表3

帝国	世界地区	时期(年)	领土规模(百万平方千米)
德里苏丹(Delhi)	南亚	1312	3.2
莫卧儿(Mughal)	南亚	1690	4
马拉地(Maratha)	南亚	1760	2.5
亚述(Assyria)	西南亚	BC 670	1.4
米提亚(Media)	西南亚	BC 585	2.8
阿契美尼德(Achaemenid)	西南亚	BC 500	5.5
马其顿(Macedonian)	西南亚	323	5.2
塞琉古(Seleucid)	西南亚	BC 301	3.9
巴克特里亚(Bactria)	西南亚	BC 184	2.5
帕提亚(Parthia)	西南亚	1	2.8
博斯萨珊(Sasanian)	西南亚	550	3.5
倭马亚(Umayyad)	西南亚	750	11.1
阿拔斯(Abbasid)	西南亚	800	8.3
萨曼(Samanid)	西南亚	928	2.85
白益(Buyid)	西南亚	980	1.6(分段)
伽色尼(Ghaznavid)	西南亚	1029	3.4
塞尔柱(Seljuk)	西南亚	1080	3.9
阿尤布(Ayyubid)	西南亚	1190	2
伊儿汗国(Ilkhanate)	西南亚	1310	3.75
萨法维(Safavid)	西南亚	1630	2.9
(2)欧洲殖民帝国			
葡萄牙(Portugal)	欧洲	1760	8.5
		1938	2.1

续表4

帝国	世界地区	时期（年）	领土规模（百万平方千米）
西班牙（Spain）	欧洲	1640	7.1
		1760	12.3
荷兰（Netherlands）	欧洲	1938	2.1
法国（France）	欧洲	1880	0.7
		1938	12.1
		1960	3.1
英国（Britain）	欧洲	1760	3.5
		1938	33.6
		1950	9.5
		1960	5
（3）其他			
美国（United States，包括合并的领土）	美洲	1900	9.67
苏联（Soviet Union）	欧洲	1945	9.37
		1950	22.3

虽然塔格佩拉关于历史上帝国的版图面积数据只是估算，但即使从这个估算中也可以发现帝国领土规模的另一个普遍趋势：帝国的版图常常处于变动不居之中，最大时的版图比最小时的版图可以大10倍之上。例如，大英帝国领土面积最大时达到3360万平方千米，而最小时只有350万平方千米；法兰西帝国最大领土面积为1210万平方千米，而最小时只有70万平方千米；西班牙帝国最大面积为1230万平方千米，而最小时只有710万平方千米。仔细研究后不难发现，帝国版图的大小与其综合国力，特别是经济和军事实力完全成

正相关。大英帝国在20世纪30年代，正值维多利亚女王时期，经过数十年的积累，英国这时已经拥有全世界最强大的海军，完全控制了世界的海权；工业革命极大地提高了英国的生产率，使其拥有最先进的工业技术，其工业产品迅速占据了世界的最大市场；此时英国的文学艺术和科学技术也高度发达，处于遥遥领先的世界地位。这是大英帝国的鼎盛时期，与此相一致，帝国的领土版图也达到最大。第二次世界大战后，英国走向衰落，无论是工业还是国防，美国等后来居上，取代英国成为新的世界霸主。随着英国自身的衰落，原先的附属国和殖民地纷纷脱离英帝国宣告独立，昔日的"日不落帝国"已经奄奄一息，其领土版图缩小至500万平方千米。不只大英帝国如此，其他帝国也遵循同样的兴盛规律。例如中国的大清帝国，在康熙、雍正和乾隆皇帝时达到全盛时期，清政府的常年岁入保持在6000万—7000万两白银，最高的1777年达到8280多万两白银。虽然人均收入并不高，但经济总量居当时世界各国的前列。[①]康熙和乾隆皇帝利用其强大的综合实力，努力拓展帝国的版图，除了平定"三藩之乱"和收复台湾外，还统一了蒙古、新疆和西藏，并与俄罗斯划定了合适的边界，从而将大清帝国的疆域扩大到前所未有的程度，1790年时达到1470多万平方千米。乾隆末年，大清帝国开始衰落，鸦片战争后进一步沦为列强的半殖民地，签订了一系列丧权辱国的不平等条约，帝国版图急剧缩小。到清朝灭亡前，清帝国的领土面积大约缩至1135万平方千米。从鸦片战争到五四运动前的近80年间，列强通过各种手段侵占中国领土约173.9万平方千米。其中，俄国掠夺中国的国土最多，从19世纪50年代到80年代，就从清帝国

---

① 参阅李强、徐康宁等：《"康乾盛世"真的存在吗？——基于经济数据测算的分析》，《北京社会科学》，2013年第1期。

手中夺取了150多万平方千米的领土。

二、人口

国家的四要素包括土地、人口、政权和军队，其实它们也是作为特定的国家权力体系的帝国的要素。帝国除了大规模的领土版图外，还包括大规模的人口数量。人口规模对于帝国来说之所以重要，主要原因有两个。其一，人口是劳动力，帝国人口的多少直接等同于帝国有多少劳动力可用于生产、经营和服务。在传统农业社会的劳动密集型经济条件下，生产工具和技术落后，物质产品的生产和国民财富的增长，主要依靠劳动力创造。从短期和局部看，似乎人口增长会过度消耗资源，降低人均财富比。但从长期和更大范围看，在传统社会，人口增长与经济发展是完全成正相关的。世界人口史专家马西莫·利维-巴奇（Massimo Livi-Bacci）在研究世界人口史后得出结论说：有一种被短期经验所“证明”的观点，认为人口密度的增加会产生对固定资源的争夺，“然而，历史观察对这一观点提出了有力的质疑，因为经济发展通常伴随着人口增长。庞大的人口可以使工作更好地组织化与专业化；能够轻松找到更多的方式来替代固定资源，从而创制一种新的系统，而如果人口规模小是无法维持这种系统的。”[①]巴奇还进一步论证说，一定规模的人口有利于经济的繁荣，主要是通过分工和规模经济这两条途径得以实现。就人口规模与经济繁荣的内在联系而言，有多少劳动力，就意味着有多少财富。此外，那些大型的帝国工程也与特定的人口规模相关。传统时代那些巨大的水利、建筑、宗教防御工程，只有依靠大量的劳动

---

①［意］马西莫·利维-巴奇：《世界人口简史》，王帅等译，中国友谊出版公司，2022年，第121页。

力才能完成。

帝国重视人口规模的第二个原因，在于帝国庞大的武装力量的需要。帝国对外扩张和征服直接的和主要的手段，就是强大的武装力量。除了成吉思汗的蒙古骑兵外[①]，在绝大多数情况下，帝国的征战主要依靠庞大的陆军和海军。部队的战斗力通常取决于三个因素：一是兵员的多少，二是武器的先进，三是指挥的得当。即使武器再先进，指挥水平再高超，没有一定规模的战斗人员，难以有很强的战斗力。特别是在冷兵器时代，战士的数量更有着决定性的意义。一支战斗力强的军队，其士兵必定由青壮年人员担任。青壮年在任何民族的人口构成中，只占小比例的一部分。历史上那些著名帝国的军队，动辄几十万甚至数百万人，没有大规模的人口，不可能拥有大规模的部队。帝国在对外扩张时期需要大量的兵力用以征战，即使在非扩张时期也需要大量的部队守卫庞大的领土。因此，任何帝国都需要一支规模庞大的军队。与此相适应，帝国的人口数量必须具有相当的规模。例如，发动第二次世界大战的纳粹德国，为了征服周边国家，实现德意志军国主义者梦想的“第三帝国”，打造了一支550万人之众的正规军，并动员了1700多万各类战斗人员，而当时德国的总人口8000多万。罗马帝国时期，精锐的罗马军团约有30万人，各类战斗人员高达80万之众。按照罗马的法律，退役士兵可拥有罗马的公民权。有人统计，在100年的时间内，仅因为是退役

① 蒙古帝国的精锐部队为数确实不多，据《蒙古秘史》记载，只不过12万余人，一些军事史专家估计至多也仅60万人左右，却征服了数十倍于本土人口的其他国家。蒙古实行的千户制，实质上是一种全民皆兵的军国体制，从另一个角度看，全部蒙古民族都是战士。所以，蒙古帝国没有大规模的正规部队，并不足以否定历史上的帝国拥有大规模的军队这一通则。

士兵及其家属而获得罗马公民权的人数就达300万之众。[①]由此可见，对于历史上的绝大多数帝国来说，拥有大规模的军队与大规模的人口，是其扩张和征战的一个基本条件。

总之，争夺更多的人口，对于帝国来说几乎是与争取土地一样重要的动因。在帝国的条件下，人口与领土其实也是一种相辅相成、互为条件的因素。帝国需要通过对外战争和征服来开拓疆域，当帝国成功地征服其他国家从而拥有更多领土时，原先领土上的人民大多数也随之归属于帝国。于是，随着领土的扩张，帝国的人口也不断增多。随着帝国人口规模不断扩大，一方面，帝国的兵源更加充足，军事力量随之增强，使之更有能力进行对外扩张。另一方面，随着帝国人口的增加，也确实需要更多的土地来养活不断增加的人口，需要有更多的“生存空间”。领土与人口相互之间的这种复杂联系在巴奇观察到的欧洲三次大移民浪潮中得到了充分的体现。这三次欧洲的移民与扩张浪潮，第一次为11—13世纪德国人对易北河（Elbe River）东部领土的殖民活动。第二次包括16—18世纪伊比利亚人（Iberian）移民中美和南美洲、英国人移民北美，以及相对较少的荷兰移民和法国移民到各自殖民地的殖民活动。第三次是俄罗斯边界向东及向南的扩展。以俄罗斯帝国的移民和扩张为例，“18世纪，俄国的叶卡捷琳娜大帝号召了成千上万的日耳曼移民，制造了一股向伏尔加河流域移民的新浪潮，企图把边境向南推进。1764年至1768年，27000名移民在伏尔加河沿岸建立了104个殖民地。向克里米亚、北高加索、哈萨克斯坦和西伯利亚的移民定

---

① 参阅［美］格雷厄姆·韦伯斯特（Graham Webster）：《公元1—2世纪罗马帝国的武装力量》（*The Roman Imperial Army of the First and Second Centuries A.D.*），俄克拉何马大学出版社（University of Oklahoma Press），1998年，第285页。

居紧随其后。”[①]。

虽然大规模的领土与大规模的人口，是帝国两个最明显的表征，而且两者相辅相成。然而，由于影响人口增长的因素与影响领土扩张的因素很不相同，两者并不能绝对画等号。影响人口多少的因素，除了自然生存环境、经济发展水平、医疗卫生条件外，还包括战争、瘟疫、饥荒、自然灾难和种族屠杀等。因此，世界历史上领土面积最大的帝国，未必是人口数量最多的帝国；反之也一样，人口最多的帝国，其领土面积未必最为广阔。例如，大英帝国全盛时期的领土面积接近3400万平方千米，约占全球面积的四分之一；但其人口规模在当时并非最大的，且远未达到世界人口的四分之一。从世界人口史的统计数据看，中国的人口数量一直处于世界各国的领先地位，但其领土面积并非相应地位居各国前列。世界历史上第一个人口超过1亿的国家是宋朝的中国，北宋时期的公元1124年间，中国的人口已经达到了1.26亿[②]，而当时北宋的国土面积约为250多万平方千米，同时期许多帝国的领土都超过它，即使如土耳其的塞尔柱（Seljuk）帝国，面积也有近400万平方千米。尽管如此，从世界人口发展史的整体来看，近代以前拥有大规模人口的国家，仍然属于帝国体系。

根据瓦尔特·谢德尔（Walter Scheidel）的研究，历史上人口数量占当时世界人口总量8%以上的帝国总共有37个，其中占20%以上的有13个。13个中英帝国和罗马帝国的人口数量在鼎盛时期超过20%，其余11个全部在亚洲，尤其是中国。按照他的统计，历史上

---

①［意］马西莫·利维-巴奇：《世界人口简史》，王帅等译，中国友谊出版公司，2022年，第150页。

② 参阅吴松弟：《中国人口史》（第三卷）“辽宋金元时期”，复旦大学出版社，2000年，第344—369页。

的“中华帝国”共有6个王朝的总人口超过20%，其中人口规模占当时世界总人口比例最高的前三名全部在中国。它们分别是：1800年的清朝（占37%）、1100年的北宋（占33%）和公元初年的西汉（占32%）。以下是他列举的帝国人口至少占世界总人口8%以上的历史上各帝国的人口规模①。

表2　人口规模占世界人口至少8%的帝国一览表

帝国	世界地区	时期(年)	占世界人口百分比(%)
清(Qing)	东亚	1800	37
北宋(Northern Song)	东亚	1100	33
西汉(Western Han)	东亚	1	32
蒙古(Mongol)	中亚	1290	31
罗马(Rome)	欧洲	150	30
金(Jin)	东亚	280	28
明(Ming)	东亚	1600	28
秦(Qin)	东亚	BC 220	24
莫卧儿(Mughal)	南亚	1700	24
唐(Tang)	东亚	900	23
德里苏丹(Delhi)	南亚	1350	23
英国(British)	欧洲	1938	23
日本(Japan)	东亚	1943	20
孔雀王朝(Maurya)	南亚	BC 250	19

① [美] 瓦尔特·谢德尔：《帝国的规模：领土、人口和分配》(The Scale of Empire: Territory, Population, Distribution)，[丹] 彼得·F. 邦等编：《牛津世界帝国史》第一卷，牛津大学出版社，2021年，第103页。

续表

帝国	世界地区	时期（年）	占世界人口百分比（%）
前秦（Former Qin）	东亚	376	19
北周（Northern Zhou）	东亚	580	16
马其顿（Macedonian）	西南亚	BC 323	15
曷利沙（Harsha）	南亚	647	15
笈多（Gupta）	南亚	450	13
北魏（Northern Wei）	东亚	500	13
倭马亚（Umayyad）	西南亚	750	13
阿契美尼德（Achaemenid）	西南亚	BC 450	12
前燕（Former Yan）	东亚	366	12
女真（Jurchen）	东亚	1200	12
德国（Germany）	欧洲	1943	12
贵霜（Kushan）	南亚	200	11
波罗（Pala）	南亚	800	11
后赵（Later Zhao）	东亚	330	10
嚈哒（Hephthalite）	南亚	500	9
博斯萨珊（Sasanian）	西南亚	626	9
马拉地（Maratha）	南亚	1750	9
苏联（USSR）	欧洲	1940	9
难陀（Nanda）	南亚	BC 325	8
塞琉古（Seleucid）	西南亚	BC 280	8
普腊蒂哈腊（Pratihara）	南亚	900	8
古尔（Ghurid）	南亚	1200	8
法国（France）	欧洲	1812	8

按照中国历史学家和人口学家的统计，西汉末年中国的人口已近6000万人，为当时世界人口记录之最。唐朝巅峰时期的人口反而只有5300万人。宋徽宗在位时期，大观四年（1110）官方的人口记录为46734784人，但实际上已经超过1亿人。[①]清帝国从1651年开始，就有官方的人口统计。据《清实录》记载，1651年清朝的人口为10633326人，1734年为26417932人。到1741年，清帝国的人口便重新超过了1亿，达到143411559人，并于1775年（乾隆四十年）超过2亿，为264561355人，1851年（咸丰元年）为清朝人口的顶峰，已超过4亿人，达到432164047人。[②]中国一直是一个人口大国，在绝大多数时期，人口规模一直处于世界前列。但中国历史上的人口规模是极不稳定的，西汉末年已近6000万，但北宋初年只有4000多万。宋徽宗时已超过1亿，到明朝初年又跌回至6000万左右。明朝的鼎盛时期，人口曾破2亿，清初又巨跌至1000多万，而到乾隆年间又升至历史性的4.3亿。不过，中国历史上人口规模的起落，也同样表明，帝国通常拥有巨大的人口规模。因为中国历史上几次人口的巅峰，都适值西汉、唐、北宋、明和清等几个著名的帝国时期。

领土和人口是帝国规模的两个基本要素，除此之外，体现帝国规模的还有一些其他要素，包括军队的人数、中央政府的规模、宫廷的大小和财富的积累等。但比起领土和人口来，其他要素均不是帝国规模的典型表征。正如前面论述的，对于帝国的统治者来说，通常都希望有更大的领土和更多的人口，这既是他们的荣耀，更是他们的实力。但从帝国兴亡的历史教训来看，超大规模的领土和人

---

① 王曾瑜：《宋代人口浅谈》，《天津社会科学》，1984年第6期。亦可参阅葛剑雄：《中国历代人口数量的衍变及增减的原因》，《党的文献》，2008年第2期。

② 骆毅：《清朝人口数字的再估算》，《经济科学》，1998年第6期。

口对帝国统治其实也有许多消极的作用。大规模的领土范围和人口数量，会大大增加帝国统治的经济和行政成本，直至使帝国因尾大不掉和不堪重负而走向衰落和崩溃。

第五章
帝国的产生

就其最基本的意义而言，帝国是对其他国家或民族的征服、占领或统治。因此，帝国是一种国家权力结构和国家秩序体系，是国家产生并发展到一定程度之后的产物，其前提就是国家权力的存在。人们常说，国家是人类自身的伟大创造，它是为了避免人类自身陷于相互残杀的丛林法则而产生的。换言之，从积极的角度看，国家的产生是为了维护人类生活所需的基本公共秩序。至少从法理上和形式上说，国家代表着社会的公共利益，它为人类的公共生活所必需。即使国家给人类自身带来了巨大的“祸害”，国家也是一个必要的“祸害”，人类迄今还离不开国家。那么，建立在国家权力基础之上的帝国体系呢？人类为什么会有帝国，它也像国家一样是人类公共生活所必需的吗？

我们在前面已经提到，从已有的考古和文献材料来看，人类历史上出现的第一个国家与第一个帝国之间相距不到1000年时间，而且从空间分布上看，帝国最先出现于两河流域，继而在欧洲、亚洲、非洲和拉丁美洲的其他地区先后出现。世界上每一个人类文明的代表性区域，或迟或早都会产生各个文明区域的帝国体系。世界历史上那些实力雄厚、影响深远的代表性帝国，例如古亚述帝国、波斯帝国、马其顿帝国、罗马帝国、大汉帝国、西班牙帝国、葡萄牙帝国、奥斯曼帝国、印加帝国、印度帝国、俄罗斯帝国、德意志帝国、法兰西帝国、大英帝国、埃塞俄比亚帝国等，分布在世界各大洲。不难发现，只要是存在国家的地方，或迟或早就会有相应的帝国相伴随产生。国家与帝国之间的这种空间和时间关系，表明在国家与帝国之间存在着一种内在的政治逻辑。这种逻辑可以简单地表述为：国家成长和发展到足够强大时，必然会对周边国家进行扩张和征服，从而形成特定的区域性等级秩序体系，这种国家间的等级性秩序体系便是帝国体系。当一个国家发展成一个帝国时，其综合实力便会极大地增强，从而使其成为区域性的，甚至全球性的霸主。总而言之，国家发展到一定程度后，必然产生帝国；帝国产生的结果，必然使某些国家成为凌驾于其他国家之上的霸权，成为“国家中的国家”，而帝国的皇帝便成为“国王中的国王”。

从其直观的后果来看，所有帝国几乎都与征服、掠夺和占领有关。人类迄今的政治史，实质上可以说就是一部暴力史，充满着战争、征服、杀戮和种族灭绝，帝国更是与暴力息息相关。莫里斯说得对，“帝国史就是有组织的暴力史。几乎所有帝国都产生于暴力，并依靠暴力维持，最终也灭亡于暴力。管理暴力对帝国来说是‘第一位的工作’”[①]。对人类生命的最大威胁，其实并非自然死亡，而是大量非自然的死亡，包括饥荒、瘟疫、灾难和战争。其中，人类的自相残杀导致了最大规模的非正常死亡，包括政治镇压、国内战争和国家间战争，特别是形形色色的各种战争。以专门研究战争、暴力和大规模杀戮而闻名的鲁梅尔（R.J.Rummel）说：“战争是我

---

①［英］伊恩·莫里斯：《帝国与军事组织》，［丹］彼得·F.邦等编：《牛津世界帝国史》第一卷，牛津大学出版社，2021年，第155页。

们人类的灾祸，是末日灾难的四骑之一（one of the horses of the apocalypse）。在我所经历的时代，它已经屠杀了数百万人，并给更多的人带来心灵和身体的永久创伤。”[①]他在详细研究导致1.2亿民众死亡的战争和大屠杀案例后指出，这些大规模的人类屠杀，都是国家和政府这一有组织的权力的行为，是一种权力的杀戮。确实，正如马克思主义国家理论所揭示的那样，国家作为公共权力组织，其本质特征即是其暴力性，国家实质上是一个基于军队、警察、监狱等暴力组织之上的暴力机器。国家作为有组织的大规模暴力机器，拥有两大基本功能，即对内镇压任何对现存政权和现存秩序的反抗，以维护统治者的既得利益；对外进行战争扩张，征服和掠夺其他国家的领土、人口、资源和财富。国家作为暴力机构的这后一种对外扩张功能，是帝国形成的直接原因。

这是因为帝国产生的根本动因就是夺取其他国家和其他民族的物质利益，而暴力掠夺在传统社会中是获取财富的最便捷从而也是最常用的手段。马克思、恩格斯反复说过，“人们首先必须吃、喝、住、穿，然后才能从事政治、科学、艺术、宗教等等”。“衣食住行是人们最基本的物质生活需要，人类要生存发展必须首先进行物质资料生产”；“一切人类生存的第一个前提也就是一切历史的第一个前提，这个前提是：人们为了能够‘创造历史’，必须能够生活。但是为了生活，首先就需要衣、食、住以及其他东西。因此第一个历史活动就是生产满足这些需要的资料，即生产物质生活本身”[②]。人类的正常生活离不开衣食住行的物质财富，对于人类整体而言，获

---

①［美］R.J.鲁梅尔：《权力杀戮：作为非暴力手段的民主》（*Power Kills: Democracy as a Method of Nonviolence*），交易出版社（Transaction Publishers），1997年，第1页。

②［德］马克思、［德］恩格斯：《德意志意识形态》，《马克思恩格斯选集》第一卷，人民出版社，1972年，第32页。

取和增进物质财富的根本途径是生产劳动。但对于单独的个体或群体而言，获得财富最简单和直接的手段，是对别人财富的野蛮掠夺。

人类早期的原始暴力和原始权力，本质上不过就是获取物质利益的工具。按照马克思主义的观点，即使是现代国家，本质上也是夺取和维护阶级利益的工具。这一点对于帝国权力的产生，也同样适用。古代的帝国几乎毫不隐瞒对外军事征服和扩张的目的，就是占领更多的土地，夺取更多的财富。更多的土地、更多的食物、更多的奴隶、更多的妻妾、更多的金银、更大的宫殿、更大的城池、更奢侈的生活，对于古代帝国几乎是赤裸裸的目的，像波斯帝国、蒙古帝国和奥斯曼帝国的统治者都毫不掩饰帝国扩张的这些动因。对于近现代的帝国，即使表面上多了一层“遮羞布”，但其军事行动的根本目的依然是对物质利益的掠夺和攫取。正如霍布森在分析“帝国主义的经济根源”时所指出的：“每一种生产方法的改进，每一次所有权的集中和控制似乎都加剧了帝国主义扩张的趋势。一个接一个国家进入机器经济时代并采用先进的工业方法，制造商、商人和金融家愈来愈难以使经济资源转换成利润。到处是生产能力过剩、寻求利润的资本过剩。所有的生意人都承认，本国生产能力的增长超过了消费的增长；生产的商品过多，以致不能正常销售出去以赚取利润；现在资本过多，超出能带来盈利的投资量。上述经济状况是形成帝国主义的根源”①。列宁之所以写作著名的《帝国主义论》，其主要目的就是要证明，近代欧洲列强之间的战争，实质的动因就是为了掠夺资本、资源、领土、劳动力等物质财富而对帝国的势力范围进行重新瓜分，帝国主义国家之间的战争是世界危机的根

---

①［英］约翰·阿特金森·霍布森：《帝国主义》，纪明译，上海人民出版社，1960年，第65页。

源。他说："本书证明，1914—1918年的战争，从双方来说，都是帝国主义的（即侵略的、掠夺的、强盗的）战争，都是为了瓜分世界，为了瓜分和重新瓜分殖民地、金融资本的'势力范围'等等而进行的战争。"他还说："英德两个金融强盗集团争夺赃物的战争留下的几千万尸体和残废者，以及上述这两个'和约'，空前迅速地唤醒了千百万受资产阶级压迫、蹂躏、欺骗、愚弄的民众。于是，在战争造成的全世界的经济破坏的基础上，世界革命危机日益发展，这个危机不管会经过多么长久而艰苦的周折，最后必将以无产阶级革命和这一革命的胜利而告终。"①

既然帝国产生与发展的根本目的，是获取土地、人口和产品等人类生活所需的基本物质财富，那么，衡量和评价帝国的基本标准自然就是物质利益。土地面积、人口数量、财政税收、物质产品、大型工程、楼宇建筑、金银财富、稀世珍宝等，通常都是帝国强大的表征，也是帝国的辉煌所在。前面已经指出，在漫长的传统社会，土地和人口是生产的两个核心要素，从而也是财富的主要象征。有了土地，就有种植粮食的耕地、放牧牛马的草原、冶炼金属的矿藏和进退自如的空间；有了人口，就有从事生产的劳动力、作战打仗的兵源、征收赋税的人丁和侍候权贵的奴仆。因此，领土面积和人口数量曾是帝国成就的主要标志。只是到了近现代之后，除了领土和人口之外，诸如生产、贸易、交通、资本、金融等其他形式的财富也开始成为帝国荣耀的来源。

奥斯曼帝国在苏莱曼一世全盛时期，不仅征服了几十个国家，帝国版图辽阔，人口众多，而且岁入丰盈。例如，"1526年至1550年

---

①［苏］列宁：《帝国主义是资本主义的最高阶段》，《列宁全集》（第二十七卷），人民出版社，2017年，第325—327页。

期间，苏莱曼大帝的岁入总额达600万达卡银币，岁出总额则为450万达卡银币”[①]。又如，被称为第一个“日不落帝国”的西班牙，在其全盛时期不仅是欧洲的霸主，而且其影响力遍及美洲和东南亚。西班牙从美洲夺取的白银，一度成为最硬的国际通货、世界经济的血液。16世纪末，仅西班牙统治的秘鲁和墨西哥两个地区就生产白银达27万千克，而罗马帝国控制的整个地中海地区在公元前250年至公元350年的600年间，总共生产白银只有5万—6万吨。[②]大英帝国就更是如此，不仅帝国的面积前所未有的广阔，而且经济实力和财富总量都无与伦比：在1860年前后大英帝国的鼎盛时期，英国的生铁产量占世界的53%，煤和褐煤的产量占世界的50%，消费的原棉占世界原棉产量的50%。占世界人口2%的联合王国，其现代工业的生产能力相当于世界工业生产潜力的40%—45%。[③]

列宁把帝国主义界定为垄断的资本主义，他认为，当资本主义从自由竞争进入垄断阶段后，帝国主义对外扩张的主要目的就是为了获取垄断利益。在《帝国主义论》中，列宁列举大量数据和实例用以证明，19世纪晚期至20世纪早期，资本主义已经进入垄断阶段，无论生产、贸易、金融、资本等各个领域，垄断性的利益格局已经形成。他举例说，在德国的工业领域，不到1%的企业，竟占有总数3/4以上的蒸汽力和电力！而297万个小企业（雇佣工人不超过5人的），即占总数91%的企业，却只占有7%的蒸汽力和电力！几万个大企业就是一切，数百万个小企业算不了什么。在德国的金融领域，

① 胡光利：《试论奥斯曼帝国的兴衰及其历史经验教训》，《辽宁大学学报（哲学社会科学版）》，2001年第1期。

② 参阅薛涌：《白银帝国的崛起》，《书城杂志》，2010年第5期。

③ 参阅［美］保罗·肯尼迪：《大国的兴衰》，蒋葆英等译，中国经济出版社，1989年，第188—189页。

数百家银行中，小银行受大银行排挤，大银行当中仅仅9家银行就差不多集中了所有存款的一半。在资本领域，英国、法国、德国和美国这4个最富有国家的资本证券公司，控制了全世界80%的金融证券资本；金融资本的密网布满了全世界，垄断了世界的资本输出市场。列宁指出，帝国主义进行垄断的主要形式是托拉斯和卡特尔，它们彼此商定销售条件和支付期限、划分销售地区、规定所生产的产品的数量、确定价格，并在各个企业之间分配利润，等等。列宁强调，可以清楚地看到，各主要帝国正是通过这种垄断的方式，将世界瓜分完毕。1876年以后，各主要帝国的海外殖民地获得极大的扩张。6个最大的大国的殖民地增加了一半以上，由4000万平方千米增加到6500万平方千米，增加了2500万平方千米，增加部分多出各宗主国面积（1650万平方千米）的一半。因此，列宁的最终结论是，在近代世界，帝国主义扩张的根本目的，就是获得垄断利益，这也是现代帝国主义的本质特征："如果必须给帝国主义下一个尽量简短的定义，那就应当说，帝国主义是资本主义的垄断阶段。这样的定义能包括最主要之点，因为一方面，金融资本就是和工业家垄断同盟的资本融合起来的少数垄断性的最大银行的银行资本；另一方面，瓜分世界，就是由无阻碍地向未被任何一个资本主义大国占据的地区推行的殖民政策，过渡到垄断地占有已经瓜分完了的世界领土的殖民政策。"①

获取土地、资本、劳动力、市场、财富等物质利益，这是就帝国产生的一般动因和主要动因而言的。就历史上各个帝国产生的具体和直接的动因而言，则往往是多种多样的。有些帝国建立和扩张

---

①［苏］列宁：《帝国主义是资本主义的最高阶段》，《列宁全集》（第二十七卷），人民出版社，2017年，第323—439页等。

的直接动因是为了推广自己信奉的价值，有些是为了皈依异教，有些是出于报国家或民族之仇，有些是出于征服带来的荣耀，有些则是出于国家领土安全的考虑。帝国扩张常用的借口有以下几种。

帝国是人类追求所谓“文明”“理性”和“公理”的结果，是为了把其他民族和国家从愚昧、落后和不自由中解放出来。中国古语曰，“师出有名”，谓出兵征战他国，必须有正当的理由。用政治学的语言来说，所有国家发动对外战争，必须有其合法性依据，对外宣称有其正当理由，这样才能博得舆论的广泛同情与支持。虽然帝国征服的历史现实，无情地证明了“强权即公理”，但帝国的统治者总是会用某种所谓的“公理”为其战争行为进行辩护。因此，历史上所有帝国的对外扩张和征服，鲜有公然说是为了掠夺别国的领土和财富，而总会饰以各种冠冕堂皇的理由。这些冠冕堂皇的理由，绝大多数都是为了掩盖自己的侵略行径而编造出来的，帝国的统治者自己也心知肚明，不会真的相信这些公然的诺言。但也确实有一些帝国统治者，出于某种内在的信仰或认知，而“理直气壮”地视自己的侵略扩张行径为正义之举，认为自己的对外扩张和征服是出于某种推动文明进步的“神圣使命”。正如有的学者所分析的那样，“帝国主义者如何解释自己的行动？主要来说有两条基本的理由：一是帝国主义者所谓的‘文明使命’，二是他们在本质上具有自然优势的理论。上述两个理由相互交叉，互为引证”[①]。

例如，亚历山大在建立马其顿帝国时，一直处于不停征战之中，似乎从来没有“班师回朝”的计划。相反，要不是士兵集体罢战，他可能还会继续前进。当征服波斯帝国，占领巴比伦王朝时，他把

---

①［美］菲利普·费尔南德兹-阿迈斯托：《世界：一部历史》（上），叶建军等译，北京大学出版社，2010年，第992页。

帝国的首都也迁至巴比伦；当马其顿军队占领埃及后，他又在埃及建造了世界上最早的“亚历山大图书馆”。因此，不少学者认为，亚历山大的内心世界深刻地受到了亚里士多德的影响，他建立帝国的主要目的，是拯救他心目中的“野蛮人”，将先进的希腊文明带给“落后的”非希腊城邦。亚里士多德认为，“唯有希腊人才是文明理性的民族，其他外邦人都是野蛮人，至少不能与希腊人相提并论。他对人类德性和理性的赞美，事实上只限于希腊人。他明确说，希腊人本性上是自由人，而外邦人本质上是野蛮人，他们是天然的奴隶。他还用理性征服野蛮的正义，去论证希腊人征服异族人。在他看来，如果说自由人统治奴隶是合乎自然正义的，那么希腊人统治野蛮人也是合乎自然的。不能不说，亚里士多德的这种希腊种族优越论，对后世的西方文化中心主义和欧洲的种族优越论产生了极大的影响。他的学生亚历山大大帝或许是受其种族优越论影响最早的人，他把对亚洲和非洲的大规模军事征服都看作是文明对野蛮的战胜”[①]。亚里士多德曾告诉过亚历山大大帝，要待希腊人如自由人，待“野蛮人”如奴隶。所以，“每一次离希腊更远，亚历山大就越来越不像是个希腊人，倒是越来越像是个野蛮民族的国王了”[②]。亚历山大的这种帝国逻辑，在后来的罗马帝国扩张中再次发生作用。著名诗人但丁公开宣扬，“最高贵的民族理应高居其他民族之上；罗马民族就是最高贵的民族；因此，它应该高居其他民族之上”。“罗马人建立帝国”就是“合乎公理的”。[③]

---

① 参阅俞可平主编：《政治通鉴》（第一卷），中国大百科全书出版社，2020年，第89页。

② ［美］萨拉·B.波默罗依等：《古希腊政治、社会和文化史》，周平等译，上海三联书店，2010年，第399页。

③ ［意］但丁：《论世界帝国》，朱虹译，商务印书馆，2017年，第30页。

帝国的扩张和战争，是出于对周边国家“共同繁荣”的使命，是为了其他民族和国家的富裕生活。那些地区性的霸权国家之所以拥有征服和占领周边其他国家的野心，通常有其强大的军事和经济实力作为基础。特别是在近代以后，无论是从国家的综合经济实力来看，还是从国民的物质生活水平来看，那些拥有帝国野心的强权国家往往明显强于或高于被征服国家。所以，当帝国的统治者把所谓的区域“共同繁荣”作为对外扩张的理由时，无论是对内还是对外，都具有一定的欺骗性。

在这方面最典型的，就是日本帝国主义者对中国发动的侵略战争，其臭名昭著的理论就是所谓的“大东亚共荣圈”。时任日本内阁首相的近卫文麿在1938年的《近卫声明》中指出：“帝国所期求的是，确保东亚永久之安定，此种新秩序的建设，应以日、满、华三国合作，在政治、经济、文化等各方面建立连环互助的关系为根本。以此为基本，以期确立国际主义，完成共同防共，创造新文化，实现经济结合。这就是有助于东亚之安定和促进世界进步的方法。”[①] 1940年7月，在第二次近卫内阁中任外相的松冈洋右发表《皇道外交宣言》演说，首次提出了“大东亚共荣圈”：“近来，我们向世界宣布的‘皇道’就是我们皇国的使命。”作为当前的外交方针，“要根据我们皇道的伟大精神，必须首先建立以日、满、华三国为一环的‘大东亚共荣圈’，然后宣布强有力的皇道，贡献于公正的世界和平的树立”[②]。毫无疑问，所谓“大东亚共荣圈”的实质，就是建立日本的帝国体系。具体地说，就是与英国和美国等西方列强决战，重

---

① 复旦大学历史系日本史组编译：《日本帝国主义对外侵略史料选编（1931—1945）》，上海人民出版社，1975年，第276—277页。

②［日］奥村房夫等：《近代日本战争史》第4编（大东亚战争），同台经济恳话会，平成7年，第298页。

新划分世界势力范围；军事占领中国等国家，并在这些国家扶植傀儡政权，进行殖民统治；在东亚占领地区建立所谓的“区划经济”，掠夺别国的经济资源；对占领国进行奴化教育，摧残各国的民族文化；对中国等占领国人民进行大规模屠杀，血腥镇压占领国人民的反抗。①

所谓的国家和地区的“安全”，甚至所谓的“世界和平”，也是强权国家对外发动帝国主义侵略战争司空见惯的理由。从古代帝国的战争征服，到当代的帝国主义战争，国家、地区乃至世界的“安全”与“和平”一直是专制独裁者们用来对内欺骗民众，对外粉饰其侵略行径的“法宝”。“安全”与“和平”之所以成为催生帝国的“法宝”，有其背后的深层原因。其一，在传统的地缘政治时代，领土安全是国家安全的最重要表征。传统的领土安全，在很大程度上依赖母国与接壤的周边国家的地缘政治关系。如果周边毗邻国家是友邦，那么国家相对来说就比较安全；反之，如果毗邻国家是敌人，那么国家的领土安全就存在威胁。一些强国的统治者为了谋求所谓的国土安全，用武力征服周边国家，使之成为自己的属国或藩国，形成一个地缘政治的“战略缓冲区”。其二，帝国是一个包含若干国家的等级秩序体系，如果帝国体系内部各属国各安其位，服从宗主国建立的等级秩序，那么帝国体系内部就会形成和平共处的稳定状态，出现较长时间的和平时期。而且由于宗主国自身的强大和整个帝国体系的庞大，其他国家很难对宗主国及其帝国体系构成威胁，也更容易维持外部的和平状态。

“罗马治下的和平”，就是这种由帝国体系带来的“世界和平”

---

① 参阅赵建民：《“大东亚共荣圈”的历史与现实思考》，《世界历史》，1997年第3期。

的典型状态。因此，“世界和平”和“国家安全”便很容易博得民众和精英的认同，从而成为帝国主义者对外扩张的“金字招牌”。但丁等西方众多思想家和知识分子，用以论证帝国之必要的基本理由之一，就是“世界秩序”与“世界和平”。第二次世界大战期间，德国和日本等军国主义者实施对外侵略扩张的主要“理由”，也包括所谓“国家的安全”与“世界的和平”。日本的战争狂人在发动帝国主义侵略战争时，除了“大东亚共荣圈”的口号外，也捡起了“世界和平”的帝国“传家宝”。例如，第二次近卫内阁将其《基本国策要纲》的根本方针界定为：“皇国的国是为八纮一宇，基于建国之精神，奠定世界和平。以此为本，应首先以皇国为核心，巩固日、满、华之结合，以作为建设大东亚新秩序的根干。”[①]2022年2月24日，俄罗斯大举进兵乌克兰，俄乌冲突正式爆发。俄罗斯将其进军乌克兰的军事行动称为“特别军事行动”，而俄方用来为其进兵乌克兰的军事行为进行辩护的主要依据，即是历史上屡试不爽的“国家安全”理由。普京说：俄罗斯进兵乌克兰不是侵略战争，而是对乌克兰采取的“特殊军事行动”。俄罗斯之所以要采取这种“特殊军事行动”，主要是鉴于北约的不断东扩，俄罗斯的周边安全环境不断恶化，对俄罗斯的国家安全构成了威胁。[②]

一方面，帝国的权力和对其他民族的征服需要神圣化，从天国寻找帝国行为的终极合法性依据，这样就可以将帝国的侵略战争行为说成是“秉承上帝的意志”或是在“替天行道”；另一方面，一些重要宗教往往具有排他性，把其他不同宗教信仰或同一宗教的不同

---

①［日］伊原泽周：《“大东亚共荣圈”论的成立及其构想》，载美国《日本侵华研究》第23—24期，日本侵华研究学会，1995年12月，第25页。

② 参阅“俄总统普京2月24日电视讲话”（全文），https://xw.qq.com/amphtml/20220308A0012S00。

派别视为异教，并进而将剪除异教作为自己的神圣使命。一旦强国的最高统治者拥有这样的宗教信仰时，就容易在宗教的名义下发动对其他“异教”国家的侵略战争。因此，宗教信仰也是历史上不少统治者进行对外军事扩张的重要原因。阿米拉·本尼逊（Amira K. Bennison）说，从早期历史看，认为权力具有某种神圣性，这是一种比较普遍的信仰。“因此，宗教和帝国倾向于相互为伴，从古代近东地区将国王视为神，到19世纪法国人和英国人的教化使命，它们都基于一种源于基督教的超级文化之上。”①绝大多数西方的帝国扩张与宗教信仰有着直接的关系：一方面，传播宗教真理，消灭或征服异教徒成为帝国对外征战的重要借口；另一方面，捍卫宗教真理，维护教徒利益，也成为反击外国侵略的响亮口号。特别是基督教和伊斯兰教之间的较量和博弈，与历史上多数西方伟大帝国的兴亡直接相关。著名的十字军东征，最早就起源于基督教国家进犯伊斯兰国家，先后9次十字军东征的时间跨度达200年之长，东征的主要目的就是试图夺回被伊斯兰教占领的广大地区。第一次十字军东征是拜占庭帝国为了收复被伊斯兰教占领的中东和小亚细亚领土，第二次和第三次东征也是由神圣罗马帝国发动的。传播伊斯兰教也同样成为伊斯兰统治者进行对外扩张和征服的重要原因，一时无可匹敌的奥斯曼帝国在其崛起的过程中，伊斯兰教就起着极为重要的作用。对于奥斯曼帝国的统治者来说：“帝国的领土便是伊斯兰的领土，帝国的君主便是伊斯兰的巴底沙赫国王，帝国的军队便是伊斯兰的士兵，帝国的宗教首领便是伊斯兰的谢伊赫教长，帝国的人

---

① 他紧接着也指出，并非所有宗教都支持帝国行为，例如闪米特人的一神教和佛教与帝国并无内在关系。［英］阿米拉·本尼逊：《帝国与宗教》（Empire and Religion），［丹］彼得·F.邦等编：《牛津世界帝国史》第一卷，牛津大学出版社，2021年，第318页。

民首先想到的就是他自己是穆斯林。”总之，“奥斯曼帝国，由奠定直到灭亡始终是一个致力于促进或保卫伊斯兰教权力与信仰的国家。”①

近代以后，一些帝国狂热分子把地缘政治学中的“生存空间”（living space）理论用作扩张和征服别国领土的理由。按照这种理论，国家是一个有机生命体，它有一个生长发展的过程，只有到达某一个特定的空间值，国家这个有机体才会进入最安全和最有活力的阶段。简言之，建立强大的帝国，对外进行殖民和扩张，是国家自身生存和发展的需要，国家需要拥有足够的“生存空间”，才能使自己处于安全和繁荣的状态。这种“生存空间”理论，在近代以后成为一些西方列强走向帝国之路的重要原因，其中最臭名昭著的就是希特勒建立的“德意志第三帝国”。纳粹德国发动的种族大屠杀和侵略战争，造成了500多万波兰人被杀，其中包括300万犹太人。1939—1945年，导致欧洲死亡总人数在3500万—4000万人左右，其中犹太人600万人左右。而这些“犹太人死亡人数”居然成了“用以评估‘扩展德国人生存空间’计划所需人的数字”②。

一般认为，“生存空间”理论的主要代表人物，是被称为“政治地理学之父”的德国地理学家拉采尔（Ratzel Friedrich），他提出的“生存空间”（Lebensraum）被公认是“德国法西斯侵略扩张的理论来源”。拉采尔认为，国家有机体处于不断生长的过程中。它与其他生物一样也具有幼年、青年、壮年、老年等不同发展阶段。国家的生长在空间上有三种表现：一是国家的边界，其变化是多个国家

---

① 参阅［英］刘易斯：《现代土耳其的兴起》，范中廉译，商务印书馆，1982年，第21页。

②［美］彼得·弗里切：《第三帝国的生与死》，扈喜林译，社会科学文献出版社，2021年，第212页。

相互竞争形成的几何空间；二是领土的稳定性，发展水平越高的国家领土稳定性越强；三是空间的生长，民族集体不断寻求边界的外移与空间的扩大。拉采尔没有想到的是，他的这种“生存空间”理论在德国和日本受到了法西斯统治者的追捧，成为德国和日本进行军国主义扩张的重要理论依据。“在德国，这种循序渐进的帝国主义实践通过两步展开，首先是人口转移和民族清洗，然后是农业殖民化以及重建真正的德国生存空间。纳粹德国通过对外战争积极扩展空间实体，同时通过驱逐、奴役和杀戮其他种族霸占空间资源。”①

不少学者还把帝国的产生视为人类社会的自然历史过程，是人类政治逻辑的必然结果。按照这种理论，人类的群体生活需要公共秩序，否则会陷于自相残杀的丛林战争；而维护公共秩序则需要公共权力机构，于是，作为人类最重要的公共权力组织的国家便应运而生；当国家演进到一定程度后，一些区域性强国出于其自然本能就要进行对外扩张，从而形成帝国。因此，帝国是人类内在的政治需求和自然的历史结果。中国近代重要的政治思想家梁启超就是这种理论的典型代表，他始终认为，人类政治演进的自然逻辑是：从部落到种族，从种族到国家，从国家到帝国。②在当代的一些帝国研究者中，也同样不乏持这种自然主义的帝国起源观的。例如，约翰·达尔文在其那本有影响的帝国专著中指出：人类社会有两种自然的倾向，一种是亚当·斯密所说的交换和分工。“人类社会的第二个倾向，乃是大规模积聚权力，亦即建造帝国。事实上，以民族为

---

① 侯璐璐、刘云刚：《政治地理学中生存空间概念的演变》，《地理科学进展》，2019年第5期。

② 参阅〔清〕梁启超：《论民族竞争之大势》，汤志钧、汤仁泽编：《梁启超全集》第二集，中国人民大学出版社，2018年。

基础建立自治国度，要克服文化或经济吸引力的强力拉扯，殊为不易，因此，将不同民族族群统归一人统治的帝国，一直是历史上大部分时期会自然发展出的政治组织模式”[①]。

关于帝国产生的动因，还有其他一些偶然因素。例如一些研究发现，有些帝国统治者发动对外战争是为了显示自己的荣耀和武功，通过征服和扩张实现统治者的虚荣心；有些则天然具有征服民族的权力欲，以穷兵黩武、战争杀戮为乐；有些则是为了报复历史上国家或民族之间的宿仇，把消灭和征服敌国作为自己毕生的事业；还有一些则是出于变态的对异族女性的占有欲，不惜通过对外战争去抢夺和征服异族的女性。显而易见，所有这些动因都不可能是帝国产生的主要原因。杰克·斯奈德对帝国扩张的动因和理由有过系统的研究，试图对历史上各类帝国的产生动因做出整体性的概括。他把历史上政治学家和历史学家关于帝国建立和拓展的原因分为三类：“现实主义”的解释，强调国家在国际体系中的位置的迫切要求；认知（cognitive）解释，强调在战略评估中所发生的纯粹思维方式的错误；以及国内政治方面的解释，强调利益集团、统治阶级以及它们所提出的战略意识形态。他自己认为国家对外扩张的原因主要有三种，他称之为三种“帝国的迷思”。第一类“帝国的迷思”是累积性收益，根据这种观点，征服可以增加权力，因为征服可以增加人力和物质资源，而这些资源在与其他大国所展开的进一步竞争中，可以被加以利用。第二类“帝国的迷思”认为，最好的防御便是不断进攻。通过采取进攻性行动，可以在帝国的边缘地带获取累积性的收益，而被动则会带来累积性的失败。第三种“帝国的迷思”是，

①［英］约翰·达尔文：《帖木儿之后：1405年以来的全球帝国史》，黄中宪译，中信出版社，2021年，第24页。

施加威胁以使其他国家屈从。在这些“帝国的迷思”中，核心的迷思是认为“国家的安全只有通过扩张才可得以维护”。但他自己最后的结论是，“大量证据表明，实际上正是一国的侵略政策才损害该国的安全”[①]。

---

①［美］杰克·斯奈德：《帝国的迷思：国内政治与对外扩张》，于铁军等译，北京大学出版社，2007年，第1—20页。

第六章
帝国的兴衰

建立帝国是一回事，维持帝国的统治是另一回事。从长远的意义上说，维持帝国的统治比建立帝国的体系难度更大。“马背上可以打天下，马背上不可能治天下”，这句话对新建立的国家政权来说是如此，对帝国体系来说更是如此。无论是古代还是今天，无论是东方还是西方，无论是发达还是落后，世界各国的许多统治者和民众都有拓展国家领土，进行对外征服，称霸地区和世界的“帝国梦想”或“帝国迷思”。但要使统治者和民众的帝国梦想变成帝国现实，仅有开拓疆土、征服他国的主观动因是远远不够的，还必须具备进行扩张殖民和征服敌国的实际能力。没有这种实际能力，贸然进行对外战争，不仅难以实现帝国梦想，反而很可能落得国破人亡。如果没有持久的经济和军事实力，或者没有一整套有效的统治体制，即使帝国建立起来了，很可能也是短命的。“理论上，各种帝国都不可避免会遭遇过度的压力、负担，以及突发的危机，并最终垮台。历史告诉我们，没有帝国能永久不灭。”①

---

①［英］约翰·达尔文：《帖木儿之后：1405年以来的全球帝国史》，黄中宪译，中信出版社，2021年，第487页。

例如，世界历史上著名的马其顿帝国和蒙古帝国，在建立帝国的征战中可谓所向披靡，以摧枯拉朽的态势迅速击败各路劲敌，建立起庞大的帝国体系。但是，这两个帝国却非常短命，前者只有十几年时间，后者也不足50年，其持续时间甚至比一般国家更短。相反，很多帝国则非常长命，一些明智的帝国统治者们善于吸取历史的经验教训，发展起了一整套十分有效的统治体制，使帝国的寿命大大延长，甚至出现过所谓的“千年帝国”。因此，研究帝国的兴衰，特别是影响帝国兴亡的因素，是帝国研究中最重要的内容。人们通常所说的以史为鉴，主要就是找到国家崛起和衰落的原因，探寻国家兴衰的一般规律，从而给今天或未来的统治者当作镜鉴。

毫无疑问，每一个帝国的兴亡都有其特定的政治、经济、文化、地理等具体原因，世界上没有一个帝国的兴起和衰落遵循完全相同的道路。对特定帝国的兴亡必须做具体的分析，不能一概而论。所以，尽管古今中外无数的帝师们都竭尽所能为帝国的统治者进献形形色色的“统治宝典”或“资治通鉴”，但所有这些所谓君主统治的“锦囊妙计”，都不可能真正成为帝国统治的“金科玉律”。然而另一方面，人类社会政治发展是有规律可循的，人类的政治生活也有其必须遵循的共同公理，统治者们违反了这些普遍规律和公理，就会受到历史的惩罚，付出惨重的代价。帝国的兴衰也不例外，同样遵循着某种普遍的规律。换言之，个性背后有共性，帝国的兴亡同样也有着共同的要素。约翰·霍尔（John A.Hall）说：“特定的帝国都有其特定的终结。尽管如此，我还是想说，帝国的衰落有着某种确定的模式。”[①]从历史上那些强大帝国的兴亡中概括出普遍性的因素

①［加］约翰·霍尔：《帝国的终结》（The End of Empires），［丹］彼得·F.邦等编：《牛津世界帝国史》第一卷，牛津大学出版社，2021年，第530页。

和规律性的现象，正是帝国研究者们的一个关注重点。霍尔自己认为，道德的腐败堕落、经济的衰退、僵化的制度、国家与社会的分裂、民族主义的兴起、过度的对外扩张等，是导致帝国衰亡的普遍因素。约翰·达尔文从帝国本土核心地区民心的丧失、被征服地区人民的反抗、帝国统治合法性的流失、经济和环境的灾难性风险、统治机器的臃肿无效、财富和技术优势的丧失、帝国权贵的派系争斗以及外部战争等更广阔的视野，概括了决定帝国兴衰的共同因素。

通过研究历史上一些主要帝国兴衰的普遍规律和经验教训，总结已有的关于帝国兴衰的研究成果，反思历史上诸多强大帝国的兴亡经验，就不难发现决定性地影响帝国兴衰的若干普遍因素。

帝国主义意味着战争，而帝国则意味着对他国的征服，战争和征服的基本工具，就是军事力量。古往今来，所有帝国崛起和扩展首要的和直接的因素，几乎毫无例外地要归功于国家强大的军事力量。除了哈布斯堡帝国等极个别的例外，帝国崛起的基本途径就是对其他国家和地区的武装占领和军事征服，这就首先要求母国有足够强大的军事实力。对于历史上的绝大多数帝国来说，拥有一支强大的军队，几乎是帝国建立的前提性条件。常常可以说，帝国的军队有多强大，帝国也就有多强大。任何军队实质上都是杀人的工具，帝国的军队也不例外。但帝国的军队不只是简单的杀人工具，它还有更多的功能。克劳塞维茨说，战争是政治的继续，军事是另一种形式的政治，这一点尤其适用于帝国的情形。古希腊伟大的历史学家波里比阿（Polybius，约前204—前122）在其巨著《罗马帝国的崛起》中就明确地指出，马其顿和罗马的崛起靠的不是“运气”，首先要归功于其先进而强大的军队。他在“论方阵兵团”中通过比较罗马和马其顿的军事装备和战术之后这样说：“在过去，马其顿的队形在运作经验的方面证明，比其他在亚洲及希腊所使用的队形都还优越，而罗马的系统则征服了那些运用在非洲以及在西欧所有民族的系统。在我们的时代，我们见过这两种队形以及这两个国家的士兵在多次场合中不止一次的对抗。这应该是有用及值得花费心血的演练，来发掘何以罗马人在战场上经常得胜，带走奖品。假如我们以这种方法调查此事，我们将不会像人类中无知的多数一样，只以运气来说明，并在恭喜胜利者之余，却不愿给个道理，但我们将会给他们应得的赞美及钦佩，因为我们已经了解到他们成功的原因。”① 莫里斯认为，帝国的军事力量履行着三个重要功能。首先是“征服”（conquest），几乎所有帝国都是从军事征服开始的。他甚至认为，即使是那些最初由联姻形成的帝国，如哈布斯堡王朝，最终也要回归到军事征服的原点。其次是“管控外部关系”（managing external relations），即兵临城下，将和平条件强加于对方。这实际上就是常说的“炮舰外交”（gunboat diplomacy）。其三是“管控内部关系”（managing internal relations），即运用军事力量镇压国内对帝国统治的任何反抗，维持帝国的政治、经济、贸易和宗教秩序。②

判断一个国家的军事实力如何，一般首先会想到武器装备的先进程度和战斗人员的数量多少，特别是在冷兵器时代。这两个要素确实对国家的军事力量有着决定性意义。西方历史上那些强大帝国的崛起，通常总是与其先进的武器装备直接相关。“西方军队在杀戮他们对手时的技术能力始终在持续增长。通常情况下，希腊重装步兵、罗马军团步兵、中世纪骑士、拜占庭舰队、文艺复兴步兵、地

---

①［古希腊］波里比阿：《罗马帝国的崛起》，翁嘉声译，社会科学文献出版社，2013年，第604—605页。

②［英］伊恩·莫里斯：《帝国与军事组织》（Empire and Military Organization），［丹］彼得·F.邦等编：《牛津世界帝国史》第一卷，牛津大学出版社，2021年，第159—162页。

中海桨帆战舰和西方火绳枪手装备的破坏力要比其对手强得多。”[①]但从帝国战争的历史经验看，军事人员以少胜多的战例，以及武器装备落后胜先进的战例，都数不胜数。之所以出现这种情况，是因为全面地看，国家的军事实力不仅仅只有武器和战士两个要素，它包括先进的武器装备、作战技术和指挥体制以及相当规模的战斗人员和后勤保障设施，甚至还包括战斗员和指挥员的士气和战争的道义。它们合成一体，形成一个国家的综合军事实力，并使之对敌国拥有明显的军事优势。吉尔平说：“帝国的建立和政治统一的显赫年代总是同这样一些军事革新联系在一起的，它们使这个或那个社会拥有超过防御国的大规模进攻优势。在公元前1000年间，亚述人创造了第一种‘帝国技术’。他们把生铁冶炼技术、攻城设施、马术的革新与组织技巧的改进结合起来，造成了国际事务中的第一次大骚动。由于这些技术上和组织上的变革大大降低了征服的成本，而同时大幅度地提高了征服的收益，近东的统一便成为这些残忍的富有侵略性的勇士们一项经济上十分诱人的事业。”[②]

古代的亚述帝国是这样，近代的大英帝国也同样如此。古代亚述帝国不仅拥有当时最先进的骑兵，而且已经建立了常备军，成为当时最强大的军事国家。“军队是古代帝国实现对内统治和对外征服的基础与核心。亚述国家依靠着一支勇敢的、训练有素的军队在种族混杂、强国林立的西亚地区生存并崛起。在其最辉煌的3个世纪中，亚述军队在从地中海到波斯湾的广大地区所向披靡、战无不

---

①［美］维克托·戴维斯·汉森：《杀戮与文化：强权兴起的决定性战役》，傅翀等译，社会科学文献出版社，2016年，第335—336页。

②［美］罗伯特·吉尔平：《世界政治中的战争与变革》，武军等译，中国人民大学出版社，1994年，第61页。

胜。”[①]紧跟其后的波斯帝国也一样，在大流士一世的改革后，波斯的军队已无敌于周边国家，从而成为“波斯帝国中央集权专制统治和对外扩张的最主要的支柱”[②]。罗马帝国的崛起，也同样得益于其强大的军事力量。罗马不仅拥有先进的武器装备，而且建立了先进的兵役制，有一支训练有素、战斗力很强的职业化军队。罗马人正是依靠威名远播的罗马军团进行武力扩张，建立了横跨欧亚非三大洲的庞大帝国。[③]近代大英帝国的兴起同样依靠其强大的武装力量，特别是其强大的海军。在1588年英国与西班牙的海战中，英国海军战败了西班牙的“无敌舰队”。此后英国的海军替代西班牙，成为当时世界上最强大的海军，从而助其建成了“日不落帝国”。从帝国的历史经验来看，最强大的帝国总是与最强大的军事力量几乎可以相提并论。在当代世界，之所以有这么多的美国人和非美国人，把美国看成是全球化时代的帝国，很重要的原因也是因为美国拥有目前世界上最强大的军事力量。

强大的军事力量，是帝国扩张和兴起的首要原因，但一个国家之所以拥有先进和强大的武装力量，背后通常还有其他更加深层的原因，其中最重要的就是先进的经济和科技。因而，从根本上说，帝国之所以能够成功地崛起并得以长期繁荣的决定性原因，是一个国家的科技经济实力。先进的经济和科技对帝国兴起的决定性作用，到了近代以后便日益明显。科技的水平直接决定着一个国家的武器

---

① 曲天夫：《略论亚述帝国军制》，《东北师大学报（哲学社会科学版）》，1999年第5期。

② 谢玉珊、徐虎：《大流士一世改革与波斯帝国的全盛》，《天中学刊》，1996年第2期。

③ 参阅徐焰：《罗马帝国的兴衰——从公民兵制到雇佣兵制》，《军事文摘》，2017年第12期。

装备和战争保障的水平，从而决定一个国家的军事实力水平。显而易见，长矛大刀敌不过机枪大炮，战马推车敌不过坦克飞机，而不同的武器装备代表的是不同的科学技术。由于发达的科学技术、先进的武器装备和强大的军事力量之间存在着内在的逻辑联系，所以迄今为止，各个国家总是优先将各自最先进的科学技术用于发展本国的武器装备。人类历史上的每一次军事革命都与科学技术密切相关，都是科学技术突破发展的结果。而每一次军事革命，都会导致新的列强和帝国的崛起，从而极大地改变世界政治军事格局。“从古至今，人们非常重视将科学发明与创造用来为战争服务，用新的科学技术成果改造武器装备，这是人类加强自我保护和生存的需要。”“从冷兵器对垒到热兵器相持，从机械化战争到信息化战场，历史上的重大战争无不显示出时代科技发展的前端成果，充分展示科学技术的巨大威力”[①]。因此，历史上那些强盛的帝国，往往都拥有当时最发达的科学技术水平。罗马帝国早期产生了一批有划时代影响的科学家，代表着当时科学技术的最高水平。例如，盖乌斯·普林尼·塞孔都斯（Gaius Plinius Secundus，23—79）著有37卷的《自然史》，该书被认为是科学史上最早的百科全书；克罗狄斯·托勒密（Claudius Ptolemaeus，约90—168）是当时最伟大的数学家和天文学家，其“地心说”在哥白尼的“日心说”之前一直占据着欧洲天文学界的统治地位。大英帝国的全盛时期，同时也是其科学技术的鼎盛时期，继伟大的科学家牛顿后涌现了麦克斯韦（James Clerk Maxwell，1831—1879）等一批杰出的科学家，代表了当时世界科学的最高峰。纳粹的第三帝国之所以胆敢发动第二次世界大战，与其当时拥有爱因斯坦和海森堡（Werner Karl Heisenberg，1901—1976）等世界最顶尖

① 文双发等：《科技进步与新军事革命》，《国际资料信息》，2008年第4期。

的科学家，其科学技术水平处于世界领先地位，也有着直接的关系。

科学技术的发达不仅与武器装备的先进有着内在联系，而且与经济的繁荣和国家的富强也有着紧密的联系，而后者反过来又为强大的军事和国防力量奠定深厚的物质基础。马克思说：“大工业把巨大的自然力和自然科学并入生产过程，必然大大提高劳动生产率。”[①]邓小平接过马克思的这一论断，说得更明确：“马克思说过，科学技术是生产力，事实证明这话讲得很对。依我看，科学技术是第一生产力。”[②]科学技术的发达，可以极大地提高劳动生产率，降低产品的成本，是经济发展的强大动力。与科学技术水平直接相关的，则是一个国家的生产力水平，科技水平越高，生产力水平也越高，国家的经济实力就越强大。从更广泛的意义上说，经济实力与军事实力密不可分，前者为后者提供坚实的物质基础。特别是到了近代以后，几乎所有的军事强国也都是经济强国或工业强国，也只有那些工业强国能够拥有发动对外战争的实力。军队作为战争机器，实际上也是烧钱的机器。没有强大的国家财政作为后盾，就难以维持强大的战争机器运转。首先，军队的数量与规模依赖于国家的财政力量。军人的生活和训练需要消耗大量的物质资料，缺乏必要的生活用品和武器装备，军队的生存与发展就难以为继；其次，部队的武器装备是纯粹的消费性物品，其生产和维护需要消耗大量的物力和财力；最后，新武器的研发和军队战斗人员的更新也需要大量的财政投入。因此，国家的财政力量是其军事力量的物质基础。[③]

---

① [德] 马克思：《资本论》，《马克思恩格斯选集》（第二卷），人民出版社，1995年，第207页。

② 邓小平：《科学技术是第一生产力》，《邓小平文选》（第三卷），人民出版社，1993年，第207页。

③ 参阅毛飞：《论国防费规模与军事实力的关系》，《军事经济研究》，2001年第5期。

其实，作为专项支出的国防经费只是直接用于军事装备和军事人员的财政消耗，国家的经济实力对国家的军事实力，有着多个方面的决定性意义。从直接的意义上说，有了强大的经济实力，才能研发和制造更多先进的武器装备，供养更多的职业士兵或者雇佣国外的军队，为部队作战提供更好的后勤保障，从而拥有更强的军事实力。从间接的意义上说，如果国家没有足够强大的经济实力，却不计后果供养一支庞大的军队，并且频频发动战争，那么很可能的后果，就是导致国民经济不堪重负，人民生活水平下降，最终动摇帝国统治的基础。因此，许多学者更加看重经济力量对于国家强大和帝国霸权的决定性作用。英国帝国主义者利奥·艾默里曾警告说："取得成功的大国将是那些拥有最强大的工业基础的国家。""那些拥有工业实力和科学创造能力的民族将能战胜所有其他民族。"[①]保罗·肯尼迪在《大国的兴衰》中最后得出了两个重要结论，明确地把科技水平和经济力量置于军事力量之上。他说：其一，经济和技术的发展是世界变化的主要原动力，而后它影响社会结构、政治制度、军事力量以及各个国家和帝国的地位；其二，经济增长速度不平衡对于世界各国相对的军事力量和战略地位具有长期重大的影响。"经济繁荣并不总是或立即转化为军事战斗力，因为这还取决于其他许多因素，如地理条件、民族精神、指挥才干和战术能力。然而事实表明，一切世界军事力量对比的重大变化都是生产力对比发生了变化后的必然结果。而且国际体系中各个帝国和国家的兴衰无不取决于主要大国战争的结局，胜利永远属于拥有最大物质资源的

①［美］保罗·肯尼迪：《大国的兴衰》，蒋葆英等译，中国经济出版社，1989年，第255页。

一方。”①

比起军事力量、科技水平和经济实力，社会政治制度安排对于帝国崛起的影响则更为深刻。一方面，纵使一个国家拥有强大的经济力量和先进的武器装备，如果没有先进的国防体制、兵役制度、军事指挥体系和后勤保障体系，同样逃脱不了战败的命运。中国的北宋王朝或称北宋帝国，无论其经济发展水平和综合经济实力，还是武器装备和部队规模，甚至不下于中国历史上以经济繁荣和国家强大著称的汉唐帝国，更远胜其当时的周边国家，但最终却不敌综合经济实力远逊于它的金国。究其军事失败的根本原因，就在于其政治的腐败和军事国防体制的重大缺陷。特别是，“宋太祖鉴于唐末五代骄兵悍将篡权夺位的历史教训采取一系列措施将兵权收归到自己手中。在这些措施中派文官作监军掌兵权和更戍法的实行虽然抑制了武将专权却大大削弱了北宋军队的战斗力。文官作监军执行中央预定战略妨碍武将临机决断作出适合实际的决策；更戍法造成兵不知将将不知兵的不利情况，大大降低了北宋军队的战斗力。”②

另一方面，即使凭借强大的军事力量一时占领或征服了其他国家，如果没有合适的行政管理和社会管理制度，这样的帝国也不会长久。马其顿帝国、蒙古帝国和拿破仑帝国，虽然曾经异军突起，一时无敌于天下，但是，它们都没有来得及建立起先进的精英选拔制度和行政管理制度，随着帝国创建者的消逝，整个帝国也随之分崩离析，成为短命的帝国。以马其顿帝国为例，亚历山大在如此短暂的时间内建立起横跨欧亚两洲的庞大帝国，使其军事、经济和文

①［美］保罗·肯尼迪：《大国的兴衰》，蒋葆英等译，中国经济出版社，1989年，第538页。

② 宋建文：《北宋灭亡原因述论》，《聊城大学学报（社会科学版）》，2009年第2期。

化实力均雄踞欧亚大陆。按照历史上帝国衰亡的周期，如此强大的帝国即使开始衰落通常也会经历相当长一段时间，少则一二百年，多则几百年。但亚历山大帝国的历史却只有短短的13年，是历史上最短命的伟大帝国。究其主要原因，就是因为没有建立起一套行之有效的最高权力产生制度。正如一位专家所分析指出的：由于马其顿继承制度的不完善，在亚历山大去世后，王位继承成为各方争夺的焦点，这逐渐加大了继承者之间的离心力。虽然依据马其顿的继承传统，亚历山大四世和腓力三世被推上了当时的政治舞台，立为国王，但因他们缺乏执政能力，反而更加速了王室的衰落。王室的衰落使其对继承者的约束力和向心力一点点地减弱，以致他们相互征战，最终导致帝国的分裂。亚历山大帝国毕竟是突然崛起的帝国，对帝国的统一与管理从自身统治制度到民众心理上都缺乏必要的准备。因此，对于如此庞大的帝国，在缺少凝聚力和向心力时，帝国的分裂也就不可避免。[①]

更进一步说，只有当一个国家拥有先进的精英选拔制度、政治决策制度、权力分配与制约制度、生产和交换制度、贸易和税收制度，这个国家才会涌现大量杰出的政治、科技和经济精英，才能防止帝国最高权力被庸人滥用和误用，才能避免最高决策者对帝国犯下灾难性的错误。亚述帝国、波斯帝国、奥斯曼帝国和罗马帝国不仅有先进的军事制度，也拥有行之有效的行省制度、总督制度、宗教制度、税收制度和分配制度。罗马帝国早期的元首制度和元老院制度，能够保证帝国的最高统治权掌握在素质较高的元首手中，而且其权力受到一定程度的制约，所以出现了“五贤帝”和帝国的长

---

① 孟凡青：《亚历山大帝国分裂的原因探析》，《西南大学学报（社会科学版）》，2014年第5期。

期辉煌。正如彼得·F.邦在分析罗马帝国的崛起时所说的那样，罗马帝国最初只是意大利中西部一个普通的城邦国家，它最终能逐渐成为辉煌无比的古代帝国，从根本上说，得益于“独一无二的帝国主义军国文化”（Uniquely Militaristic Culture of Imperialism），包括其军事动员体制和指挥体制。除此之外，也与罗马帝国独特的君主制度、贵族制度、官僚体制、行省制度、宗教制度和税收制度等“革命性政治”（Revolutionary Politics）密切相关，他称罗马帝国是一个“革命性的帝国”（Revolutionary Empire）。[①]近代的大英帝国率先在世界上建立了君主立宪制、代议民主制度、现代法治制度和现代政党制度，以制度的形式确立了主权在民和依法治国的根本原则。政治制度的变革进一步导致了经济、贸易、教育和科技制度的变革，英国也是历史上第一个建立现代市场经济制度和金融制度的国家。这些重大制度变革，极大地激发了人们的自由思想和创造力，直接促成了工业革命的爆发，不仅使大英帝国的科学技术遥遥领先于世界，也使英国成为世界工业革命和现代化的先驱者。简而言之，这些全新的社会政治制度最终导致了大英帝国势不可挡的崛起，“这些新的安排产生了一个强国，它足以在一种前所未有的程度上以有效的方式获取资源。并且，促进了英格兰在国际关系中的强势地位、一个世界性大帝国的产生以及最终形成无人匹敌的格局”[②]。

帝国最高统治者的素质与帝国的命运息息相关。与古代的共和体制和现代的民主体制不同，作为帝国政治体制的常态，帝国的权力结构一般呈金字塔形，在权力的顶端总有一位专制独裁者，他掌

---

① 参阅［丹］彼得·F.邦：《罗马帝国》（The Roman Empire），［丹］彼得·F.邦等编：《牛津世界帝国史》第二卷，牛津大学出版社，2021年，第241—289页。

②［美］约翰·N.德勒巴克、［美］约翰·V.C.奈编：《新制度经济学前沿》，张宇燕等译，经济科学出版社，2003年，第263页。

握着帝国的军事和政治大权。在帝国政治中，这位最高统治者的作用尤其重要，他的综合素质、谋略胆识，甚至个人偏好，常常对帝国的命运产生决定性的影响。历史上常有一些弱小的国家突然令人惊讶地崛起成帝国，另一些强大的帝国则令人意想不到地轰然崩塌。这两种情况的出现往往与帝国最高统治者的个人品性和能力直接相关。历史上那些伟大帝国的兴起和衰落几乎总是与其某些最高统治者的命运直接相联。

马其顿帝国、蒙古帝国和法兰西第一帝国，常常又被称为亚历山大帝国、成吉思汗帝国和拿破仑帝国，之所以用帝国创立者的名字命名，主要是因为这些帝国的崛起，与这几位最高统治者个人的雄才大略密不可分。亚历山大、拿破仑和成吉思汗都被公认是世界历史上最伟大的军事家，这些帝国的建立在很大程度上归功于他们的天才统帅，帝国的命运在很大程度上也系于他们个人的命运。他们身上所具备的远见卓识和超凡魅力，一方面使他们在帝国内部足以服众，具有无可替代的崇高权威，能够将内部的各个派系和部属凝聚在自己的旗下，形成强大的合力；另一方面，他们身上所具有的那种卓越的战略决策能力和军事指挥能力，使得他们能够战胜强敌，实现帝国的扩张野心。如果这些非凡的帝国领袖在生前没有形成可持续的帝国最高权力继承制度，那么，一旦他们死亡或失败后，帝国就势必因为缺乏像他们那样的灵魂人物而分崩离析，随之衰落。

纵观历史上那些著名帝国的兴亡过程，更多的情况是帝国的杰出统治者既因个人的作用而造就了帝国登峰造极的辉煌，又因创设或完善了帝国的权力更替制度和有效的统治制度，从而使帝国的事业得以继续。例如，波斯帝国无论从领土和人口规模，还是对当时及后世的影响，都堪称古代伟大帝国的典范。有些专家甚至说：“阿契美尼德王朝的波斯帝国从版图大小来说，是古代最大的帝国，甚至比此后很久才有的罗马帝国还要大。”[①]波斯帝国的崛起，首先归功于集“军事天才”和“管理天才”于一身的居鲁士大帝，他被视为“人类历史上无可争议的最伟大的征服者之一”和“千古一帝”，“很少有征服者在如此短的时间内建立如此大的丰功伟绩”。他不仅开创了一个最伟大的帝国，而且成了一位“完美的圣人：巴比伦人欢迎他，把他当作开明的征服者，犹太人欢迎他，因为他结束了巴比伦之囚”[②]。他不仅以其雄才大略创造了自己在世时波斯帝国的辉煌，而且通过完善的权力传承制度顺利地将帝国最高统治权转交给儿子冈比西斯二世，使波斯帝国的辉煌得以长期持续，并在后继者中再次出现了大流士大帝这样的伟大人物。

又如，罗马帝国被公认是古代帝国的伟大典范。从罗马帝国的兴盛中，我们可以再度看到帝国最高统治者个人超凡魅力的巨大作用。古罗马由共和国转为帝国，并且创造了长达两个世纪的罗马帝国辉煌，与帝国创始人屋大维个人非凡的领导才能紧密相连。屋大维通过大刀阔斧的政治和行政改革，从根本上重组了罗马的政治秩序，不仅将帝国的全部权力集于一身，而且赢得了贵族精英的充分信任，使“罗马迎来了它长期稳定的统治期”，屋大维自己也因此被元老院授予“奥古斯都”这一至高无上的称号。[③]与居鲁士大帝一样，奥古斯都大帝不仅以卓越的统治能力创造了在世时罗马帝国无

① [美] 科马克·奥·勃里恩：《帝国的衰亡：十六个古代帝国的崛起、称霸和沉没》，邵志军译，现代出版社，2015年，第99页。

② 参阅 [美] 科马克·奥·勃里恩：《帝国的衰亡：十六个古代帝国的崛起、称霸和沉没》，邵志军译，现代出版社，2015年，第105页等。

③ 参阅 [德] 赫尔弗里德·明克勒：《帝国统治的逻辑：从古罗马到美国》，程卫平译，社会科学文献出版社，2021年，第113—114页。

与伦比的辉煌，而且因为创立了确保“罗马帝国”（Imperium Romanum）长治久安的各项制度，为罗马帝国日后的持续辉煌奠定了良好的基础，以至在他身后，又出现了多位帝国的“贤帝”。在这些“贤帝”的统治下，罗马帝国实现了史无前例的持久和平与繁荣。

再如奥斯曼帝国的苏莱曼大帝，不仅具有杰出的统治才能，而且拥有大国统治者的战略眼光和深谋远虑。特别难能可贵的是，作为奥斯曼伊斯兰帝国的苏丹，苏莱曼还拥有在当时历史条件下无与伦比的宗教宽容精神和法制意识。他在统治期间制定了许多重要的法律，依靠法制进行统治，对基督教等异教奉行最大限度的包容政策，从而使得奥斯曼帝国在苏莱曼治下达到了辉煌的顶峰，他自己也成为欧洲各国君主的模范，博得了崇高的荣誉。帕特里克·贝尔福曾这样赞颂这位杰出的奥斯曼君主：“16世纪，奥斯曼帝国迎来了历史上最伟大的苏丹——苏莱曼一世。在世界范围内，他被称作苏莱曼大帝；而他的臣民则称他为立法者苏莱曼。作为穆罕默德二世的曾孙，苏莱曼一世将超越征服者本人的成就，在开疆拓土的同时将奥斯曼帝国推向权力与声望的顶峰。”“在西方世界，苏莱曼将成为基督教世界权力制衡中的重要一环；在东方的伊斯兰世界，他将获得巨大的荣耀。在穆斯林的眼中，‘十’是个得到祝福的数字：人有十根手指、十根脚趾和十种感官，《古兰经》分为十个部分，《五书》（*Pentateuch*）中有十诫，先知穆罕默德有十个门徒，伊斯兰教的天堂里有十重天，由十位天使守护其中。而苏莱曼正好是奥斯曼帝国的第十位苏丹，他的统治又开始于伊斯兰教历（Hegira）中第十个世纪的开端。东方世界传统上认为，每个世纪之初时都会崛起一位伟人，而苏莱曼就是这样一位伟人，他是‘完美数字的完美之人’，是天堂来的天使。”[①]

重大战略决策的正确与否，往往会极大地改变帝国的命运。国家的战略决策决定着国家的发展方向，以及重大的物质资源和人力资源的配置，一旦国家的发展目标定位错误，或者重大资源配置失误，那么，对内就会导致经济生产落后，人民生活贫困，综合国力薄弱，对外则可能误判国家的战略盟友或战略对手，甚至发动最终导致自我毁灭的错误战争。西班牙和葡萄牙是先于英国而崛起的全球性帝国，但很快就被大英帝国取代了。有些学者通过比较分析后得出结论说，正是因为不同的殖民战略、产业战略、贸易战略、人才战略和技术战略，才导致了西班牙的衰落和英国的崛起。“正是由于西班牙、葡萄牙两国通过不断向海外殖民扩张，使得亚非拉许多落后国家和落后地区沦为殖民地，形成了两个庞大的殖民帝国。西、葡两个庞大的殖民帝国为称霸欧洲不断进行连年的战争，耗费了从殖民地掠夺来的大量金银财富。加之，价格革命的影响使得西班牙、葡萄牙的工商业主失去了投资本国工商业的兴趣，造成西、葡国力衰退，只能依靠大量借债苟延残喘，维护其专制统治。由此可见，正是西、葡两个庞大的殖民帝国，为英国打造了不断扩大的世界市场，使得英国的商品在市场上供不应求，才刺激了英国工业技术的持续更新与进步。因此，英国成为世界上最早迎来工业革命的国家。……英国依仗船坚炮利不仅取得了海上霸权，还打开了落后国家和落后地区的大门，使之成为殖民地。同时英国也通过战争、购买、欺诈等手段，获取了原来属于老牌殖民主义国家西班牙、葡萄牙等国的殖民地，

---

①［英］帕特里克·贝尔福：《奥斯曼帝国六百年：土耳其帝国的兴衰》，栾力夫译，中信出版社，2018年，第185、197页。

形成了‘日不落帝国’。”[①]

在帝国的对外战略中，“过度延伸”也是经常导致帝国命运转折的重要原因。帝国扩张的实质性内容，就是增加其领土面积和人口数量，并借此获取财富和其他实质性利益。因而，许多贪婪而又好大喜功的帝国统治者总是无休止地追求不断的对外扩张，帝国的版图越大和人口越多，对其就越有吸引力。然而，领土和人口规模的过分扩大，对帝国的整体利益并不是一件绝对有益的事情。一旦帝国的扩张规模超过某个限度，不仅帝国对外扩张的代价会成倍增大，而且其对新增帝国版图的管理成本也会成倍增大。这些成本不仅包括维持政治秩序和帝国王权所需的军队和警察开支，还包括安抚被征服民族必须付出的经济、文化和宗教代价。尤其是当被征服者对帝国统治心怀不满进行有力抵抗时，帝国的统治和管理成本常常不堪重负，直至陷入帝国统治中“尾大不掉”的治理困境。所谓帝国统治的“尾大不掉”，就是宗主国的中央王朝对其属国、领地或殖民地的统治权威急速流失，无法进行有效的治理。这种“尾大不掉”的统治局面，也就是帝国研究专家所说的“过度延伸”（overstretch）。著名历史学家吉本在其著名的《罗马帝国衰亡史》中就讨论了“过度延伸”的问题，他认为一味地进行领土扩张，最后必定导致帝国政权鞭长莫及和尾大不掉的统治失效。对于传统帝国而言，“帝国过度延伸，意味着补给线的延长；补给线越长，越容易遭受攻击。帝国在疆域上将触角伸得越远，留给反抗者以小股力量即可攻破的靶子也就越多。通过不断对这些薄弱点进行攻击，日削月割，也可最

① 张家唐：《论西班牙帝国衰落与大英帝国崛起的关系》，《贵州社会科学》，2013年第12期。

终重创帝国”[①]。

由于误判战略对手而贸然发动对外战争，也是帝国崩溃的原因。因为最高决策者个人的“错觉”（misperception）而导致重大战略失误，并进而引发大国之间的战争，这种现象在帝国的战争中并不鲜见。[②]如果帝国的最高决策者对企图征服的对象国产生战略性误判，特别是对主要对象国的战略意图和战争实力产生误判，那么即使战术上采取了正确的策略，最终也难免帝国衰落的命运，这方面的实例在帝国兴亡史上不胜枚举。其中最近的著名案例，就是第二次世界大战期间日本和德国帝国主义侵略战争的失败。从最终意义上说，由于德国和日本发动的帝国主义侵略战争是非正义的战争，注定了其最后不可避免的失败命运。但是，从直接原因而言，其失败都与这两个军事帝国的战略误判密不可分。

希特勒被战争初期的胜利冲昏头脑，过高地估计了纳粹军队的战斗力，而错误地判断了苏联红军和苏维埃政权抗击纳粹侵略的决心和实力，贸然发起对苏联的战争，从而成为其整个侵略战争致命的转折点。苏德战争大大加速了德意志第三帝国的彻底崩溃。日本帝国主义战争的迅速失败，也与其误判美国反抗日本军国主义侵略的决心和实力而偷袭珍珠港，发动整个太平洋战争直接相关。在德国和日本发动侵略战争的初期，美国确实采取了明哲保身的绥靖战略，对日本的侵略扩张行为视而不见，处心积虑地避免美国陷于战争。但美国的这种绥靖战略不等于美国在自身领土遭到袭击时不会

---

①［德］赫尔弗里德·明克勒：《帝国统治的逻辑：从古罗马到美国》，程卫平译，社会科学文献出版社，2021年，第175页。

② 在国际政治研究中对这种因最高决策者的“错觉”而引发的国家间战争，已经引起了一些学者的特别关注，例见［美］斯坦恩（Arthur A.Stein）：《当错觉发生产生严重后果时》（When Misperception Matters），《世界政治》（*World Politics*），1982年第4期。

做出强烈反抗，彻底改变对日本侵略战争的态度；更不等于美国没有强大的军事实力，不足以抗击日本的侵略战争。然而，强烈的军国主义扩张野心使日本战时的最高统治者失去了正常的理智，对美国产生了致命的误判，或以为袭击美国在珍珠港海军舰队不会促使美国参与针对日本的战争，或以为可以一举击溃美国而称霸太平洋。正如日美战争爆发前，任美国驻日大使的“日本通”约瑟夫·C.格鲁（Joseph C.Grew）所看到的，在当时的东条英机等战争狂人眼中，日本人直接与美国发动太平洋战争时，并没有为失败作准备，也没有给自己留退路，因为在他们眼中，“美国人不过是一群体质虚弱的人，生活养尊处优，不愿在一场对付以斯巴达式的简单方式准备和训练起来的军事机器而进行的战争中做出牺牲，不能按战争的要求来吃苦受累”[①]。

地缘政治一直是影响帝国兴衰的一个重要因素，在传统政治时代尤其如此。地缘政治通常是指一个国家所处的地理环境，对国民政治行为和政治心理的影响。地缘政治一般通过三种方式对帝国的命运产生影响。一是帝国所处的自然地理位置，二是周边国家的状况，三是同一时期其他霸权国家的实力。有一些夹在大国中间的小国，由于地缘政治的原因，注定只能依附于某个区域性大国而求自保。实际上，从世界历史的长河看，能够成为帝国的强国总是少数，绝大多数国家或者是在大国之间谋求独立地位，或者成为统治该地区的那些强大帝国的属国。世界历史上出现过无数个国家，但帝国总是其中极小的一部分。世界上究竟产生过多少个帝国，恐怕对帝国史研究专家来说也是个谜。世界帝国史的研究专家通常列举的著

---

①［美］约瑟夫·C.格鲁：《使日十年——1932—1942年美国驻日大使约瑟夫·C.格鲁的日记及公私文件摘录》，沙青青译，社会科学文献出版社，2020年，第604页。

名帝国往往不到20个，例如勃里恩的《帝国的衰亡：十六个古代帝国的崛起、称霸和沉没》所列举的16个主要帝国是：埃及、米诺斯（米诺王国）、赫梯（安那托利亚帝国）、亚述、新巴比伦、库什、波斯、雅典、马其顿、迦太基、塞琉古、汉朝、帕提亚、罗马、萨珊、玛雅。《牛津世界帝国史》列举的历史上的重要帝国达到50个，这在帝国研究的专著中已经算是很多了。“维基百科”中“帝国”词条列举的古往今来的主要帝国也只有23个：亚述帝国、新巴比伦帝国、波斯帝国（阿契美尼德王朝）、亚历山大帝国、印度帝国、“中华帝国”、罗马帝国、西罗马帝国、拜占庭帝国（东罗马帝国）、神圣罗马帝国、阿拉伯帝国（萨拉森帝国，包括倭马亚王朝和阿拔斯王朝）、阿比西尼亚帝国（埃塞俄比亚帝国）、蒙古帝国、奥斯曼帝国（土耳其帝国）、葡萄牙帝国、西班牙帝国、荷兰帝国、大英帝国、法兰西帝国、奥地利帝国（奥匈帝国）、俄罗斯帝国、德意志帝国和大日本帝国 （日本国）等。

霸权意味着对其他国家的征服和统治，而一个地区通常难以共存两个以上的霸权国家。这种情况其实符合包括人类在内的动物竞争常识，中国古人称之为“一山不容二虎”，在国际政治学中则称为所谓的“修昔底德陷阱”（Thucydides Trap）。修昔底德在其著名的《伯罗奔尼撒战争史》一书中将雅典和斯巴达之间的战争原因概括为：雅典作为一个新兴强权的崛起，引起了原来的强权斯巴达的恐惧，最终导致伯罗奔尼撒战争。修昔底德的这一观点被后来的国际政治学家概括为所谓的“修昔底德陷阱”。例如，美国学者格拉汉姆·艾利森（Graham Allison）援引修昔底德的论断，指出雅典与斯巴达冲突的根本原因，是雅典的“崛起”与斯巴达的“恐惧”。他还按照这一逻辑，对过去500年中类似的16个国家间战争和竞争的案例进行了分析，并试图用“修昔底德陷阱”来分析当今中国与美国之间的较量。[1]所谓“修昔底德陷阱”，其实也是一个地缘政治引发的帝国霸权问题。如果一个区域内已经存在一个帝国霸权，同一区域其他国家的崛起就通常意味着与原先帝国的战争。因而，有些专家认为，人类最早的帝国之间战争，就源于地缘政治的因素：“在公元前1286年5月，在如今叙利亚的奥伦提斯（Orontes）河畔发生了一件大事，堪称是古代世界最波澜壮阔的事件之一。如果要控制北黎凡特，卡叠什（Kadesh）城堡就是兵家必争之地，于是乎人类历史上最早的两个帝国之间在此展开了一场殊死搏斗。其中一方是埃及，当时正处于新王国时期第十九王朝统治下，其军事力量正处于崛起中。……他的诉求受到了来自一个强大的安那托利亚帝国的挑战，这个帝国是建立在哈梯（Hatti）王国的基础之上的。”[2]

帝国的衰亡常常与统治阶层，特别是最高统治者的极端腐败堕落密切相关。帝国扩张的一个实质性目的，是获取被征服国的物质利益，以满足宗主国的统治者，特别是最高统治者的物欲享受。山珍海味的饮食、三妻四妾的家庭、鸣锣开道的出行、富丽堂皇的起居等穷奢极欲的享受，本来就是帝国统治者日常生活的常态。然而，如果帝国的统治者不是一般地满足于这些极尽奢靡的物质生活，而是极度沉湎于自己的物欲，以致玩物丧志，腐败堕落，直至出现心理和道德的变态，那也会导致帝国的衰落。一些研究者将帝国统治者的这种堕落行为特别地称之为“道德腐败”（moral corruption），用以指帝国统治者某种行为和品性的扭曲与畸变。在一些学者看来，

---

① 可参阅晏绍祥：《雅典的崛起与斯巴达的“恐惧”：论“修昔底德陷阱”》，《历史研究》，2017年第6期。作者从历史学的角度对国际政治学界的“修昔底德陷阱”作出了批评性的分析。

② ［美］科马克·奥·勃里恩：《帝国的衰亡：十六个古代帝国的崛起、称霸和沉没》，邵志军译，现代出版社，2015年，第40页。

帝国统治者的道德腐败似乎是难以避免的：帝国的统治者腐化堕落后，他们就会失去其权力的合法性和军事效力，而容易成为那些对其不满并试图夺取其权力的部落的猎物。但历史总是充满循环，新的统治者在不久的将来必定又会腐化堕落。[①]一旦帝国统治者出现严重的道德腐败，通常会产生三个严重的后果，它们都会直接导致帝国的衰亡。一是帝国统治者因其道德堕落而失去感召力和合法性，从而使帝国的最高统治权威急剧流失，帝王对臣僚失去权威，中央王朝对其属国失去权威，最终导致帝国统治秩序的崩溃。二是最高统治者因其道德腐败而无法有效指挥军队，当军队不听从最高统治者号令时，帝国就会失去最重要的军事支柱。三是帝国的君王因其道德堕落而不能有效履行王朝的统治职责，一些帝国的最高统治者或沉湎于女色肉欲，或沉湎于自己的个人癖好，而不认真履行自己作为帝国最高统治者的职责，甚至干脆不理朝政，这同样也会导致帝国的覆灭。帕特里斯·格尼费和蒂埃里·伦茨在分析宋、明、清等时期“中华帝国衰落的原因”时，就将之归于“道德的堕落”：“第一个原因是后宫嫔妃的存在及其明争暗斗。事实上，很多人家把他们的女儿送进宫，就是为了在皇帝身边安插一颗棋子。第二个原因则源自继承人的任命方式：如果在位皇帝无心过问此事，又或者，皇子夭折增加了继承人的不稳定性，任命受到身边人的影响。”[②]

在“中华帝国”的历史上，宋徽宗算得上是一位因其道德腐败而导致帝国灭亡的典型。宋徽宗赵佶（1082—1135）在继任皇帝之前就是一位风流成性的浪荡公子，成为大宋皇帝后其浪荡个性不但

---

①［加］约翰·霍尔（John A.Hall）：《帝国的终结》（The End of Empires），［丹］彼得·F.邦等编：《牛津世界帝国史》第一卷，牛津大学出版社，2021年，第530页。

②［法］帕特里斯·格尼费、［法］蒂埃里·伦茨主编：《帝国的终结》，邓颖平等译，海天出版社，2018年，第255页。

没有收敛，反而更加肆无忌惮。他迷信道术和道教到荒唐的地步，还自称“教主道君皇帝”；他有艺术的偏好和天赋，执迷于书法绘画，自创了书法的“瘦金体”和花鸟画的“院体”；他极尽骄奢淫逸，每天都过着醉生梦死和纸醉金迷的帝王生活。但他唯独对国家治理既无兴趣，更无责任和能力，以致朝纲荒废，民穷兵弱，最终招致灭顶之灾。不仅半壁大宋江山被金国侵占，而且自己也成为金国的阶下囚，受尽屈辱而亡。一位宋史专家曾以宋徽宗刻意建造的“艮岳”为例专门分析北宋灭亡的原因：艮岳是为了宋徽宗的后宫多生子男而修建的，艮岳建筑之华丽，景色之奇美，可谓天下一绝。艮岳周围绵延10余里，山峰岗阜相连，峰峦叠嶂，宛如海水波浪起伏。所筑的万岁山，千山万壑，山高林深，奇花美木，珍禽异兽，飞楼杰观，雄伟壮丽。宋王朝竭举国之人力物力，20年乃成。艮岳是以北宋人民的血泪筑成的。艮岳筑成之后，北宋王朝府库罄竭，民不聊生，四海困穷，神州骚动。“宋徽宗在位24年，他的活动就是修建艮岳。当艮岳修建完成时，北宋王朝也走到了尽头。……北宋王朝的灭亡虽然是种种原因所致，但修筑艮岳，导致海内困穷、民不聊生，则是北宋王朝灭亡的重要原因之一。”①

历史上众多帝国的崛起和衰亡，其直接原因表面上看往往千差万别，而且通常与某个特定历史事件的发生或某个帝国统治者的生死相关联，具有某种偶然性和随意性。然而，事实上，所有这些偶然性和随意性的背后，都是一系列必然因素的综合。所有直接原因背后，都必定有更深层的根本原因。换言之，帝国的兴亡和衰落有其必然的规律，它是多种因素相互作用的结果。当某些条件具备时，帝国就会产生和崛起；当某些条件不复存在时，帝国就将无可奈何

---

① 李玉洁：《艮岳与北宋的灭亡》，《开封大学学报》，2005年第2期。

地衰败。对于所有帝国的兴衰而言，最直接的因素就是军事力量，而最根本的因素则是国家的科技经济实力和政治制度。除此之外，地缘政治环境、国家的战略决策、最高统治者的素质、国民的精神状态等，都或直接或间接地影响着帝国的命运。在这一点上，保罗·肯尼迪的分析是对的："一个民族国家的国力决非仅在于它的武装部队，而且还在于它的经济和技术资源，在于执行对外政策时的灵活性、预见性和决心，在于其社会和政治机构的效率。这种力量尤其在于其民族本身，在于它的人民，他们的技能、精力、志气、纪律性、创新精神，他们的信念、信仰和幻想。而且，还在于将所有这些因素相互联系起来的方法。此外，对一国的国力还不能仅从它本身孤立地去考虑，还要联系该国的对外或帝国义务，联系到别国的国力来考虑。"①

①［美］保罗·肯尼迪：《大国的兴衰》，蒋葆英等译，中国经济出版社，1989年，第255页。

第七章
帝国的思想

虽然人类进入文明社会后的绝大多数时间是在帝国的政治框架下度过的，甚至有人认为世界的政治史就是帝国史，但在近代以前对帝国的专门研究并不多见，政治思想史上几乎没有哪位重要的思想家对帝国有过系统的研究，发表过系统的帝国理论。政治思想史上的帝国研究，通常是国家研究的一部分，与国家理论研究交织在一起。当然，这并不是说近代以前的政治思想家们没有关于帝国的思想，多数重要的政治思想家都会或直接或间接地论及帝国问题，但他们关于帝国的观点常常是零碎的，被湮没在国家研究之中。

近代以前关于帝国的重要观点，主要集中于文艺复兴后欧洲政治思想家的著述中。在欧洲整个近代政治思想史中，绝少有对帝国的批判声音。包括倡导自由和平等的自由主义进步思想家，大多数也都是帝国的卫道士。珍妮弗·皮茨说，在她所论及的18世纪思想家中，没有一个是绝对的反帝国主义者。这一判断或许有点绝对，但确实可以肯定，整个近代之前，在欧洲乃至整个世界政治思想史上，帝国的赞歌无疑是主旋律，甚至不乏许多著名的自由主义政治思想家，如约翰·洛克和托克维尔，也是帝国的积极辩护者。这一点不难理解，人类进入文明时代后，帝国其实就一直是无数独裁者、政治家、思想家、文学家、知识分子和普通民众追求的政治理想，是他们心目中关于国家的崇高梦想。直到19世纪，在许多文学家的描写中，帝国仍是和平与繁荣的象征。据说，著名奥地利文学家茨威格曾羡慕奥匈帝国的安全与稳定。他说，在我们绵延近千年的奥地利君主统治时期，一切都像是永恒的，而国家政权则是这份永恒的最高保证……在这一疆域广阔的帝国当中，一切都十分稳固、不可动摇。[①]对于近现代以前的大多数人来说，帝国太有吸引力了，它为人类最美好的政治想象提供了无穷无尽的资源。正如奥·勃里恩所说："追溯历史的滚滚长河，遥远的帝国令人神往。因为这些帝国天才的成就、摧枯拉朽的军事力量、残暴血腥的杀戮，我们容易对其浮想联翩。历经沧桑岁月，时间阻隔反而使其丰功伟绩愈发光耀鲜明。"[②]

然而我们同时也应当清醒地看到，文艺复兴后，欧洲的政治思想家和重要知识分子中，有些人开始对帝国进行深入的思考和阐述，并且开始出现不同于传统和主流的帝国理论，形成了不同的帝国观。特别是开始产生了批评和否定帝国政治和殖民制度的新思想，这是人类政治思想史上的重大进步。好几位著名的自由主义学者都曾发表过专门批判帝国主义的著作和演讲，包括孟德斯鸠、亚当·斯密、爱德蒙·伯克、杰罗米·边沁和本杰明·贡斯当。这些进步的反帝国思想家们不仅开始系统地反思帝国政治和殖民制度对人类政治进步的重大阻碍作用，更加难能可贵的是，他们不仅仅停留在理论阐述和口头呼吁的层面，而是身体力行，努力在现实政治中推动

---

①［法］帕特里斯·格尼费、［法］蒂埃里·伦茨主编：《帝国的终结》，邓颖平等译，海天出版社，2018年，第23页。

②［美］科马克·奥·勃里恩：《帝国的衰亡：十六个古代帝国的崛起、称霸和沉没》，邵志军译，现代出版社，2015年，第1页。

殖民制度的废除。从政治思想史的角度看，当时那些进步思想家批判帝国政治和殖民制度的主要理论依据，以及他们反对帝国主义和殖民主义政策的现实理由，至今仍然有其重要的进步意义。

因而，在这一章节中，我们分别介绍几位在文艺复兴后的欧洲近代政治思想史上有重要地位的政治理论家的帝国观。其中一些是帝国的赞美者和辩护者，他们认为，比起其他权力体制来，帝国不失为迄今最理想的人类政治共同体。他们相信，帝国能给人们带来秩序、和平、统一、自由、平等、安全、财富和荣耀等人类所向往的基本价值。因此，他们坚决支持帝国政治和殖民制度，哪怕有时他们也会对现实的帝国政治提出一些尖锐的批评意见，但根本上他们是帝国的卫道士。他们之所以批评帝国，是为了完善帝国制度，从而使帝国政治得以永久持续。另一部分是帝国的批评论者，他们是政治思想史上的叛逆者。尽管除了极少数的例外，他们对帝国的批判和分析还不是那么深刻，也没有形成系统的反帝国理论，但他们的帝国观代表了人类政治进步的方向，为人类最终废除殖民制度，终结帝国政治开创了思想的先河。

享誉全球的著名意大利文艺复兴诗人但丁（Dante Alighieri，1265—1321）就是一位地地道道的“帝国迷”。他运用亚里士多德在《政治学》中阐述的一些原理，并结合个人、家庭、地区和国家的实例来努力论证：人类需要统一、和平、自由和幸福，那就必然需要一个统一的政体。“为了造就普天下的幸福，有必要建立一个一统的世界政体。”这个统一的世界政体即是帝国：“不妨以一个国家或王国为例，它的目的与城市相同，只是维护和平的责任更重。它必须有一个单一的政府实行统治和执政，否则国家的目的就难以达到，甚至国家本身也会解体，正如那个放之四海而皆准的真理所说：‘一个内部互相攻讦的王国必遭毁灭。’因此，如果这些情况确实符合有着统一目标的个人和特定地区，那么，我们前面的立论就必然是正确的。上述已经证明整个人类注定只有一个目的，因而人类就应该实行独一无二的统治和建立独一无二的政府，而且这种权力应称为君主或帝王。由此可见，为了给尘世带来幸福，一统的政体或帝国是必要的。”①

洛克（John Locke，1632—1704）是17世纪英国重要的启蒙思想家，也是自由主义思想的主要代表人物，甚至被认为是“自由主义思想之父”。他主张人的生命权、财产权和自由权神圣不可侵犯，政府统治的合法性源于对个人上述自然权利的保护；他坚决反对专制独裁，坚定捍卫个人自由，并主张宗教宽容。然而，人们难以想象，这样一位坚定的自由主义者，却同时也是帝国殖民主义的忠实拥护者。洛克认为，世界上的民族是不平等的，欧洲民族最为优越。他在《人类理解论》等著作中论证说，美洲的印第安人和亚洲的印度人等民族，在语言能力、数字能力和理解能力等方面都落后于欧洲民族。因而欧洲民族对其他国家的殖民化是天经地义的，欧洲民族对美洲等殖民地的统治也是自然而然的事情。洛克不仅是帝国的理论家，也是大英帝国殖民政策的参与制定者。哈佛大学的历史学家大卫·阿米塔格（David Armitage）说，洛克最终加入了帝国理论家的方阵，“如果简单地按照某人对殖民的建立和治理的思想贡献和关注程度来判断，那么毫无疑问，洛克就是一位殖民思想家。从17世纪早期格劳秀斯（Hugo Gratius）为荷兰东印度公司制定法律条款，到19世纪密尔父子（The Mills）为英国东印度公司工作期间，事实上，洛克比欧洲任何其他思想家都更深度地介入了拓展和管理海外殖民地的实际事务”。所以，以洛克为代表的众多自由主义思想家，

---

①［意］但丁：《论世界帝国》，朱虹译，商务印书馆，2017年，第9页。

同时也是帝国的理论家，他们创立了“自由主义的帝国主义”（liberal imperialism）理论。[1]

另一位著名的法国自由主义思想家和政治家托克维尔（Alexis de Tocqueville，1805—1859）也同样是殖民帝国主义的坚定辩护士，属于欧洲“自由主义的帝国主义理论”阵营中的重要成员。一方面，托克维尔是坚定的自由主义者和废奴主义者，毕生积极倡导自由贸易和废除奴隶制度；另一方面，托克维尔虽然批评法国的殖民地政策，但却竭力维护法国的海外殖民制度，甚至主张民族分离政策。在为帝国的殖民制度辩护方面，托克维尔甚至比洛克走得更远。他指名道姓地说，阿尔及利亚人、阿拉伯人和穆斯林教徒是低等民族，他们对欧洲和法国的殖民者心怀敌意，不会自觉接受欧洲和法国的殖民统治，甚至还会采取各种各样的反抗行为，对殖民地人民的反抗行为必须进行毫不妥协的镇压。托克维尔明确主张，对殖民地的人民必须进行军事控制，没有对殖民地的军事控制，就很难对殖民地进行有效的统治。他还说，法国不仅要夺取奥斯曼帝国的管理机构，还要征服其民众。珍妮弗·皮茨认为，托克维尔之所以积极支持法国的殖民主义制度，公开拥护法兰西帝国的对外扩张，主要有两个原因：“这样一项伟大的事业能够在法国人当中建立起政治团结和政治参与，并且他担心如果法国在追求海外领地时继续落后于英国的话，法国将失去它的国际地位和国际声望。”[2]然而，正如珍妮弗·皮茨所分析的，托克维尔的自由主义立场与其对法兰西帝国殖

---

① [美] 大卫·阿米塔格（David Armitage）：《约翰·洛克：帝国的理论家?》（John Locke：Theorist of Empire?），[美] 萨卡·墨图编：《帝国与现实政治思想》，剑桥大学出版社，2012年，第84—112页、第351—389页。

② 参阅 [美] 珍妮弗·皮茨：《转向帝国：英法帝国自由主义的兴起》，金毅等译，江苏人民出版社，2012年，第318—328页等。

民主义的辩护，从内在逻辑来说是相互矛盾的：“托克维尔对帝国扩张的辩护，既源于他的自由主义，也与自由主义的重心存在冲突，这种自由主义强调所有人类的道德平等性。”[①]

在反对帝国的理论阵营中，孟德斯鸠是最著名的代表人物之一。孟德斯鸠（Baron de La Brède et de Montesquieu，1689—1755）是法国最重要的启蒙思想家之一，也是西方近代国家学说和法学理论的奠基人，以激烈批判专制独裁制度和倡导立法权、行政权和司法权的三权分立而广为人知。在欧洲政治史上，罗马帝国一直被奉为完美帝国的典范，是人们崇拜的偶像。孟德斯鸠是欧洲政治思想史上最早公开批判罗马帝国的重要思想家之一。他在1727年发表了《论欧洲的普遍君主制》，在该文中指出，所有帝国都奉行专制政治，而所有专制政治都是邪恶政治。他公开批评罗马帝国说，罗马为了创建帝国而不惜荡平整个世界，帝国政治本身就意味着野蛮。[②]1734年，孟德斯鸠发表了《罗马盛衰原因论》一书，在分析罗马帝国崛起和衰亡的过程中，对罗马帝国进行了系统的批判。在孟德斯鸠看来，罗马兴盛的主要原因，就是无休止的军事掠夺。他说：“为了争夺公民、妇女和土地，罗慕露斯和他的继承者几乎永远是和他们的邻人作战的。他们每次回城都要带着从被征服的民族那里得来的战利品；这就是捆成一束束的麦子和畜群，这些战利品会给城市居民带来巨大的欢乐。这就是凯旋的起源，凯旋在后来也正是这座城市所

---

①［美］珍妮弗·皮茨：《转向帝国：英法帝国自由主义的兴起》，金毅等译，江苏人民出版社，2012年，第283页。

②［美］莫舍尔（Michael Mosher）：《孟德斯鸠论帝国和启蒙》（Montesquieu on Empire and Enlightenment），［美］萨卡·墨图编：《帝国与现实政治思想》，剑桥大学出版社，2012年，第112—155页。

以变得伟大的主要原因”[1]。作为宗主国，罗马人总是以居高临下的不平等态度对待其他民族，当其他民族不屈服时，他们便通过发动战争进行军事征服：“他们永远是习惯于以主人的口吻讲话的，因而他们派到还完全不晓得他们的威力的那些民族那里去的使者肯定会受到不好的款待：这一点就成了他们发动一次新战争的可靠的借口”[2]。孟德斯鸠以轻蔑的口气嘲笑罗马人对奥古斯都的顶礼膜拜，并深刻地指出，罗马帝国的所谓秩序，其实就是一种奴役：“奥古斯都（这是谄媚之徒给予屋大维的称号）恢复了秩序，这就是说，一种持久的奴役，因为在人们刚刚篡夺了统治权的自由国家里，凡是可以建立起一个人的无限威信的东西都被称为秩序。凡是可以支持臣民的正直的自由的东西都被称为骚动、倾轧和不良的统治”[3]。

著名英国经济学家亚当·斯密（Adam Smith，1723—1790）也是殖民帝国主义的批评者。对殖民制度的分析，以及对欧洲各国殖民政策的比较，是其《国富论》重要内容。他在《国富论》这一影响巨大的名著中专辟一章“论殖民地”来分析殖民的起源、类型、功能和实质。亚当·斯密认为，古希腊、古罗马都拥有自己的殖民地，古希腊和古罗马的殖民制度无论在自身性质上还是在主观动机上，都有很大的区别，甚至在“殖民”的概念上，拉丁语与希腊语的意义就不一样。拉丁语表示“殖民”，而希腊语则表示“离乡”“离家”或“出走”。现代欧洲文明国家的殖民制度，又不同于古希腊和古罗马的殖民制度。然而，所有殖民制度的实质与目的是一样的，即宗主国通过殖民他国来获取更多的财富和物质利益。他还详

①［法］孟德斯鸠：《罗马盛衰原因论》，婉玲译，商务印书馆，1995年，第1页。
②［法］孟德斯鸠：《罗马盛衰原因论》，婉玲译，商务印书馆，1995年，第33页。
③［法］孟德斯鸠：《罗马盛衰原因论》，婉玲译，商务印书馆，1995年，第70页。

细地阐释了英国、法国、德国、西班牙、葡萄牙、荷兰、瑞典等欧洲列强是如何通过殖民制度获取巨额利润和财富的。尽管在比较英国与法国、西班牙和葡萄牙等其他欧洲国家的殖民制度和殖民政策后，斯密高度赞扬和肯定英国殖民制度的进步性，特别是给予殖民地人民更多的自由和平等，但是从总体上说，斯密对近代欧洲“文明国家”的帝国殖民制度是持批判态度的。他最后说：“关于美洲殖民地的最初建立和随后的繁荣，欧洲的政策几乎没有值得夸耀之处。支配着最初建立这些殖民地的动机，似乎是荒唐和不公的。寻找金矿和银矿属于荒唐；面对那些非但没有伤害过欧洲人，还对欧洲最初的冒险家热情好客的无恶意土著，居然觊觎占有其国家，则属于不公。”[①]

亚当·斯密不仅批评帝国的殖民制度缺乏公正的道义基础，他还指出它实际上也无益于宗主国的国家利益。他以当时最先进的英国殖民制度为例论证说，英国主要是通过类似东印度公司这些特殊机构的垄断贸易来获取丰厚利益的，但殖民垄断贸易的最终受益者是个人而非国家，相反国家并不能从殖民地中获取税收，反而还要负责军事费用。最后亚当·斯密便陷入了这样一个他自己觉得难以克服的困境：一方面，帝国的殖民制度既不公正又对国家无益，应该整个废除帝国殖民制度；另一方面，帝国的既得利益者又绝不会同意废除殖民制度，提出终止帝国的殖民政策纯属徒劳：“如果建议英国主动放弃对所属殖民地的所有统治权，让殖民地自己选举地方长官，自己制定法律，自己决定是战是和，就相当于提出一个从不曾也永远不会被世界上任何国家采纳的措施。没有一个国家曾主动放弃过对任何殖民地的统治权，不论其如何难于统治，不论其提供

① [英] 亚当·斯密：《国富论》，唐日松等译，华夏出版社，2004年，第426页。

的收入与其花费相比是如何微小。尽管这种牺牲往往符合一国的利益，却总是有损于一国的威望。更重要的可能是，这种牺牲往往不符合其统治阶级的私人利益，因为他们对许多有责任和利润的处置权，以及许多获得财富和荣誉的机会，将从此被剥夺”[1]。

伯克（Edmund Burke，1729—1797）是英国著名的政治家和政治思想家，他既倡导个人自由，又强调国家权威，被认为是欧洲保守主义的重要代表。对于帝国的危害和腐败，特别是对于大英帝国的侵略行径，伯克的认识比他同时代的思想家们更为清晰。伯克旗帜鲜明地反对英帝国的海外殖民政策，坚定主张废除英国的美洲殖民地，积极支持美国的独立。1774年他在英国下院发表了“论美国税收”（On American Taxation）的著名演讲，他在演讲中明确主张英国应放弃对美国的殖民政治，包括英国对美国殖民的税收政策，要让美国人自己课税。他还多方奔走，大声呼吁，英国政府应尽快与美国缔结和平协议，结束美国反抗英国殖民统治的独立战争。皮茨说，伯克是第一个站在政治排外受害者的立场，对帝国给予全面批判的政治思想家；同时也是以实际行动挑战英国在北美、爱尔兰、印度的殖民政策的第一人，也是把这些挑战汇集于一处，从而攻击大英帝国对外扩张和殖民统治的政治道德基础的第一人[2]。

边沁（Jeremy Bentham，1748—1832）既是古典自由主义的重要思想家，也是效用主义（Utilitarianism，又译功利主义或效益主义）的主要代表人物。边沁不仅公开批判殖民制度和帝国政治，而且公开呼吁英国和西班牙应当彻底放弃对“新大陆”的殖民统治。比较

---

①［英］亚当·斯密：《国富论》，唐日松等译，华夏出版社，2004年，第445页。

②参阅［美］珍妮弗·皮茨：《转向帝国：英法帝国自由主义的兴起》，金毅等译，江苏人民出版社，2012年，第85页。

而言，边沁是帝国殖民主义的最激烈和最坚决的批判者。他在1793年专门撰写了一本批判殖民统治的小册子《解放你的殖民地》（*Emancipate Your Colonies*），运用其效用主义的理论原则，对殖民制度进行无情的揭露和批判。他认为，殖民制度并没有从整体上增加经济利益的问题，帝国破坏了宗主国和殖民地绝大多数人的绝大多数幸福。在《解放你的殖民地》一书中他开宗明义地指出："解放你的殖民地。正义、一致、政策、经济、荣誉、宽容，所有这些都要求你这样做，你将看到所有这一切。征服，只是你在比拼庸俗的野心；解放，你将铸就一条崭新的荣誉之路。征服，它依靠你的军队；解放，征服者就是你自己，被征服者也是你自己。以牺牲别人的自由为代价来施以自由，只是伪装的征服"[①]。

本杰明·贡斯当（Benjamin Constant，又译邦雅曼·贡斯当，1767—1830）也是法国自由政治思想的重要代表人物，著有《古代人的自由和现代人的自由》等深有影响的自由主义著作。在1814年拿破仑政权垮台前夕出版的《论征服的精神》与《论僭主政治》两本小册子中，他从自由主义的立场出发对拿破仑的专制独裁和帝国政治进行了猛烈批判。他将"合法的自卫"与卑鄙的、不文明的无限扩张相区分，认为当一个现代国家养成征服的习惯时，日趋占主导地位的军人就会变得与市民生活的自由相疏远，并且轻视自由。贡斯当从人类生物本性的平等和道德的平等这一根本前提出发，对殖民制度进行了严厉的批评："征服史表明，殖民地政府几乎总是抑制了被征服者的发展和进步。"他认为，通常被歌颂的帝国的军事征服和战争凯旋，实质上就是一种权力的傲慢："我们这个时代的征服

---

① 转引自［美］珍妮弗·皮茨：《转向帝国：英法帝国自由主义的兴起》，金毅等译，江苏人民出版社，2012年，第161页。

者，无论是人民还是王公贵族，都期望他们的帝国呈现出一致的外观，这样，权力骄傲的目光便能一马平川，不会遇到任何阻碍或限制其视野的崎岖。”[①]

①［美］珍妮弗·皮茨：《转向帝国：英法帝国自由主义的兴起》，金毅等译，江苏人民出版社，2012年，第261、271、263页。

第八章

帝国的命运

在政治学中，帝国既是一个旧问题，又是一个新问题。说它是一个旧问题，是因为帝国是人类继国家产生之后最重要的权力结构，它至迟在公元前1300多年就出现了，人类政治生活的绝大多数时间都是在帝国框架下发生的，直到20世纪中叶它才随着第二次世界大战的结束而最终退出历史舞台。古往今来，地球上已经消失或仍然存在的绝大多数国家，都曾经生活在这样或那样的帝国框架之下。说它是一个新问题，是因为在第二次世界大战后随着民族独立运动席卷全球，帝国不仅退出了历史舞台，而且遭人唾弃，从一个褒义词变成了一个贬义词，除了口诛笔伐的批判，帝国研究几乎无人问津。库马尔说：因为帝国被视作过去的遗留物，人们对历史的具体情节缺乏兴趣，包括帝国的治理原则、帝国的目标愿景以及帝国代表的这种特殊政治实体。于是，人们对帝国既反感，又漠视。大家都认同，“帝国”一词自20世纪初就带有负面内涵，并在第二次世界大战后反殖民主义的浪潮中达到巅峰。今天没人会为帝国辩护，至少不会像过去那样，存在那么多传统帝国的拥趸。[①]然而，正如我们

①［美］克里尚·库马尔：《千年帝国史》，石炜译，中信出版社，2019年，第2—3页。

在前面指出的那样，20世纪末和21世纪初，随着全球化对民族国家的巨大冲击，人们对现存的世界秩序产生了怀疑，帝国的梦想又在许多人心目中死灰复燃，帝国又引起了学者们的重新关注。

随着帝国研究的重新回归，关于帝国问题的争议又再度出现。除了历史学者和政治学者关于帝国的定义、特征、要素、兴衰、类型等学科的或学术的分歧与争议外，更实质性的争论在于帝国对于世界和平与秩序的价值、在全球化时代帝国存在的现实可能性，特别是关于今日世界的超级强国是否属于帝国的范畴这一问题。拙文《帝国新论》在2022年第2期的《清华大学学报（哲学社会科学版）》刊出的当天，适逢俄罗斯大举进兵独立的主权国家乌克兰，俄乌冲突的爆发令世人无比震惊，拙作也因而收到了国内外学界同行的热烈反应。其中使我印象最深的是三种对拙文的不同意见。一种意见认为俄罗斯就是当今的帝国，传承沙皇的帝国传统是俄罗斯权力精英挥之不去的梦想；一种意见认为，美国是当代世界无可否认的帝国，而且是目前唯一的超级帝国；还有一种意见令我十分错愕，认为中国是正在崛起的新帝国。这三种不同意见的背后其实存在着一个共同的逻辑，即不论人们喜欢与否，当今世界依然存在着帝国的场景，帝国的时代并没有过去。这就引出了一个更为深刻的问题：帝国在人类历史上究竟有着何种命运？它的历史使命已经终结了，还是将继续延续？至今仍然做着帝国大梦的人们，其梦想必将幻灭，抑或将梦想成真？

对这些问题的解析和回答，不仅是政治学者的学术责任，也是其政治责任；不仅是一种纯学术的探索，也是一种重大的现实关怀。因为帝国的命运不仅事关人类的政治想象和未来前途，也直接关系到全球化时代新的世界秩序的构建，关系到大国的全球战略和人们对待现实的帝国主义和霸权主义的正确态度。我自己的结论十分明确：帝国的时代一去不复返，但帝国主义还将长期存在；任何国家，无论其多么强大，也无论其领导人或政治精英集团对帝国的梦想多么执着，都不可能成为帝国，包括当今公认的最强大的美国。

一、帝国的时代已经一去不复返，但帝国主义还将存在

从政治的角度看，20世纪是人类的悲惨世纪，在这个世纪中爆发了人类迄今仅有的两次世界大战，战争夺走了数千万人的生命；20世纪同时也是人类解放的世纪，在这个世纪中统治人类数千年的帝国体系寿终正寝，至少在正式的制度和道义上，种族歧视和奴役破天荒地失去了合法性。国家不分大小一律平等，人类不分民族、肤色和国别一律平等，强国不得侵略和干预小国，民族国家的主权不受侵犯等，被载入了《联合国宪章》，并由各国签约承认，而所有这些在帝国体系中是不可想象的。帝国的终结，彻底改变了世界的政治格局，深刻地扭转了人类的政治进程，使全人类朝着正确的政治方向前进。帝国的终结，也深刻改变了人类的政治价值和政治文化，自由、平等这些根本的政治价值不再仅仅是西方列强的政治追求，而成为全人类的政治追求和政治评价标准，“帝国”概念本身也首次在人类主流话语中从褒义转变成贬义。正如马丁·托马斯和安德鲁·汤普逊在其所编的《牛津帝国终结手册》中指出的：在上个世纪，殖民地统治的崩溃和帝国的终结，重新塑造了世界的政治地理。去殖民化对统治体制和政府的意识形态影响也同样深远。拒斥殖民主义成为建立新的民族国家和政治制度的必要条件。此外，20世纪帝国的终结也标志着有史以来规模最大、最集中的国家建构进程，关于主权、公民、权利的流行观念得以完全的重构。帝国的终结促进了对民族或种族的不同归属感，并催生

了新的社会运动和国际合作的形式，它使殖民地人民得以驱逐那些拥有更大军事权力的帝国殖民者。[①]

然而，令人深思的是，在经过对帝国的短暂否定和批判之后，当全球化对民族国家主权带来深刻的冲击，以及冷战结束后并没有产生理想的全球秩序之后，各种不同政治信仰的人又不约而同地想到了帝国。

从当代西方左翼政治理论的角度看，最有影响的要数被视为西方马克思主义者的激进学者麦克尔·哈特和安东尼奥·奈格里合著的《帝国——全球化的政治秩序》。他们试图运用三种基本的分析手段对全球化时代的帝国做出新的界定：第一，考察全球化现象；第二，分析民族国家的危机；第三，追溯本体论层面的社会变化，即在物质劳动、生产合作和由此产生的生命政治等方面的变化。在考察全球化时代的国家权力体系后，他们明确主张，进入全球化时代后，一种新的主权体系已经形成，“它由一系列国家的和超国家的机体构成，这些机体在统治的单一逻辑下整合。新的全球的主权形式就是我们所称的帝国”[②]。他们说，全球化时代的帝国是主权、贵族和民主的糅合。帝国的结构通过三种层面的权力而运行：首先是美国君主政体层面，它具有军事、金融和文化的霸权。其次是“大型的资本主义的跨国公司”和“贵族式的统治”。最后是“大的民族国家的残余，它们致力于形成同盟”。这种新的帝国主权与现代时期主要在欧洲、美国和日本形成的帝国主义是完全不同的。现代帝国主义建立在占统治地位的民族国家主权基础之上，它意味着将国家主

---

①［英］马丁·托马斯、安德鲁·汤普逊编：《牛津帝国终结手册》，牛津大学出版社，2017年，第1—2页。

②［美］麦克尔·哈特、［意］安东尼奥·奈格里：《帝国——全球化的政治秩序》，杨建国等译，江苏人民出版社，2003年，第1—2页等。

权延伸到外国领土。与现代时期的帝国主义相比，今天正在出现的帝国不建立在国家主权的基础之上：这是一个真正的全球化帝国，内部与外部的界限消失了。[①]

与哈特和奈格里等左翼学者对全球化时代的新帝国主义所持的批判立场不同，更多的学者重新关注帝国问题，“很可能是世界政治与经济秩序的深层变化让帝国具有了当代价值，也再次引发了人们对帝国的兴趣。这确实是帝国热潮最为重要的原因”[②]。因而，许多学者重视帝国问题，除了试图对当今世界特殊的权力体系作出新的理论分析外，或许还寄希望于新的帝国能够为冷战结束后依然动荡不定的世界带来新的秩序，甚至为人类在全球化时代主权国家间产生新的冲突的背景下带来新的和平与繁荣。当代美国政治家、“鸽派”代表人物威廉·富布赖特（James William Fulbright）在其《帝国的代价》一书中，其实也表露出了这样一种期待：一方面他承认，干涉就是插手别国的内部事务，第二次世界大战后，美国已成为一个全球性的干涉主义国家；另一方面，他又认为，这种干涉也包含着大国的责任。“只有超级大国才有力量——而且也有责任——来维持我们这个动荡不安的世界的表面秩序。……只有超级大国才有力量通过合作的方式，去限制世界的动荡和骚乱，制止大的冲突，化解小的纠纷，约束民族主义和野心勃勃的过激举动，其中包括他们自己的极端行为，只有做到这一切，才可以使得处在当今热核时代的世界花篮尽可能的安宁。”[③]

---

①［美］麦克尔·哈特、［意］安东尼奥·奈格里：《帝国——全球化的政治秩序》，杨建国等译，江苏人民出版社，2008年，第13、133页等。

②［美］克里尚·库马尔：《千年帝国史》，石炜译，中信出版社，2019年，第4页。

③［美］威廉·富布赖特、［美］塞思·P.蒂尔曼：《帝国的代价》，吴永和等译，译林出版社，1992年，第41页。

无论是怀抱昔日的帝国梦想，还是期待帝国为今日的世界带来秩序与和平，无论是对帝国政治及帝国主义政策采取批判的态度，还是以赞赏的态度认可权力体系的存在，这种认为人类在全球化时代后已经或者必将重新进入帝国时代的判断，是缺乏令人信服的事实依据和理论依据的。在我看来，大英帝国是人类帝国的绝响，人类的帝国时代随着大英帝国的解体而正式宣告结束。无论人们喜欢或承认与否，作为一种人类普遍追求的政治价值和作为一种国家权力体系的政治结构，帝国已经退出世界历史的进程。帝国的时代已经一去不复返。完全可以说，第二次世界大战后，人类正式告别了延续数千年的帝国体系，而进入了“后帝国时代”（the Post-Imperial Age）[①]，民族国家成了“后帝国时代”的主要角色。尽管现实世界仍然存在着实力强大并足以控制和影响其他国家，甚至全球政治经济格局的国家，尽管这些强权国家的政治精英中确实不乏缔造新帝国的野心，但任何现存的权力体系，都不是政治学意义上的帝国，也不可能演变成这样的帝国。

首先，建立帝国的主要工具已为人类文明的主流所抛弃。作为历史的常态，所有帝国的建立都以军事扩张和征服为主要途径，战争与暴力是帝国存在的伴生物。不用说，古代帝国建立在赤裸裸的军事征服和暴力镇压之上，即使是那些强调民主和法治价值的现代帝国，最终也必须以暴力作为其帝国统治的最后依托。于尔根·奥斯特哈默敏锐地看到了这一点。他说：“在横向上，帝国必须将领土的各个区域与核心区联合在一起；在纵向上，帝国必须千方百计使

---

① 尽管有少数学者把罗马帝国崩溃后的时期称为“后帝国时代”，但帝国研究的主流观点仍然把第二次世界大战后的时代称为“后帝国时代”。例见［英］邓巴宾（J. P.D.Dunbabin）：《后帝国时代：大国和更广阔的世界》（*The Post-Imperial Age: The Great Powers and the Wider World*），劳特利奇出版社（Routledge），1994年。

其在殖民地社会的统治和影响力得到保障。横向融合最初总是离不开强制和武力。所有帝国在建立有效的法律秩序之外，必须以持久的暴力威胁作为立国之本。即使帝国并不具有长期恐怖统治的特征，即使我们至少在19世纪和20世纪英帝国的例子中看到，除去镇压起义的特殊情况外，它大体是在依照法治国家的基本准则行事，但是这仍然无法改变一点：帝国永远都处在紧急状态的阴影下。”[①]帝国统治者的辉煌建立在对其他民族和人民残暴血腥的镇压和剥夺之上，对于宗主国的统治阶级来说，特别是对帝国的专制独裁者来说，帝国强大的军事暴力是其荣誉和权力的象征。但是对广大殖民地和附属国人民和其他被统治者来说，帝国的暴力和战争意味着奴役和牺牲。任何一个强大帝国的建立，无不充满着血淋淋的故事。不消说像亚述、波斯、马其顿、蒙古这类纯粹建立在大规模杀戮之上的帝国体系，即使是后来像西班牙和英国这样的所谓“文明的”海外殖民帝国的建立，也无不以牺牲被占领地人民为巨大代价。例如，“作为欧洲征服美洲过程中最大的悲剧之一，西班牙入侵之前可能供养了大约2500万人口的墨西哥次大陆在不到一个世纪后就只剩下一两百万居民了”[②]。从这个意义上说，欧洲帝国征服美洲新世界的结果是毁灭性的：“根据有些人估计，整个新世界的人口从1亿减少到500万。”[③]

随着人类文明的进步，帝国的军事暴力和战争征服，已经彻底

①［德］于尔根·奥斯特哈默：《世界的演变：19世纪史》（Ⅱ），强朝晖等译，社会科学文献出版社，2016年，第815页。

②［美］维克托·戴维斯·汉森：《杀戮与文化：强权兴起的决定性战役》，傅翀等译，社会科学文献出版社，2016年，第313页。

③［德］贡德·弗兰克：《白银资本：重视经济全球化中的东方》，刘北成译，中央编译出版社，2000年，第99页。

失去了其先进性和道义基础。过去用来展示帝国荣誉的战争机器，作为人类自相残杀的主要工具已为人类文明所不齿。帝国的统治者过去用来对本国人民炫耀的博物馆、大规模阅兵、凯旋门等，在绝大多数国家现在已经成为历史的陈迹，供民众和游客参观浏览。不仅如此，一个国家对另一个主权国家发动侵略战争和军事占领，已为第二次世界大战后各国共同缔结的《联合国宪章》所明文禁止。各成员国承诺不得使用战争和军事暴力手段解决国家间冲突，并将“联合国之宗旨”确定为：“维持国际和平及安全；并为此目的：采取有效集体办法以防止且消除对于和平之威胁，制止侵略行为或其他和平之破坏；并以和平方法且依正义及国际法之原则，调整或解决足以破坏和平之国际争端或情势”；“各会员国在其国际关系上不得使用威胁或武力，或以与联合国宗旨不符之任何其他方法，侵害任何会员国或国家之领土完整或政治独立”。第二次世界大战后，任何大国对其他国家的军事侵略和占领征服，都不仅不再具有任何合法性依据，而且将为全世界进步力量所唾弃。

其次，帝国成其为帝国的本质特征已失去道义基础。帝国秩序建立在民族和国家的不平等之上，宗主国与殖民地或附属国是统治与被统治的关系，宗主国民族与殖民地民族处于本质上的不平等状态。不平等是帝国的内在性质，这种内在的不平等体现在种族、肤色、宗教、性别、文化、教育、经济和政治等各个方面，而且这种不平等在帝国体系内是合法的和正当的，是帝国政治秩序的有机组成部分，依靠帝国的政治法律制度得以保障。霍布斯鲍姆说，帝国主义带来的最严重后果，是“它们造成深刻的不平等，因为母国与属国的关系是高度不对称的。前者对后者的影响是戏剧化也是决定性的，而后者对前者的影响却可能是微不足道的”[①]。其实，宗主国与附属国之间的不平等是全方位的，不仅是国家之间和民族之间的不平等，更是个人权利的不平等；不仅是经济收入和物质生活水平的不平等，更是政治权利的不平等。例如，20世纪后，西方列强普遍实行代议民主，倡导公民的自由、平等和参与，而在其殖民地和附属国中却继续实行专制独裁政治。因而，正如一些帝国研究专家所发现的那样，我们完全可以用不平等和差异性来定义帝国的政治：帝国就是不平等的权力结构和差别性的政治。“以往的帝国就是一些巨大的国家，它们设法兼并不同的民族，并且在这些不同的民族之间不断制造等级和差异。历经时日，这些帝国便发展起各种应对差异性这一本质任务的统治策略，我们称这些统治伎俩为‘差异的政治’（politics of difference）”[②]。这种国家和民族的不平等在当代世界已经彻底失去了合法性，不再具备道义基础，也从根本上违反各国共同认可并签约的《联合国宪章》。《联合国宪章》规定，联合国组织“基于各会员国主权平等之原则”之上，并“重申基本人权，人格尊严与价值，以及男女与大小各国平等权利之信念”，“促成国际合作，以解决国际间属于经济、社会、文化及人类福利性质之国际问题，且不分种族、性别、语言或宗教，增进并激励对于全体人类之人权及基本自由之尊重”。任何人或任何国家，如果还主张某个民族或国家对其他国家和民族具有优越性，就既违背本国对联合国的承诺，也违背人类社会的普遍道义，必定遭到绝大多数人民和绝大

① ［英］艾瑞克·霍布斯鲍姆：《帝国的年代：1875—1914》，贾士蘅译，中信出版社，2017年，第82—83页。

② ［美］简·伯班克、［美］弗雷德里克·库珀：《帝国与差异政治：扩张与整合之道》（Empires and the Politics of Difference：Pathways of Incorporation and Exclusion），［丹］彼得·F.邦等编：《牛津世界帝国史》第一卷，牛津大学出版社，2021年，第375页。

多数民族的反对。

其三，帝国产生的根本动因已不复存在。世界政治史上，列强对外扩张征服的理由千变万化，但万变不离其宗，根本的原因就是掠夺土地、人口、资源和财富。无论是古代帝国还是近代帝国，攫取其他国家的物质利益，是帝国建立的根本动力。无论是大英帝国的殖民主义政策，还是日耳曼帝国的军国主义政策，根本目的无非是凭借军事力量对殖民地和占领国进行野蛮的掠夺和残酷的剥削。第二次世界大战后，帝国扩张的这一根本动因在人类历史上终于逐渐消失。一方面这得益于科技的进步、生产力的发展和国际贸易的畅通，使得强国已经不需要通过战争的血腥手段去获取别国的财富，而完全可以依靠先进的科学技术和发达的国际贸易来增加国民财富；另一方面，第二次世界大战的惨痛教训，使得文明国家内部形成了强大的反战和厌战舆论，对外的军事侵略战争在世界上任何地方都不得人心，从而大大增加了对外战争的成本。即使最强大的国家，如果从战争的成本—效益比来看，贸然发动对外战争往往也得不偿失。以1965—1973年美国发动的越南战争为例，据美国预算与管理办公室统计，越南战争期间的直接军事开支为1347亿美元；据专家学者的研究数据，美国用于越南战争的军事开支在1000亿—1500亿美元。间接的战争成本无法估量，仅美军在越南战争中的死亡人数就达5.8万人，受伤人员超过30万人。尽管学者关于越南战争对美国经济究竟产生了何种重大影响存在分歧，但没有人认为美国从越南战争中获得了巨大的经济利益。相反，许多学者认为，美国经济从20世纪60年代末开始直至整个70年代进入了一个长期停滞的阶段，甚至还出现了严重的通货膨胀，越战是导致美国六七十年代经济困境的重要因素。①

其四，无论哪个独裁统治者的权力和能力再强大，并且拥有征服他国的野心，他也不可能挟一国之力建立起现代的新帝国。当代世界的列强，就其军事力量而言，完全不比历史上那些强大帝国逊色，甚至有过之而无不及。比如，像俄罗斯和美国这样的核大国，其拥有的核武器不仅可以轻松摧毁敌国的一切军事和经济设施，甚至可以彻底毁灭地球。然而，即使是这些拥有核武器的军事强国，也没有足够的能力建立起现代的新帝国。核武器可以毁灭敌国，但一旦爆发核战争，最大的可能就是相互毁灭，那将是全人类的末日，因此，一般认为核武器主要用于威慑。当然，即便不使用核武器，当代世界的军事强国也有足够的能力对他国进行战争征服，但即使霸权国家运用其强大的军事机器征服了其他国家，也难以再建立其统治者梦想的帝国。首先，除了如前所述的战争扩张和军事征服代价过大，得不偿失外，对被占领国的管理成本也极其高昂，即使占领者经济再强大，对其占领和管理的成本往往也不堪重负，直至成为拖累占领者经济发展的重要因素。以被视为全球化时代军事占领经典范例的美国发动的伊拉克战争为例，美国虽然在短时间内以其无与伦比的先进武器一举打败了曾经在中东地区不可一世的伊拉克"共和国卫队"，迅速征服了萨达姆的伊拉克政权，但其极其高昂的战争和管理成本，使得它不可能长久占据伊拉克，而是在扶植亲美政权后撤离伊拉克。美国2003年3月发动伊拉克战争前，时任白宫经济顾问的劳伦斯·林赛估计，伊拉克战争的总体费用在1000亿—2000亿美元之间，但实际费用要10倍于当初的预算。据诺贝尔经济

① 王毓敏：《论越南战争对美国经济的影响》，《河南师范大学学报（哲学社会科学版）》，2007年第2期。

学奖获得者约瑟夫·施蒂格利茨和哈佛大学讲师琳达·比尔姆斯的估计，如果除了直接的战争开支外再考虑石油价格上涨使美国经济成本增加等因素，美国在伊拉克战争上的总体花费可能高达2万亿美元。尤其是与传统时代帝国的军事凯旋完全不同，即使是如此"完美的"军事征服，也同样对整个美国社会和经济产生了极为严重的负面影响："伊拉克战争对美国的经济影响是显而易见的，布什政府选择了对伊拉克战争进行财政支持就必然要承受战争所带来的连续的财政赤字和不断上升的军费需求的压力。这对于美国是个真正的冒险：混乱的国家预算会破坏私人投资使美元贬值。"[①]其次，更重要的是，巨大的战争成本，加上道义基础的缺乏，导致国内和国际社会对任何对外侵略战争的竭力反对。一方面，美国发动的越南战争和伊拉克战争遭到了国际社会的强烈反对，引发了国际性的暴力对抗，如越南战争时苏联和中国的直接军事对抗，伊拉克战争时引发了伊斯兰世界的暴力抵抗，等等。另一方面，这种对外侵略战争不再像过去那样会得到国内民众的广泛支持，相反往往会在国内引发巨大的反抗浪潮。美国的越南战争就是明显的例证，国内的反战运动直接促成了越南战争的结束。因此，完全可以说，世界政治的多极化和民主化，从根本上看，是不可遏制的历史潮流，而帝国的梦想与这一潮流恰恰是完全背道而驰的。

关于帝国体制已经完成其在人类政治发展中的历史命运，人类在全球化和民主化时代不可能再重回帝国时代，这其实也是许多明

① 孙洁：《隐藏在战争背后的成本》，《21世纪经济报道》，2004年4月15日。同时可参阅潘云召、杨云川：《美国学者估计伊拉克战争费用可能高达2万亿美元》，《人民日报》2006年1月11日。

智的知识分子和政治家的清醒认识。例如，对帝国的理论与实践深有研究的德国著名政治学家明克勒十分明确地得出结论说："历史再一次告诉我们，很多新生于20世纪50年代和60年代的国家都不过徒有其表，它们在政坛第一次大地震中便纷纷落马。事实再次证明，主权国家多元体取代帝国秩序之途布满艰难险阻。然而，即使看到在后帝国空间稳定化过程中问题丛生，都没有动摇人们关于帝国时代已经终结的观点。"[①]他从三个方面来论证这一论断：第一，有可能成为帝国的那些潜在霸权国家的实力相对衰落。特别是美国的经济和军事实力，不仅不足以支撑其成为全球帝国，而且若它不及时收缩其势力范围，则可能会加速自身的衰亡。第二，那些臣服于某个世界帝国的民族，它们开始自我觉醒，逐渐积蓄更大的抵抗潜能。最后，推行帝国政治不再有利可图。按世界经济史专家统计，19世纪至20世纪初，那些推行帝国主义扩张战略的强权国家往往得不偿失和入不敷出，而且这种逆差只会进一步加大。

帝国作为一种国家政权体制和全球秩序结构，在人类文明的演进过程中将不再具有现实的基础，但总有一些统治者和国家试图征服、占领和统治其他国家和民族，也总有一些专家学者会继续倡导和论证帝国体系的合理性与必要性，因此，虽然帝国的时代过去了，但帝国主义作为一种思潮、政策和战略还将长期存在。例如俄罗斯"地缘政治学明星学者"杜金（А.Г.Дугин），就公开倡导建设"俄罗斯新帝国"。他认为，在当代的全球化时代，民族国家已经过时，国家主权在建构当今世界秩序中也不再有多少实质性意义。当代世界是一个多极化的政治格局，在这个多极化世界政治中，帝

①［德］赫尔弗里德·明克勒：《帝国统治的逻辑：从古罗马到美国》，程卫平译，社会科学文献出版社，2021年，第209页。

国体系仍然具有重要意义。俄罗斯必须认清自己的身份认同：它是帝国的传承者，它的历史使命就是重新建设一个帝国。“俄罗斯历史上就是个帝国，作为成吉思汗欧亚主义帝国的继承者，俄罗斯命中注定地理上就是位于‘欧亚洲’这一区域，注定是欧亚主义大陆文明。新俄罗斯当前自我认同的‘民族—国家’模式是‘西方的陷阱’，这违背了俄罗斯的历史宿命。为了实现自己的历史使命，俄罗斯必须要担负起欧亚洲，即独联体地区的一体化重任，而民族—国家的俄罗斯根本无法实现自己的‘历史和文明使命’。所以，俄罗斯必须是一个帝国，为了建设这个帝国，必须实现独联体地区的一体化。”①

帝国是一种权力结构，而且是一种超越和压倒其他权力的霸权，因此，只要国家权力存在，这种追求对其他国家拥有霸权的动机和行为永远不可能终止。而一旦强权国家运用其强大的军事、经济和科技力量对其他主权国家进行直接或间接的干预，试图征服和支配其他国家的人民，或者迫使其他国家听命于自己，将其他主权国家纳入自己的“势力范围”时，无论这些强权国家为这些对外扩张行为冠以什么样的动听口号，它们都是帝国主义的扩张行为。但是，只要这些霸权国家对其他国家的侵略行为没有演变成正式占领并统治这些被征服国家，将这些被征服国家公然纳入霸权国家的领土版图，那么，这样的霸权国家就不能被视为政治学意义上的帝国。这种对外侵略扩张行为虽然与建立帝国的行为具有很大的相似性，但由于其导致的最终结果不同，它也不同于历史上的宗主国建立帝国的行为，它只能被视为强权国家的帝国主义行为或

---

① 荆宗杰：《杜金新欧亚主义地缘政治思想评析——以“多极世界理论”为例》，《俄罗斯研究》，2016年第6期。

霸权主义行为。

正如我们在前面的概念辨析部分说过的那样，帝国与帝国主义常常难分难解，但两者是不同的概念。帝国是一种国家的权力结构体系，而帝国主义是国家统治者对外扩张侵略的一种价值选择、一种理论主张和一系列内外政策。从历史的视角看，帝国的建立离不开帝国统治者们所奉行的帝国主义政策，但一个国家的统治者奉行帝国主义扩张政策未必最终形成帝国。从现实的视角看，尽管如上所述，任何强大的国家即使其统治者怀抱帝国的梦想，也都不可能再返回帝国时代，但强权国家的统治者们仍会试图想方设法奉行各种帝国主义的扩张和侵略政策。在帝国已经退出历史舞台的今天，之所以还有不少强权国家继续推行帝国主义政策，主要原因有以下三个。第一，民族优越感。这些强权国家通常是历史上的帝国，帝国时代的辉煌已经成为这些强权国家的政治传统，深刻地铭刻在政治精英和普通民众的记忆中，从而带有一种内在的民族优越感，帝国主义在相当程度上可以满足这种优越感。“帝国主义者坚持的是他们种族和文化的优越性、坚持统治和控制的权力以及欧洲在世界史上作为文明和进步发源地的地位。”[①]第二，权力意志。权力欲本质上是一种占有欲，当强权国家的最高统治者不幸是一位专制独裁者，而且又没有相应的制度对其权力进行有效的制约时，奉行帝国主义的对外扩张政策常常会成为一种自然选择。因为独裁者的占有欲是没有止境的，对他来说除了自己的权力之外，包括人民生命财产在内的所有国民利益都是微不足道的。一些独裁者为了满足自己的权力欲，甚至不惜牺牲本国民众的生命而敢冒天下之大不韪，对外发

---

①［英］约翰·达尔文：《未终结的帝国：大英帝国，一个不愿消逝的扩张梦》，冯宇等译，中信出版社，2015年，第7页。

动帝国主义的侵略战争。第三，实际利益。通过推行帝国主义政策，对其他国家进行政治、经济和军事的控制，对强权国家而言可以带来许多现实的国家利益。当强权国家对其他国家居于支配地位时，它就可以在被支配国建立军事基地，消除贸易壁垒，获得各种政治和经济的优先权益，从而实质性地增加强权国家的安全、经济、交通、贸易和文化等利益。可以说，在全球化时代，如果说强权国家发动帝国侵略战争的代价往往得不偿失的话，那么，奉行帝国主义的政治经济政策则总是利多弊少。由于存在着这样一些原因，即使人类已经进入全球化和网络化时代，帝国主义作为一种政治思潮和现实政策仍将长期存在。

帝国主义不仅将长期存在，而且在不同的国家和不同的时代会有不同的表现形式，帝国主义的表现方式和理论依据将随着全球化、信息化、网络化、民主化的时代特征而出现新的变化。大卫·哈维说："不同的国家可能会产生不同类型的帝国主义，1870—1945年间，英国、法国、荷兰、比利时等国所产生的不同类型的帝国主义即是明证。如同帝国一样，帝国主义也具有各种不同的类型和形态。"[①]如果用最简单的语言来概括当代帝国主义的新变化，那就是"经典帝国主义"已转变成"新帝国主义"。经典帝国主义理论形成于20世纪初，以列宁、考茨基和霍布森等人为代表。新帝国主义理论是20世纪晚期在资本主义全球化条件下对经典帝国主义的继承与发展，以大卫·哈维等西方左翼学者为主要代表。对于什么是新帝国主义，没有统一的定义，众说纷纭。霍布斯鲍姆在其《帝国的年代》一书中实际上把19世纪晚期至20世纪初世界主要列强的对外军事扩张

①［英］大卫·哈维：《新帝国主义》，初立忠等译，社会科学文献出版社，2009年，第148页。

和殖民统治，视为区别于传统帝国主义的新帝国主义或超帝国主义，他之所以把1875—1914年这个时期称为“帝国的年代”，其中的原因之一就是这个时期出现了“新的帝国主义”①。印度学者帕拉玛基特·辛格（Paramjit Singh）在2022年的一篇文章中说：“1970年代以来，世界资本主义利润率的下降和生产过剩催生了新帝国主义。正如罗伯·史蒂文（Rob Steven）所阐述的，新帝国主义通过一系列多层次的体系而发挥作用，随着美国霸权的衰落，该体系向世界各地渗透，并且包罗了宗主国与外围国家之间错综复杂的联系。新帝国主义是帝国主义的当代阶段，想要理解它，必须弄清楚四个相互关联的重要概念，即金融化、资本全球化、第三世界的无产阶级化以及可能的替代性选择。”②

从政治学的角度看，新帝国主义是传统帝国主义在全球化时代的最新发展，是全球化时代的帝国主义。帝国主义的传统意义，是指宗主国对附属国、殖民者对殖民地人民的统治和剥削。所谓新帝国主义，实质上指的是西方发达资本主义国家在通过全球化过程进行经济扩张和金融垄断的同时，也想方设法将其文化价值、政治制度和意识形态推向广大的发展中国家。新帝国主义的重要特征，就是以“全球治理”“反对恐怖”“国家失效”等为名谋求国际霸权。其理论基础主要有：（1）人类利益高于国家和民族利益；因此（2）人权高于主权；（3）人类有全球治理的需要；（4）世界上存在着“责任国家”和“失效国家”。③

---

①［英］艾瑞克·霍布斯鲍姆：《帝国的年代：1875—1914》，贾士蘅译，中信出版社，2017年，第64页。

②［印］帕拉玛基特·辛格：《经典帝国主义理论与当代资本主义》，王文彬等译，《国外理论动态》，2022年第3期。

③ 俞可平：《当代西方政治思潮概述》，《教学与研究》，2004年第6期。

一些西方马克思主义者认为，最近这些年西方国家流行的“人权高于主权”理论，以及各种反“国家恐怖主义”的理论，就是为新的帝国主义进行辩护的理论。当然，不同的时代和不同的国家会产生不同形式的帝国主义。大卫·哈维认为，美国已经完成了“从新自由主义的帝国主义向新保守主义类型的帝国主义形式的转变”[①]。其实，对于美国奉行帝国主义的政策，美国的主流媒体并不隐晦。例如，美国专栏作家迈克尔·伊格纳季耶夫在2002年7月28日的《纽约时报》上断言：“美国所有的反恐战争都是帝国主义的演习。这或许会让美国人感到震惊，因为他们不愿意将他们的国家看成是一个帝国。但是在美国将大批士兵、间谍和特种部队派驻世界各地的情况下，你还能称它什么?”美国另一家有影响的报纸《华尔街日报》的编辑马克斯·布特也公开宣称：“美帝国主义可能是对付恐怖主义最好的良药。”[②]随着信息化和网络化时代的到来，数据、信息和算法技术已经成为国家权力的新来源，从而也成为国家对公民进行监控的新手段。数字技术不仅在国内政治中成为侵犯公民正当权益的重要工具，导致了新的人类不平等，在国际政治中同样产生了国家间的数字不平等和新的帝国控制方式。一些学者据此认为帝国主义和殖民主义又出现了新的形式，即“数字殖民主义”（digital colonialism），而美国又是这种“数字殖民主义”的主要推动者：“数字殖民主义这一潜在的新现象使全球南方笼罩在阴影之中。这种数字结构形式的控制是通过集中拥有和控制数字生态系统的三个核心支柱——软件、硬件和网络连接——来实现的，它赋予美国

① [英] 大卫·哈维：《新帝国主义》，初立忠等译，社会科学文献出版社，2009年，第149页。

② 转引自 [英] 大卫·哈维：《新帝国主义》，初立忠等译，社会科学文献出版社，2009年，第3页。

以巨大的政治、经济和社会权力。在这种情况下，谷歌/字母表、亚马逊、脸书、苹果和微软（即GAFAM五家企业）等企业巨头，以及美国国家安全局等国家情报机构都是国际社会的新帝国主义者。被以美国为首的外国势力的科技产品、模式和意识形态同化构成了21世纪的殖民形式。”①

二、美国不是当代世界的新帝国，但当代世界需要新的全球秩序

一些左派与右派对待美国的立场和态度常常截然相反，但在把美国视为当代世界的新帝国这一点上却有着惊人的一致之处。他们得出同一结论的主要依据是以下两点：一是冷战结束后，美国是当今世界唯一有强大的军事能力和经济实力称霸世界的国家；二是美国在许多方面也确实履行着“世界警察”的作用，是对全球事务干预最多、影响力最大的国家。

历史社会学家迈克·曼（Michael Mann）称美国是第二次世界大战后“唯一存在的全球帝国”，而历史学家尼尔·弗格森则认为，美国简直就是当代世界的“巨头”（colossus）。安德鲁·佩雷斯顿（Andrew Preston）在其最新的研究中指出：第二次世界大战后，特别是冷战结束后，美国成为世界的支配性权力（the dominant power）。美帝国的观念更多被历史学家接受，历史学家现在常常把美帝国视为非正式的、未必是领土上，但却在经济上和文化上处于压倒性统治地位的帝国。但也有一些历史学家怀疑美国的这种“全球权力”是一种“帝国的权力”，是一种“自由的利维坦”。用约翰·伊肯佩里（G.John Ikenberry）的话来说，是没有帝国权力的霸权。佩雷斯顿说，

①［美］迈克尔·奎特（Michael Kwet）：《数字殖民主义：美帝国与全球南方的新帝国主义》，顾海燕译，《国外理论动态》，2022年第3期。

不论美国的这种“全球统治权”（global imperium）是无法抗拒的，还是自愿接受的，它都极大地塑造着现代世界。[①]

左翼学者麦克尔·哈特和安东尼奥·奈格里也同样看到，不管人们是否喜欢，许多人都把统治全球化进程和主导新世界秩序的最高权威安放在美国身上。支持者们赞美美国，把它作为世界的领袖和唯一的超级大国，认为只有美国才能给当代世界带来和平与秩序；反对者则宣布美国是一个帝国主义的压迫者，是当今世界一切动乱和不平等的根源。“两种观点都基于这种假设：美国已经完全披上了欧洲国家现已脱下的全球权力的外衣。假如说19世纪是英国的世纪，那么，20世纪就是美国的世纪；或者说，现代是英国的，后现代是美国的。批评与自我批评者们能够提出的最致命的控告是：美国正在重复着昔日的欧洲帝国主义者们的所作所为；同时支持者们宣布美国是一个更为有能力的、更为仁慈的世界领袖，它对欧洲的错误予以了矫正。”[②]

左派认为，美国在全球化时代已经成为世界唯一的霸权国家，它利用自己强大的经济和军事实力，以“反对恐怖主义”和“捍卫世界人权”为由，对别国内政进行粗暴干涉，甚至悍然派兵推翻别国政权，实际上已经成为新的帝国。在左派的理论中，美国通常被视为霸权国家、帝国主义国家和新帝国。例如，美国著名左翼理论家大卫·哈维在其《新帝国主义》一书中，列举了众多理由，证明美国已经是一种新的“资本帝国主义”，而这种“资本帝国主义”实

---

①［英］安德鲁·佩雷斯顿：《美国的全球统治权》（America's Global Imperium），［丹］彼得·F.邦等编：《牛津世界帝国史》第二卷，牛津大学出版社，2021年，第1218—1243页。

②［美］麦克尔·哈特、［意］安东尼奥·奈格里：《帝国——全球化的政治秩序》，杨建国等译，江苏人民出版社，2008年，第3页。

质上就是“国家和帝国的政治”[①]。麦克尔·哈特和安东尼奥·奈格里认为，人类进入全球化时代后，民族国家的主权形式和帝国的权力结构发生了实质性的变化，一种新的全球秩序体系已经形成。“帝国正在我们的眼前出现。在过去的几十年中，当殖民制度已被舍弃，苏联对资本主义世界的市场的障碍最终坍塌，我们已经见证了经济和文化方面交流的不可抗拒、不可扭转的全球化。伴随全球市场和生产的全球流水线的形成，全球化的秩序、一种新的规则的逻辑和结构，简单地说，一种新的主权形式正在出现。帝国是一个政治对象，它有效地控制着这些全球交流，它是统治世界的最高权力。”[②]他们的基本假设是：在全球化时代，人类的主权已经拥有新的形式，“新的全球的主权形式就是我们所称的帝国”，它由一系列国家的和超国家的机体构成，这些机体在统治的单一逻辑下整合。这种新的世界秩序体系，实质上是一种新的主权形式，其主要特征就是去中心化的全球性帝国主权体系的出现，它与传统的帝国体系完全不同。

奈格里进一步解释说，在这一全球性的帝国主权体系有三个层面组成，在这个新的帝国体系中，美国掌握着支配权力，居于统治地位。“帝国是主权、贵族和民主的糅合。帝国的结构通过三种层面的权力而运行：首先是美国君主政体层面，它具有军事、金融和文化的霸权。其次是‘大型的资本主义的跨国公司’和‘贵族式的统

① 参阅［英］大卫·哈维：《新帝国主义》，初立忠等译，社会科学文献出版社，2009年，第24页等。

②［美］麦克尔·哈特、［意］安东尼奥·奈格里：《帝国——全球化的政治秩序》，杨建国等译，江苏人民出版社，2008年，第1—2页。

治’。最后是‘大的民族国家的残余，它们致力于形成同盟’。”[①]他和哈特还认为，美国虽然不是欧洲传统意义上的帝国，但美国其实从建国开始就具有帝国的基因，它体现在其宪法中。“许多原因组成美国的特殊地位，其中一部分原因是美国在对抗苏联及以后的新世界秩序中持续发挥的核心作用。然而，从立宪史的角度上看，美国能获取特殊地位，更重要的一个原因是其宪法自身的帝国倾向。恰如杰斐逊总统所说，美国的宪法最适合于一个大帝国。我们要再一次强调，这一部宪法是帝国式的，而非帝国主义式的。说它是帝国式的，因为美国宪法的构造模式能够重新表达开放空间，能够在一片无边无垠的领域内不断重造网络中多种多样的独特关系。”[②]

西方的左派一般坚决反对美国的帝国主义行径，也竭力抵抗美国成为新的世界帝国。与此不同，右派则常常欢迎美国成为世界的新帝国，希望人类在全球化时代有一种类似当年那样的“罗马治下的和平”，而美国就是今日世界的罗马。“没有比美国更强大的国家，因此世界需要类似帝国的权力结构，实现‘美国治下的和平’（Pax Americana），以促进民主和人权。”[③]约翰·达尔文说，第二次世界大战后的美国已经具备了所有帝国的本质要素，它是只缺帝国之名的帝国。“这个庞大帝国规模空前，在此之前，没有哪个世界性强权在欧亚世界

---

①［意］安东尼奥·内格里：《超越帝国》，李琨等译，北京大学出版社，2016年，第13页。

②［美］麦克尔·哈特、［意］安东尼奥·奈格里：《帝国——全球化的政治秩序》，杨建国等译，江苏人民出版社，2003年，第181页。

③［丹］彼得·F.邦：《解剖与概念，理论与综合》（Anatomy and Concept， Theory and Synthesis），［丹］彼得·F.邦等编：《牛津世界帝国史》第一卷，牛津大学出版社，2021年，第5页。

两端都确立其支配地位，或有实力这么做。”[1]历史社会学家迈克·曼称美国是第二次世界大战后“唯一存在的全球帝国”，而历史学家尼尔·弗格森则认为，美国简直就是当代世界的“巨头”（colossus）[2]。著名的自由主义思想家理查德·罗蒂曾断言，“对当今形势下的世界民众而言，‘美国治下的和平’最值得期许”[3]。不仅自由主义学者抱如此态度，美国的统治者也存在着类似的愿景。“9·11”恐怖袭击事件后，美国前总统小布什曾经在《纽约时报》撰文指出：美国将以无与伦比的力量和影响，建立国际秩序和开放的环境。“今天，人类手中把握着进一步实现自由战胜所有宿敌的机遇。美国愿承担领导这项伟大使命的重任。”在哈维看来，小布什的这些言论“或许并不足以表明美国已经正式宣称自己为帝国，但却毫无疑问地表明美国希望自己成为帝国”[4]。

无论是反对美国成为新的帝国，还是支持美国成为新的帝国，无论是断定美国已经是帝国，还是希望美国将成为帝国，事实是，美国现在不是帝国，将来也不可能成为新的世界帝国。从帝国的历史经验来看，一个国家要成为帝国主要不在于统治者或民众的愿望，而在于其制度结构、扩张能力和国际环境。这后面的三个帝国要素美国目前都不具备，将来也不可能具备。

帝国拥有许多独特的制度结构，其中最核心的是金字塔式的权

---

①［英］约翰·达尔文：《帖木儿之后：1405年以来的全球帝国史》，黄中宪译，中信出版社，2021年，第464页。

②［英］安德鲁·佩雷斯顿：《美国的全球统治权》，［丹］彼得·F.邦等编：《牛津世界帝国史》第二卷，牛津大学出版社，2021年，第1218页。

③［德］赫尔弗里德·明克勒：《帝国统治的逻辑：从古罗马到美国》，程卫平译，社会科学文献出版社，2021年，第226页。

④［英］大卫·哈维：《新帝国主义》，初立忠等译，社会科学文献出版社，2009年，第4—5页。

力结构，最高统治者拥有几乎不受制约的专制权力。虽然掌握帝国绝对权力的最高统治者有不同的称谓，如君主、国王、皇帝、大汗、苏丹等，但至少在帝国的正式制度中必须有这样一个至高无上的主权者。我们在辨析帝国的概念时曾经指出，拥有这样一个专制帝王，虽然不是帝国的充分条件，却是帝国成其为帝国的必要条件。没有这样的一个主权者，即使具备了帝国的其他要素，也不能称之为帝国。英国在世界上最早推行君主立宪制的代议民主，君主的权力受到议会的限制，但至少在形式上，英王一直是帝国的最高元首，在大英帝国体系解体之前，一直维系着大英帝国的道统。美国是总统制的代议民主国家，实行立法、行政和司法三权分立，总统从法律制度上不是君主，实际上也不拥有帝国所需的绝对专制权力，这样的权力结构注定美国不可能转变成帝国。虽然有人预想可以有一种“民主帝国”，但帝国与民主在结构上互不相容，既然有了民主，也就没有了帝国。明克勒也看到了这种民主与帝国之间难以调和的矛盾：如果美国要坚持其自由民主制度，那么它就必须放弃帝国的梦想；如果美国要坚持帝国主义的政治，那么它就得放弃其宪法规定的代议民主。“民主秩序能否与权力扩张长期兼容、并行不悖，很多人对此持否定态度。一般来说在帝国秩序里，帝国中心的领导层不是专制主义的，就是威权主义的。在这种语境下，民主化意味着帝国的崩溃。”①

美国的军事、经济和科技实力无疑是当今世界最强大的，但在世界政治多极化的时代，实力再强大至多也只能是一个霸权国家，而无缘成为世界帝国。我们在前面分析过帝国时代一去不复返的一

① 参阅［德］赫尔弗里德·明克勒：《帝国统治的逻辑：从古罗马到美国》，程卫平译，社会科学文献出版社，2021年，第236—245页。

般原因，也完全适用于美国的情况。美国不仅是核大国，而且拥有众多的海外军事基地、最先进的武器装备和军事情报系统，每年的军事开支遥遥领先于世界上其他国家，美国政府公布的2022年国防预算高达7530亿美元，2023财年国防预算进一步增加到8133亿美元的历史新高。这不仅远超第二名数千亿美元，而且已超过多数中等强国的年度国内生产总值（如土耳其2021年度国内生产总值为5180亿美元）。[①]美国完全有足够的军事实力征服和占领许多国家，但军事占领和管理占领国的成本与其获得的收益相比同样是得不偿失的，长期占领一个国家不太可能是美国的理性选择。尤其是，一旦美国依靠军事力量征服并长期占领其他国家后，必然会同时遇到被占领国和美国国内民众的强烈反抗，这种双重的反抗往往足以改变美国统治当局的军事征服和占领策略。美国发动的越南战争、伊拉克战争和阿富汗战争，都遭到了国内与被占领国人民的强烈反抗，这也是迫使其最终放弃军事占领的重要原因。在这一点上，甚至连承认全球化时代是人类新的帝国时代的麦克尔·哈特和安东尼奥·奈格里也不赞同："美国不能，而且确实一个民族—国家今天不能成为帝国主义者计划的中心。帝国主义已经过去了。没有哪个国家可以以欧洲的一些国家曾经有过的方式，成为世界的领袖。"[②]

最后，国际政治的民主化已经成为时代的道义要求，任何凌驾于其他国家或民族之上的权力，既不符合国际社会的道义原则，也没有任何国际法依据。任何国家，包括美国在内，如果胆敢在军事征服某个国家后公然宣布永远占领这个国家，并正式宣布将其作为

---

① 吴敏文：《2023年美国国防预算透视》，《军事文摘》，2022年第9期。

②［美］麦克尔·哈特、［意］安东尼奥·奈格里：《帝国——全球化的政治秩序》，杨建国等译，江苏人民出版社，2003年，第3页。

自己的附属国，必将遭到全世界人民的强烈谴责。因而，纵然美国有足够的实力征服其他国家，纵然美国霸权主义的当权者拥有建立帝国的野心，也不敢公然挑战全世界而宣称美国是一个帝国体系，这个帝国体系内的其他国家是其附属国或殖民地，作为宗主国的美国与其他国家在政治上是不平等的。据说，早在1941年，《时代周刊》的创办人亨利·鲁斯（Henry Luch）就认识到了这一点：一方面，美国应当领导全世界，而且也有能力领导全世界；另一方面，不能把美国称为“美帝国”（American Empire），那样美国就会挑战整个世界和整个世纪。他建议以“美国世纪”（Amirican Century）替代“美帝国”。纽约城市大学地理学和人类学教授尼尔·史密斯（Neil Smith）在其评述美国著名地理学家、被誉为“联合国设计师”（architect of the United Nations）的艾萨亚·鲍曼（Isaiah Bowman，1878—1950）的《美帝国》一书中，进一步阐述了用“美国世纪”替代“美帝国”的理由：“美帝国”是一个地理语言，而“美国世纪”则是一种必然命运。后者意味着美国的全球主导地位不是通过政治和经济权力而取得的，而是历史发展的必然结果，是欧洲文明达到顶峰的标志。“美国世纪超越了帝国，又远离了各种非难”①。

美国不是本书所论述的帝国，但却是一个典型的帝国主义国家和霸权国家。美国具备了经典帝国主义和当代新帝国主义所有的重要特征：扩张性、军事性、支配性、垄断性和侵略性。美国具有强大的军事力量和强烈的扩张欲望，不断发动旨在征服他国的对外战争；美国拥有世界上数量最多、规模最大、技术最先进的超级跨国

①［美］尼尔·史密斯：《美帝国：罗斯福的地理学家和全球化的序曲》（*American Empire: Roosevelt's Geographer and the Prelude to Globalization*），加州大学出版社（University of California Press），2003年，第20页。

公司，它们在很大程度上垄断着世界的高科技企业；美国通过华尔街的证券、投资和金融公司，左右着世界的经济进程；美国还通过许多重要的国际组织和区域组织，如国际货币基金组织、世界银行等，深刻地影响着广大发展中国家的政治和经济生活。冷战结束后随着苏联的解体，美国也成为世界上唯一的超级霸权国家。大卫·哈维说：在资本主义条件下，维持世界性的霸权地位需要三根支柱：金钱、生产力和军事力量。第二次世界大战后，特别是冷战结束后，美国在这三个方面都独霸天下，居于绝对的领先地位。“第二次世界大战后，美国成为迄今为止最为强大的国家，它控制了整个世界的科技和生产，美元（在世界上绝大多数黄金供应的支持下）取得了国际货币体系的支配地位，其军事力量远远超过世界上任何一个国家。”[1]除了这些传统的霸权要素之外，美国还牢牢控制着信息化和网络化时代最重要的两大权力工具：（1）互联网的根服务器和IP地址的分配权，全球总共13个根服务器有10个在美国，其中包括1个总根服务器和9个辅根服务器；分配全球互联网赖以运行的IP地址（Internet Protocol Address）的专业组织ICANN（Internet Corporation for Assigned Names and Numbers）虽然没有被美国政府列为联邦机构，但这家权力巨大的民间组织的总部也设在美国。（2）国际资金清算系统（SWIFT）的主导权，SWIFT系统为全球206个国家的8000多家主要银行提供标准化和自动化的便捷结算业务，离开SWIFT系统就等于被排除在全球金融系统之外。SWIFT系统由环球同业银行金融电讯协会（Society for Worldwide Interbank Financial Telecommunications）管理，美国作为主要发起者拥有决定性的主导

---

① [美] 大卫·哈维：《新帝国主义》，初立忠等译，社会科学文献出版社，2009年，第42页。

权。这次俄乌冲突中，美国及其西方盟友制裁俄罗斯的最重大举措，就是将俄罗斯踢出SWIFT系统。

说美国是典型的新帝国主义国家和霸权国家，不等于说除了美国外世界上不存在其他的帝国主义国家和霸权国家，当今世界存在着各种形式的帝国主义和各个层面的霸权国家。在全球化、信息化和网络化时代，尽管我们认为作为一种国家间权力体系的帝国已经退出了人类的历史舞台，尽管对于所有进步的人们来说帝国主义和霸权主义仍然是一个贬义称号，但世界上仍然有不少强权国家的统治者做着帝国和霸主的“美梦”。只要一个国家凭借自己的军事力量、经济力量和科技力量，试图去征服和支配其他主权国家，或者去干预和左右其他主权国家的政治经济进程和国内事务，那么，无论它讲得多么动听，也无论它伪装成什么样子，其行径只能是帝国主义的扩张行为和霸权行为。这也是为什么国际社会舆论普遍谴责俄罗斯对乌克兰采取特别军事行动的根本原因，因为无论是按照列宁关于帝国主义的经典理论，还是按照当代的“新帝国主义”理论，只要一个国家出兵征服另一个独立的主权国家，那就是一种典型的帝国主义和霸权主义行为。帝国主义者和霸权主义者，是一切进步人类的敌人，更是马克思主义者和社会主义者的敌人。对于世界上一切进步人士，特别是真正的马克思主义者和社会主义者来说，坚定不移地反对一切形式的帝国主义和霸权主义行为，仍是一项艰巨的任务。

从最好的愿望来看，一些人追求帝国，一些人怀念帝国，一些人虽讨厌帝国却又离不开帝国，这些不同帝国观的背后，存在的共同点是，认为帝国能够给人们带来秩序与和平。和平是人类永恒的价值，只有和平才能为人类的安全、繁荣和幸福生活提供安全环境的保障。为了实现和平，人类作出过许多探索与努力，帝国体系也被许多人当作是人类实现和平的权力结构。“和平，一次又一次被人拿来作为帝国秩序存在正当性的理由：小空间秩序体系常常为你进我退的边界问题大打出手，争斗不休。只有那些由中心统治的大空间政治秩序才能摆脱这种宿命。”[①]客观地说，一些伟大的帝国，如罗马帝国、奥斯曼帝国和大英帝国等，确实给其统治的地区带来过长久的和平。但是，帝国的建立、拓展和维护，都离不开战争。帝国主义意味着战争，这是一条基本的历史经验。因此，第二次世界大战后，帝国间的全球秩序不可逆转地被主权国家间的全球秩序所取代。这一取代是历史性的进步，因为帝国体系崩溃后人类虽然没有消灭战争，但至今没有发生过世界规模的大战。全球化时代为民族国家体系带来了新的挑战，特别是全球安全秩序的挑战。历史演进的逻辑和帝国统治的逻辑都告诉我们，返回帝国体系不可能是解决全球化时代人类安全挑战的正确途径。正确的途径应当是，顺应全球化进程的内在逻辑，积极探索建立在人类命运共同体和全球治理基础上的全球秩序体系。

三、“中华帝国”的几个问题

前面说过，作为一些西方学者努力克服欧洲中心主义学术尝试的结果，在西方学界新近关于帝国的研究中，所谓的“中华帝国”（Chinese Empire）成为一个引人注目的内容。受此影响，国内学界特别是历史学界也开始关注“中华帝国”的问题。但国内外学者关于“中华帝国”的讨论还显得十分零乱，特别是对一些基本概念还缺乏清晰的理解，经常可以看到不同学者说的“中华帝国”其实不是同一概念，甚至同一学者在论述“中华帝国”时也充满着自相矛盾。

---

①［德］赫尔弗里德·明克勒：《帝国统治的逻辑：从古罗马到美国》，程卫平译，社会科学文献出版社，2021年，第118页。

一些人认为中国的“天下”概念包含并超越了“帝国”概念，一些人则主张用中国的“王朝”取代“帝国”；不少人想当然地认为皇帝是从秦始皇开始称呼的，因此秦朝以后才有“中华帝国”；另一些人则认为商朝就已经是一个古代帝国。“天下”与“帝国”有何区别？究竟什么是“中华帝国”？如何理解“中华帝国”的历史命运？这些问题的回答不仅有益于推动中国学术的进步，或许对廓清中国人的政治想象也不无益处，故在此略做评析。

中文语境中的“帝国”概念，是晚近才出现的。但这个概念在中文语境中出现后，不仅用来指其他帝国，也用来描述中国自己的国家政权体系，即所谓的“中华帝国”。从已有的文献看，对“中华帝国”概念的运用，以历史学界为主，主要有三种不同的理解。

一种是指公元前221年秦始皇一统天下后的历代中国王朝，所谓“秦帝国”“汉帝国”“唐帝国”，直至“明帝国”“清帝国”，在海外文献中，一般笼统地称为“Chinese Empire”（中华帝国）。这种观点在中国历史学界是流行的主流观点，他们把“帝制国家”与“帝国”两个概念基本等同了起来，认为秦朝统一了中国，并开始实行帝制，因而秦朝便是“中华帝国”的开始。易中天在其“帝国与共和”三部曲中将其中的两部命名为《帝国的惆怅》和《帝国的终结》，大体也是这个意思。因为他说：“中华文明三千多年，从秦灭六国到辛亥革命，帝国时代就占了三分之二。”[①]秦王朝是“帝国制度的缔造者”。秦灭六国后，“‘一个国家，一个主权，一个政府，一个领袖’。国家的象征不再是诸侯而是皇帝，国家的实体也不再是诸侯的封国，而是由皇帝统一起来的天下。这样一种制度，当然不好再叫‘邦国

① 易中天：《帝国的惆怅：中国传统社会的政治与人性》，浙江文艺出版社，2014年，第311页。

制'，只能叫做'帝国制'"[①]。海外学者也多半持这种观点。例如，勃里恩在其《帝国的衰亡》中把"秦汉帝国"列入其古代世界的16个典型帝国之中。他在该书中说："到了公元前3世纪末，中华大地终于出现了一个统一各国的王朝。能够统一如此广袤的疆域和如此众多的民族的，当然不是一般的国家。中国的第一个帝国，从任何角度看，都非比寻常。这个帝国就是秦朝所建立、汉朝所延续的秦汉帝国，这个帝国的伟大，只有同时代的西方强国罗马可比。"[②]格尼费和伦茨在其《帝国的终结》中也把公元前221年秦以后的几大王朝统称为"中华帝国"，其中包括9个具体的帝国王朝。[③]认为中国从秦之后进入帝国时代，这种观点也是中国史学界的主流。一位研究中国早期国家史的专家就认为，中国在先秦时期先后经历了邦国、王国和帝国三种不同的国家政权体系。"王权王国之后是帝制帝国，中国古代帝国阶段始于战国之后的秦王朝。帝国时期的政体实行的是专制主义的中央集权"[④]。

第二种观点则完全否定"中华帝国"的概念。这种观点认为，中国历史上只存在历代王朝，而没有"中华帝国"的形态。"帝国"不仅是西方的概念，也是西方的国家形态，中国的"天下"体系和"秦帝国"，都不是严格意义上的"帝国"。最近一位国际政治的研究者明确说："称传统中国为'中华帝国'是对中国王朝的误读，无论

---

① 易中天：《帝国的终结：中国古代政治制度批判》，浙江文艺出版社，2014年，第2、240页。

② 参阅［美］科马克·奥·勃里恩：《帝国的衰亡：十六个古代帝国的崛起、称霸和沉没》，邵志军译，现代出版社，2015年，第208页等。

③［法］帕特里斯·格尼费、［法］蒂埃里·伦茨主编：《帝国的终结》，邓颖平等译，海天出版社，2018年，第245—255页。

④ 王震中：《邦国、王国与帝国：先秦国家形态的演进》，《河南大学学报（哲学社会科学版）》，2003年，第7期。

是英文的‘empire’还是古汉语的‘帝国’，用来称呼中国王朝都是误称（misnomer）。比如，由于清朝多民族共建的特殊性和庞大的地域特征，新清史学者将清朝与英帝国进行对比研究，把欧洲帝国的历史理论用于解读清朝的性质，认为清朝的帝国构建具有亚洲内陆帝国特色，清帝国和英帝国‘各怀有天下情结’，都在各自建立其‘主权想象’。或者认为清王朝具有‘殖民主义’特征而认为清朝中国是帝国。”[①]

第三种观点认为，中国从西周后就进入了帝国时代，这种观点比较少见。菲利普·费尔南德兹-阿迈斯托在《世界：一部历史》中把西周视为帝国体系，认为秦统一中国实际上是“解散了帝国”[②]。国内学者赵汀阳一方面不无自豪地说，与西方语境中的“帝国”（empire）概念不同，“天下”这一中国传统概念表达的与其说是帝国的概念，还不如说是关于帝国的理念。概念和理念虽然大体一致，但有一个重要的区别：理念不仅表达了某种东西所以是这种东西的性质，而且表达了这种东西所可能达到的最好状态。“天下”所要表达的，正是关于帝国的一种理想或者说完美状态。换言之，中国古代的“天下”观念超越西方的“帝国”观念，是一种“完美的帝国理想”。另一方面，他又承认中国历史上现实存在的却是“不完美的帝国实践”。他认为，尽管事实上的中国古代帝国的确与天下/帝国理想有相当的距离，以至于在许多方面只不过是个寻常模式的帝国，但古代“中华帝国”一直试图按照天下/帝国的文化标准去行事。他说，“中国古代帝国连续3000年保持着优势的帝国文化”。这也就是

---

① 参阅李扬帆：《“中华帝国”的概念及其世界秩序：被误读的天下秩序》，《国际政治研究》，2015年第5期。

② 参阅［美］菲利普·费尔南德兹-阿迈斯托：《世界：一部历史》（上），叶建军等译，北京大学出版社，2010年，第162、248页。

说，在赵汀阳看来，中国这种“不完美的帝国实践”，已经有3000多年的历史。[①]按此推算，他似乎也把周朝视为帝国体制。

若按照本文的帝国观念来仔细辨析上述三种对“中华帝国”的不同观点，则几乎都难以成立。

第一种观点最为流行，多数国外学者和国内学者都持这一看法。按照这种观点，秦以后的中国便进入了帝国时代，直到清王朝的覆灭。若从公元前221年秦朝建立算起，“中华帝国”在中国延续了2000多年。然而，这种流行的“中华帝国”观，恰恰与我们在本书中所界定的帝国概念不相吻合，既经不起仔细的理论辨析，也抹杀了西周至清王朝近3000年间传统中国政治制度形式的丰富多样性。帝国是一种国家权力体系，其本质属性就是强权国家在征服和占领其他国家后，在相当程度上允许保留被征服国文化的多样性和政治的差异性。没有这种语言文化的多样性和政治的差异性，它就不成其为帝国，而是合并成了一个更大的国家。在这一点上，帝国研究者简·伯班克和弗雷德里克·库珀说得对：帝国就是有差别地统治不同的人民。如果一个扩张主义的国家在其兼并的领土上消灭了差异性，它就仅仅是一个大国，而不是认可、保留，甚至维护差异性的帝国政治结构。[②]秦剪灭六国后建立了中央专制集权王朝，实行“车同轨，书同文”的大一统政策，它事实上消灭了其他国家，而帝国对其他国家的占领、征服和统治，至少在形式上还保留着附属国的文化、语言、政权和宗教的某种自主性。秦在剪除其他国家后，不允许哪怕在形式上保留原先国家的某种自主性。因此，秦建立的

---

① 参阅赵汀阳：《“天下体系”：帝国与世界制度》，《世界哲学》，2003年第5期。

②［美］简·伯班克、［美］弗雷德里克·库珀：《帝国与差异政治：扩张与整合之道》，［丹］彼得·F.邦等编：《牛津世界帝国史》第一卷，牛津大学出版社，2021年，第375页。

是强大而集权的统一国家，而不是帝国体系。

第二种观点认为“帝国”是一个西方的概念，中国历史上没有“帝国”的概念，只有“王朝”和“天下”等概念，因而“帝国”概念不适合用以分析中国历史上的国家体系。这样的理解显然过于偏狭，也背离了社会科学的一般逻辑。社会科学的基本功能，就是去发现人类文明多样性背后的普遍性，揭示人类社会发展的一般规律，并用合适的概念和范畴去概括和叙述这种普遍性和一般规律。中国进入现代社会后，既引入了自然科学，也同时引入了社会科学，社会科学的逻辑同样适用于分析中国传统的国家权力体系。“帝国”的概念确实不同于中国的“王朝”和“天下”观念，但不能以此为理由来否定“帝国”概念对中国政治分析的适用性。不同历史文化背景下的国家政权体系，必然有着明显的特色和差别，世界上不可能有完全相同的国家体系或帝国体系，但它们之间有某些共同的本质性特征，我们便可以用某个概念去分析和比较某种社会现象。帝国如此，国家、阶级、政党、城市、家庭等莫不如此。不然，帝国概念也同样不适合去分析波斯的阿契美尼德王朝、奥斯曼的苏丹王朝和蒙古的成吉思汗政权等著名的古代帝国。

第三种观点把西周以后的历代王朝，都归入“中华帝国”的范畴，也与历史的事实不符，且抹杀了中华政治文明史的丰富多样性。中华文明源远流长，至少从商周以后，就有了文字记录的历史，完整地记录了3000多年的中国政治发展史。从文献记载的中华政治文明史来看，确实也与中东、欧洲等地区一样，中国人的政治生活绝大部分时间是在帝国的框架下度过的，但在此期间也不时出现非帝国的国家权力体系。例如，至少在周王朝崩溃后的春秋战国时期，诸侯称霸，列国争雄，没有统一的国家政权体系，从而也不存在任何意义上的帝国体系。以战国时期（前475—前221）为例，大大小小曾出现过数十个国家，它们相互独立，互不隶属。经过弱肉强食的残酷兼并战争，到战国末期形成了秦国、楚国、齐国、燕国、赵国、魏国、韩国7个强国，即所谓“战国七雄”。除这7个强国外，还有越国、巴国、蜀国、宋国、中山国、鲁国等相对较大的国家，以及郑国、卫国、滕国、邹国、费国等小国。这种列国并存，实质上没有统一的中央集权王朝的政治格局，就不是政治学意义的帝国体系。又如，魏晋南北朝（220—589）间，统一的中央王朝体系再度解体，进入多国并存的局面。前期有曹魏、蜀汉及孙吴三个国家政权，史称“三国”时期；中间的西晋和东晋时期，曾出现过所谓的“五胡十六国”；后来的“南北朝”时期，南朝的国家政权与北朝的国家政权同时并立。在整个魏晋南北朝时期，中华大地也缺乏一个统一集中的中央政权，不存在所谓的“中华帝国”。

我们既不能因为中国传统语境中只有“王朝”和“天下”等观念而弃用“帝国”概念，也不能因为中国的古代国家政权形式有自己的特色而拒绝运用帝国的理论分析框架。按照本文对帝国概念的定义以及对帝国理论的阐述，我们可以对中国历史上的帝国体系作出以下结论：从已有的文献记载和历史考证来看，公元前1046年的西周王朝就是一个古代的帝国体系。它已经具备古代帝国的一些基本特征：以周王为首的中央王朝，统辖周朝的多个诸侯国家，这些诸侯国均有自己相对独立的政权体系，是藩国的雏形。除了诸侯国之外，还有臣服于周王朝的蛮夷之邦。周王朝覆灭后，群雄争霸，列国独立，没有一个有效的中央王朝，帝国体系也随之瓦解。秦朝剪灭六国后建立的是一个高度同构化的专制国家体制，而不是一个帝国的秩序体系，因此，秦王朝并不是本文意义上的帝国。西汉王朝以后，除了继承秦朝的中央专制集权制度外，在拓展边疆的过程中开始建立“藩国”体系和“朝贡”体系，从而在中华大地再次构建了一个帝国的秩序体系。因此，汉、唐、宋、元、明、清等历代主要王朝，都可纳入“中华帝国”的范畴。

综上所述，帝国既是人类政治生活的重要形式，也是政治学研究的基本范畴。然而，对帝国的严肃学术研究被严重忽视了，在帝国问题上存在着各种各样的误解，甚至充斥着许多常识性的错误。以误解的帝国概念去分析世界和中国的政治发展史，就势必会偏离历史的真相。作为人类历史上延续时间最长的一种特殊国家权力结构，帝国既不同于国家、民族、民族国家，也不同于王国、联邦、大国、霸权和殖民地。帝国与帝国主义有着内在的逻辑联系，但两者也不是同一个范畴。21世纪以来，帝国研究在世界范围内重新引起关注，既是对已往帝国研究不足的弥补，更是对第二次世界大战后建立在民族国家之上的全球安全体系的忧思。在全球化时代，人类需要一种全新的国际秩序结构，但不再是历史上盛极一时的帝国体系。尽管帝国主义还将存在，但帝国的时代已经一去不复返。尽管当代世界需要一种新的全球权威，但这种新的全球权威不可能是美国，也不可能是其他任何国家，美国和其他任何国家都不可能成为当代世界的新帝国。对“中华帝国”的概念，我们也同样需要进行深刻的反思。传统中国的“天下”观念，既不是中华民族“完美的帝国理想”，更不是“完美的帝国实践”，它只是中国古人对国家权力体系和国际秩序体系的一种解读，它不能取代政治学中的“帝国”概念。

第二部分

历史上的帝国

在第一部分的开头，我们就指出，迄今为止，在有文字记载的文明历史中，人类绝大部分时间的主要国家统治形式是帝国。帝国给人类文明创造了无比的辉煌，从科学技术、文学艺术、思想理论、宗教信仰，到都邑城堡、武器装备、宫殿楼台、道路桥梁、水利工程、基础设施等，帝国的年代刷新了一个又一个的纪录；帝国也给人类带来过深重的灾难，从穷兵黩武、战火纷飞、攻城略地、生灵涂炭，到专制独裁、横征暴敛、残酷压迫、种族歧视，帝国的罪恶罄竹难书。无论是辉煌还是灾难，帝国都是人类记忆中不可磨灭的历史。正如勃里恩所说：一方面，帝国控制并支配着巨大的资源和人力，在艺术、工程、科技、法律方面都留下了大量遗产，这些遗产便是帝国强盛国力和高度中央集权的明证。另一方面，帝国统治者也在人类历史上留下了无数残忍、贪婪和专横的苦难事例。例如，“罗马将在军事行动中俘获的大量人口当作奴隶役使，并以血腥的角斗表演来纵情狂欢，但是罗马也建造了堪称奇迹的建筑物，并为今日的政治、法律制度奠定了基础。权力可以体现为众多的事物，从金字塔的奇观到披枷戴锁被关在畜栏内的妇孺，莫不是帝国兴衰的原因所在”[①]。

不仅如此，当今的民族国家大都脱胎于历史上的帝国，这些民族国家在追溯自己的历史时，总能在某个时候与帝国相遇。反过来

---

①［美］科马克·奥·勃里恩：《帝国的衰亡：十六个古代帝国的崛起、称霸和沉没》，邵志军译，现代出版社，2015年，第1—2页。

说，历史上的帝国虽然一个个相继解体或崩溃了，但这些帝国遗民的后代仍然分布在当今世界的各民族国家之中，帝国的历史传统和政治遗产深刻地塑造了现代世界的政治格局。在漫长的人类政治发展过程中，世界各地曾经出现过成百上千个大大小小的帝国，不过作为地区和世界超级霸权的帝国并不很多。库马尔在《千年帝国史》中列举的重要帝国不到20个。他指出："从阿卡德人的领袖萨尔贡大帝征服苏美尔城市国家开始（公元前3000年），作为文明之源的中东就成为一系列帝国的舞台——阿卡德帝国、巴比伦帝国、亚述帝国、波斯帝国、希腊–罗马帝国、阿拉伯帝国和奥斯曼帝国。也是在这里，埃及作为文明和文化的火种存在了3000年之久，强大而又富有创造力的埃及帝国也被许多人认为是人类文明的起源。同一时期，在远东，中国和印度也出现了各种帝国，此外还有位于美洲的阿兹特克帝国和印加帝国。之后欧洲帝国开始崛起：神圣罗马帝国、西班牙帝国、葡萄牙帝国、荷兰帝国、滇西帝国、比利时帝国、大英帝国、奥地利帝国、德意志帝国和俄罗斯帝国。"[①]在这里，我们仅选择其中影响深远并最具代表性的亚述、波斯、亚历山大、罗马、蒙古、奥斯曼、西班牙、葡萄牙、大不列颠等8个帝国加以简要介绍[②]。

① [美] 克里尚·库马尔：《千年帝国史》，石炜译，中信出版社，2019年，第8页。

② 在关于世界历史上重要帝国的介绍中，西方学者的著作大多数都把秦至清的历代中国王朝统称为"中华帝国"（Chinese Empire）。考虑到本文的主要对象是国内读者，加上对西方学者的"中华帝国"概念笔者有不同的看法，故在此未将"中华帝国"列入其内。

第一章
亚述帝国

亚述帝国（Assyria Empire，约前1300—前612）的本土位于今伊拉克境内的幼发拉底河和底格里斯河两河流域的美索不达米亚北部，是两河流域古文明时期活动时间最长久和影响最深远的早期国家。古亚述的主体民族是两河流域的闪族人，主要语言为阿拉米语和阿卡德语。“公元前3000年左右就已在美索不达米亚最北部的底格里斯河畔定居下来，在此建立了一个以亚述城为中心的小国。”①公元前2000年代初的古亚述，已经以其对外殖民贸易而闻名，成为两河流域商业和贸易最为发达的城邦。“在公元前19—前14世纪中，亚述先后受到埃什嫩那、马瑞、古巴比伦和米坦尼的统治。公元前14世纪，亚述在阿淑尔乌巴里特一世（Aššur-uballi，公元前1363—前1328年）统治时期，借米坦尼衰落之机独立。”②

根据古亚述帝国研究专家的判断，“至少在公元前1350年，亚述就已经是一个由单一王朝统治的帝国，并把阿淑尔（Aššur，又译

① [美] 菲利普·李·拉尔夫等：《世界文明史》（上卷），赵丰等译，商务印书馆，2006年，第66页。

② 参阅曲天夫：《略论亚述帝国军制》，《东北师大学报（哲学社会科学版）》，2009年第5期。

‘阿苏尔’‘亚述’等）城作为帝国的宗教和意识形态中心”。前1360—前1080年，通常被认为是亚述帝国的早期阶段，也称“中亚述时期”（the Middle-Assyrian period）。这个时期，亚述帝国的版图扩展到了伊拉克北部和叙利亚。在阿淑尔乌巴里特一世时，亚述帝国运用军事征服和外交斡旋手段，经历了第一个扩张时期。在此期间，帝国建立了一个基于行省和庇护国的松散统治网络。君主成了集宗教领袖、最高司法审判官和军事统帅于一身的国王。经过整整一个世纪的领土扩张，直到公元前1250年间，亚述帝国一直保持着相对稳定的领土版图。公元前12世纪，亚述丧失了大部分西部的领土。公元前9世纪初开始，在阿淑尔纳西尔帕二世（Aššur-nâṣir-apli Ⅱ，前883—前859）及其儿子沙尔马那塞尔三世（Shalmaneser Ⅲ，前859—前824）的统治下，亚述收复了失去的行省，并继续开始对外扩张。前883—前609年，传统上被视为亚述帝国的第二个扩张阶段，也称“新亚述”时期（Neo-Assyrian），其帝国的领土版图达到了最大点，包括从埃及到伊朗的整个近东地区。①

公元前8世纪末，亚述逐步强大，先后征服了小亚细亚东部、叙利亚、腓尼基、巴勒斯坦、巴比伦尼亚和埃及等地，定都于尼尼微城（Nineveh，今伊拉克摩苏尔附近）。“公元前824年—公元前671年是亚述对外大扩张的时期。这一时期共出现过19位国王，大都热衷于发动对外战争。亚述向西彻底灭掉了已经衰落的赫梯国，向东征服了以巴比伦为中心的埃兰王国，接着还进入非洲，征服了埃及第25王朝。这时的亚述成为一个地跨亚洲、非洲，人口近700万的庞大

---

①［美］G.巴伽莫维克（Gojko Barjamovic）：《西亚帝国和亚述的世界性帝国》（The Empires of Western Asia and the Assiran World Empire），［丹］彼得·F.邦等编：《牛津世界帝国史》第二卷，剑桥大学出版社，2021年，第84—86页。

帝国，估计总人口升至当时的世界第一位。”[①]在萨尔贡王朝，包括萨尔贡二世、辛那赫里布、阿萨尔哈东及阿淑尔巴尼拔四位君王，亚述帝国进入全盛时期。特别是在萨尔贡二世统治时期（前722—前705），亚述帝国达到了辉煌的顶点，成为人类历史上第一个横跨西亚北非并将两河流域南部及埃及两大文明均置于统治之下的超级帝国。

亚述帝国实行君主制，王朝是帝国权力的核心，国王则是整个帝国权力金字塔的顶尖。阿淑尔乌巴里特一世是第一位以“国王”（šarru）的名义统治美索不达米亚的亚述统治者，他集祭司、缔造者和最高审判官的职责于一身，但其帝王称号比其祭司职责更为重要。[②]国王作为帝国的元首，既是最高行政长官，更是最高军事统帅。国王之下的宦官总管与大将军、宫廷传令官（nagir ekalli）、司仪长（rab šaqê）、（宫廷）总管（masennu）、大法官（sartinnu）和相国（sukkallu）等六位朝廷重臣组成了“亚述的内阁”[③]，成为亚述帝国的权力中枢。亚述帝国发展起了一整套统治附属国和被征服地区的制度和机制，主要有以下三种方式：“第一种形式是把被征服地区作为臣属国。亚述帝国允许其保持国家的独立地位，但在政治上要服从于亚述帝国，在经济上每年向亚述帝国纳贡，统治者保持着独立的统治地位。第二种形式是傀儡国。傀儡国在政治和经济地位上都与臣属国一样，但统治者的地位发生了变化，傀儡国的统治者由亚述帝国的国王任命，以便其对亚述帝国更加忠心。人选也来自当地人，这个人通常与亚述有着很深的渊源，甚至从小就在亚述的宫

---

① 徐焰：《暴力的艺术——亚述帝国的兴亡》，《军事文摘》，2017年第10期。

②［美］G.巴伽莫维克：《西亚帝国和亚述的世界性帝国》，［丹］彼得·F.邦等编：《牛津世界帝国史》第二卷，牛津大学出版社，2021年，第85页。

③ 参阅国洪更：《亚述帝国宦官的地位与作用》，《古代文明》，2015年第9卷第2期。

廷里长大。第三种，行省制。亚述帝国把被征服地区纳入自己的行政版图，成为亚述帝国的一个行省。其统治者成为行省总督，直接听命于亚述国王”[①]。

亚述帝国的最显著特征，就是军国主义体制。不过，亚述帝国的早期其实并没有常备军，只有一支登记在册的约2000多人组成类似民兵组织的队伍，他们既可在战时招之即来组成军队，在平时则可从事生产。在帝国的晚期出现了常备军，它被称为“国王的部队”（kiṣir šarri）[②]。亚述帝国被公认是世界上最早的军事帝国，是军国主义的鼻祖。穷兵黩武，无休止的连年征战，不断进行军事扩张和民族征服，这是亚述的基本国策，也是历代亚述国王的首要任务。“民族征服政策是新亚述帝国重要的军事目的，并以此恐吓企图独立的民族，维持帝国的霸权。亚述军队兵锋所至都给被征服民族带来了无尽的苦难，上演了无数的人间悲剧。由好战精神培育出来的令人胆战心惊的军队不停地运转，帝国就如开启的战车无法停息狂奔的脚步。”[③]亚述帝国的军国主义，建立在先进而强大的军事力量之上。提格拉特帕拉萨尔三世时期（前744—前727）实行了军制改革，建立了常备军，军队直接向国王负责，由国王亲自指挥。这个起源于两河流域的军事帝国，在世界军事史上拥有许多重要的首创性贡献。亚述帝国不仅拥有多兵种协同作战的体制和技术，而且拥有当时世界上最先进的武器装备和作战体制。骑兵和战车兵是亚述的传统兵种，步兵在新亚述帝国时期也得到迅速发展。骑兵是在马匹引入美

---

① 于殿利：《古代美索不达米亚的国家治理结构》，《学术研究》，2014年第1期。

②［美］G.巴伽莫维克：《西亚帝国和亚述的世界性帝国》，［丹］彼得·F.邦等编：《牛津世界帝国史》第二卷，牛津大学出版社，2021年，第85、86、94页。

③ 霍文勇、吴宇虹：《新亚述帝国时期民族政策研究》，《中央民族大学学报（哲学社会科学版）》，2006年第2期。

索不达米亚才大规模发展起来的兵种，由于亚述临近山区，有条件得到大批的良种马和接触较高骑术的山区民族，所以有人认为：“这个起源于两河流域的军事帝国，在世界军事史上的最大贡献就是首创了骑兵。”[①]其实，亚述帝国不仅创立了强大的骑兵，也革新了战车兵和步兵。战车兵是美索不达米亚古老的兵种之一，而亚述是在公元前3000年末马匹引入美索不达米亚之后，最早使用马拉战车的民族之一。与平时运输或仪仗用车不同，亚述的战车多为两轮两马。亚述步兵分轻装步兵和重装步兵两种，轻装步兵包括弓箭兵、飞石兵、短剑兵；重装步兵主要是长矛兵。轻装步兵、重装步兵都能通过战袍、头盔和武器的式样清楚地区分开来。公元前8世纪，提格拉特帕拉萨尔三世改革以后新增加了工兵和辎重兵，这也是世界军事史上的创举。[②]

亚述的军事帝国主义和军国主义建立在赤裸裸的暴力征服之上，具有极端的残忍性和野蛮性。亚述国王的王室铭文就是：“我围困，我征服，我掠走，我烧掉，我洗劫。”屠城、杀戮、抢劫、掠夺、焚烧、奴役等血腥手段，是亚述帝国征服其他民族的主要方式。因此，亚述帝国的首都尼尼微被犹太人形容为“血腥的狮穴”。据记载，仅在亚述帝国第四任国王辛那赫里布的年代（前704—前681），亚述军队就攻占并焚烧了75座城市，将城中的人和财物洗劫一空。史载，在第四次攻占巴比伦时，辛那赫里布歇斯底里地咆哮道：“他们的居民，无论老幼，一个都不留，我要用他们的尸体填平城市的街道。”“亚述对外征服时表现得十分残酷，如公元前689年利用埃兰国（起

① 徐焰：《暴力的艺术——亚述帝国的兴亡》，《军事文摘》，2017年第10期。

② 参阅曲天夫：《略论亚述帝国军制》，《东北师大学报（哲学社会科学版）》，2009年，第5期。

源于伊朗高原）内乱攻下巴比伦时，就进行了彻底的屠城，所有神殿化作灰烬。亚述军杀死埃兰国王后，将他的头挂在了高竿上，抓到的将帅则活剥后像宰羊一样放血，或砍头分尸后剁成肉酱。据发现的古籍记载，在攻灭埃兰一役中亚述人掠到7200匹马、11.1万头驴子、8万头牛、80万头羊以及20.8万俘虏。这些俘虏被带回了亚述首都尼尼微后，作为奴隶投入建造运河、灌溉田地的苦役。”[①]

把帝国发展的动力建立在暴力的征服和奴役之上，注定了亚述帝国的不可持续，也必定会激起被征服民族的激烈反抗。“亚述人在军事征伐中采取残暴政策主要是为了造成一种震慑效果，令其敌人因恐惧而卑躬屈膝。这一目的无疑达到了，但亚述人因此也成为迄至那时各西亚征服者中最遭人恨的民族。由于被征服民族对亚述人的憎恨往往胜过对亚述人的畏惧，因而在整个公元前7世纪，反抗亚述统治的起义此起彼伏，而且反抗运动的中心往往就是巴比伦地区。”[②]尽管亚述王朝对所有被统治者的反抗都给予最残酷的屠杀和镇压，但仍无法阻挡帝国内部的暴动和起义。“无论这台碾压机器有多面面俱到，无论反叛会招致何种无情屠杀、酷刑和囚禁，也无论成批迁居的规模变得多么浩大，附庸省份们总是躁动不已。它们不断地结盟，联合阵线越来越广泛，越来越孤注一掷地企图打破重轭。在表面上属于亚述辖制的土地上，它们秘密谋划，交换机密信息，找借口相互派遣使者，等待时机推翻亚述的统治。”[③]公元前626年，亚述派去驻守巴比伦的迦勒底贵族那波帕拉沙尔自立为王，建立新

---

① 参阅徐焰：《暴力的艺术——亚述帝国的兴亡》，《军事文摘》，2017年第10期。

②［美］菲利普·李·拉尔夫等：《世界文明史》（上卷），赵丰等译，商务印书馆，2006年，第71页。

③［俄］泽内达·A.拉戈津：《亚述：从帝国的崛起到尼尼微的沦陷》，吴晓真译，商务印书馆，2020年，第152页。

巴比伦王国，并与伊朗高原西北、同受亚述统治的米底人结成同盟，于公元前612年攻陷亚述首都尼尼微。不可一世的亚述帝国宣告覆亡。公元前605年，最后一支亚述军队被巴比伦军队打败。从此以后，亚述作为一个国家不复存在。[①]

无比血腥残暴的统治手段和强大有效的军国主义体制，既是亚述帝国存续的不二法门，也是其留给后人的主要遗产。当血腥残暴的亚述帝国覆灭后，长期受其凌虐的被征服国人民表达了无比喜悦的心情。据说，所有的人无不为亚述的灭亡而拍手称快，这些事迹都被《旧约·那鸿书》如实地记录了下来："祸哉！这流人血的城。……鞭声响亮，车轮滚滚，马匹踢跳，车辆奔腾，马兵争先，刀剑发光，枪矛闪烁，被杀的甚多，尸首成了大堆，尸骸无数，人碰着而跌倒。……尼尼微荒凉了，有谁为你悲伤呢？"[②]一些专家在分析亚述帝国成功的原因时说，举国的军事体制、残酷的血腥镇压和行省的总督体制，是其获胜的主要"法宝"，而这些也成为留给后来帝国的重要遗产。亚述"为日后的追随者确立了帝国的范式。虽然此后的帝国从来没有认同亚述热衷宣扬自己残忍成性的宣传做法，它们却都一致地采用了亚述的方法策略来建立自己的大帝国"[③]。

受其奴役的近东各民族为亚述帝国的覆灭而欢欣鼓舞，说明即使在远古时代，血腥残暴的统治也为人类所不齿，暴力杀戮从来不代表人类文明进步的方向。然而从另一方面来看，人类在文明的漫长演进过程中始终伴随着暴力和杀戮，这些血腥的暴力也常常会产生某些积极的进步作用。特别是在人类的早期，这种积极作用会更

---

① 参阅戴可来、楚汉编著：《亚述帝国》，商务印书馆，1987年，第49—58页。

②《新旧约全书》，中国基督教协会印发，1989年，第851页。

③［美］科马克·奥·勃里恩：《帝国的衰亡：十六个古代帝国的崛起、称霸和沉没》，邵志军译，现代出版社，2015年，第67页。

加明显，这一点在亚述帝国身上就得到了明显的体现。亚述统治者是文学艺术的热心倡导者，为近东地区文化的发展作出了重要贡献；亚述君王热衷于豪华的宫殿和城市建筑，客观上促进了城市建筑技术的进步；亚述的专制集权和军国主义制度，也对近东地区的长久和平起到了一定的积极作用。正如理查德·苏里文等人所说："亚述人的恶名并不能埋没他们对历史的贡献。他们要建立中央集权君主政体的意图得到其他人的仿效。亚述人消除了许多使一些小群体处于危险境地的人为的政治疆界。简单地说，他们至少给近东带来了虽然是难以承受的、但却是有益的和平，使近东将近300年免受蛮族的侵扰；如果蛮族不被击退，近东文明可能遭到毁灭。尽管亚述人在统治时期，为他们的家乡汇聚了巨大财富而不顾其臣民，但亚述人打破了商品流通的障碍，促进了贸易，鼓励在整个帝国内推广一种共同的语言，阿拉美亚语，这大大促进了商品和思想的交流以及技术技能的普及。"[①]

---

①［美］理查德·E.苏里文等著：《西方文明史》，赵宇烽等译，海南出版社，2009年，第41—42页。

第二章
波斯帝国

波斯帝国（Persian Empire，前550—前330）又称阿契美尼德王朝（The Achaemenes），主要语言是古波斯语，波斯帝国的首都最初在帕萨尔加德，后增设埃克巴坦那、苏萨和巴比伦，公元前522年，大流士一世执政后，新建波斯波利斯为首都。波斯帝国的本土位于今伊朗高原的西南部，自从公元前600年开始，希腊人把这一地区叫做“波斯”。在公元前3000年左右，当地居民埃兰人就在今伊朗的胡泽斯坦地区建立了国家。公元前8世纪，当地的雅利安人建立了米底王国。公元前7世纪，波斯人被亚述帝国统治。公元前7世纪末，米底王国、吕底亚王国、新巴比伦王国灭掉亚述帝国，瓜分了其全部领土，米底王国获得了波斯高原。公元前559年，居鲁士成为波斯人的首领，统一了波斯的10个部落。公元前550年，波斯人在居鲁士领导下推翻米底王国，正式建立波斯帝国，居鲁士二世被称为“居鲁士大帝”（Cyrus the Great）。“历史地看，阿契美尼德的波斯帝国有其新颖之处：一个没有有力的竞争对手的超级强权，规模前所未有之大的世界帝国。大流士一世和泽克西斯一世时（Darius Ⅰ and Xerxes Ⅰ，公元前5世纪初）帝国版图达到最大点，那时，阿契美尼德帝国所辖的领土从喜马拉雅山脉的西部到利比亚和苏丹，从印度河谷到多瑙河。”[①]

波斯帝国继承并发展了亚述帝国的军事技术和武器装备，建立了当时世界上最强大的军事力量，包括成百万的陆军和拥有千余只战舰的海军。根据希罗多德的记载，波斯帝国的军队来自帝国的各个区域，既有职业军人也有义务兵。帝国最精锐的部队称为“战神”（Immortals），他们是被精心挑选的专业常备军，总数始终保持在10000人，一旦有人死亡和受伤，则随时补充。这10000精兵中，又有1000人组成国王的卫队，他们是精锐中的精锐。波斯皇家军队规模庞大，“这支军队的核心是职业化的波斯人步兵——所谓的‘长生军’是其中最为著名的部队，他们和许多辅助他们的重装、轻装步兵共同构成皇家军队，并由大量的骑兵、战车和远程军队进行支持。在战斗中，这样一支军队依赖它的速度和数量取胜”[②]。凭借其强大的军队和先进的武器，波斯帝国在居鲁士大帝及其后继者冈比西斯二世和大流士一世的率领下，所向披靡地进行对外扩张和征服，公元前546年攻占小亚细亚消灭了吕底亚王国，公元前538年挥师南下灭掉了巴比伦王国，公元前525年征服埃及王国，公元前513年渡过博斯普鲁斯海峡攻占色雷斯，建立了世界历史上第一个横跨亚洲、非洲和欧洲的庞大帝国。费尔南德兹-阿迈斯托这样来描绘波斯帝国的景象：

帝国连接了两个先前为崇山峻岭所分开的地区：美索不达

---

① ［美］马修·瓦特斯（Matthew W.Waters）：《阿契美尼德波斯帝国》（The Achamenid Persian Empire），［丹］彼得·F.邦等编：《牛津世界帝国史》第二卷，牛津大学出版社，2021年，第111页。

② ［美］维克托·戴维斯·汉森：《杀戮与文化：强权兴起的决定性战役》，傅翀等译，社会科学文献出版社，2016年，第51页。

米亚和波斯。扩张最盛的时候，帝国的版图包括爱琴海沿岸的希腊城市、埃及以及印度河远端塔克西拉地区的印度城市。这个规模空前的帝国依赖于远程贸易，因此在交通方面需要大量投入。时至公元前5世纪早期，帝国境内已经有近1700英里的道路遍布于苏萨与安纳托利西部的萨迪斯之间。皇家军队可以以每天19英里的速度在这些道路上行军，而“敢死队”可以和皇家信使一样快速行进。道路也是纳贡的渠道。帝都波斯波利斯位于伊朗腹地。建于大约公元前6世纪末。该城的浮雕表明，象牙、黄金及异国的珍奇动物都被送抵波斯“大王”的皇宫。①

至大流士一世（Darius I，前521—前486年在位）时，波斯帝国的辉煌达到了极点，以至于大流士大帝在石壁铭文上刻下了如此目空一切的文字：“我，大流士，乃波斯之王，诸省之王，伟大的王，万邦之王，万国之王。”波斯帝国也确实是当时世界上幅员最辽阔、军事实力最强大的国家。公元前480年的鼎盛时期，帝国人口达到2000万之众，帝国面积达到700万平方千米。维克托·汉森的估计则更高，他说：“在萨拉米海战年代，波斯帝国是个庞然大物——100万平方英里的疆域，将近7000万人口——在当时文明世界中乃是排名第一的统一霸权国家。相形之下，欧洲大陆上的希腊人不足200万，而其居住地区也只有大约5万平方英里而已。”②波斯帝国征服并统治的领土范围之广，东到印度河流域和帕米尔高原，西到色雷斯半岛和小亚细亚，南达印度洋和埃及，北及里海、黑海和高加索山

①［美］菲利普·费尔南德兹–阿迈斯托：《世界：一部历史》（上），叶建军等译，北京大学出版社，2010年，第232页。

②［美］维克托·戴维斯·汉森：《杀戮与文化：强权兴起的决定性战役》，傅翀等译，社会科学文献出版社，2016年，第47页。

脉，“几乎囊括了两河流域、印度河流域、尼罗河流域三大古文明中心”[①]。有的历史学家甚至认为，波斯帝国的版图在古代帝国中最为广大，甚至超过了罗马帝国；管理如此庞大的帝国版图，堪称是帝国史的“里程碑”：从版图大小来说，阿契美尼德王朝的波斯帝国是古代最大的帝国，甚至比此后很久才有的罗马帝国还要大。作为军事和管理天才的体现，该帝国中央集权的程度与其臃肿的体量极不相称，堪称是近东帝国史上的里程碑。波斯帝国的疆域是如此之辽阔，以至其敌人都想象不出到底有多少人民臣服于波斯大王并向他进贡。[②]

正如其他帝国一样，波斯帝国也采用君主专制，国王拥有神圣的和不可挑战的权威，行使帝国的最高统治。为了突出波斯国王至高无上的神圣权威和与众不同的高大形象，他被描绘成“王中之王”（The king of kings），是人世间的“太阳”，所有其他的君王都要围着他旋转。在后来的希腊雕塑艺术形象中，波斯国王的王冠显得十分特殊，他的塑像也比其他人更高大，甚至他的胡须也比其他人更长而茂密。[③]但是，波斯帝国的君主政治前后有过很大的变革，在居鲁士时代和大流士时代有明显的不同。居鲁士大帝继承了米底王国一些开明的政治传统，例如，对职业化的行政官僚机构的尊重、重大决策与大臣商议的“集体决定”做法、实行一定程度的民族自治和对其他宗教的宽容，甚至还宣布“奴隶制非法”。因而，有些学者甚

---

① 于卫青：《波斯帝国》，中国国际广播出版社，2014年，第2页。关于波斯帝国的详细历史，可参阅［美］A.T.奥姆斯特德：《波斯帝国史》，李铁匠、顾国梅译，上海三联书店，2010年。

②［美］科马克·奥·勃里恩：《帝国的衰亡：十六个古代帝国的崛起、称霸和沉没》，邵志军译，现代出版社，2015年，第99页。

③ 参阅［美］马修·瓦特斯：《阿契美尼德波斯帝国》，［丹］彼得·F.邦等编：《牛津世界帝国史》第二卷，牛津大学出版社，2021年，第120页。

至不适当地认为居鲁士时代的君主政治带有“民主政治”的色彩：“居鲁士建立的君主制，实际上是一种基于不同宗教、社团、种族和肤色的民主政治。”[①]大流士一世成为国王后对波斯帝国的政治体制进行了重大的改革，大大加强了中央集权，特别是国王的权力，完成了从开明君主制向绝对君主制的转变。最终实现了他在著名的《贝希斯敦铭文》所描述的所有征服之地无条件听命于他的绝对专制状态：“靠阿胡拉马兹达之佑，他们成了我的臣民。他们向我交纳贡赋。凡我给他们的命令，不论是白天还是黑夜，他们都遵行不误。”“对于上述地区的居民，凡忠信之士，我赐予恩典；凡不义之人，我严惩不贷。靠阿胡拉马兹达之佑，上述地区遵守我的法律。凡我给他们的一切命令，他们都遵行不误。”[②]

在政治体制上，与其他帝国政治相比，大流士一世改革的最大特点是推行了比较成熟的行省制和总督制。前522—前485年间，大流士为克服波斯帝国的危机，巩固专制王权，进行了包括调整行政区划、改革赋税制度、统一货币和度量衡、设立五大军区等在内的一系列重大的政治、经济和军事改革，史称“大流士一世改革”。大流士改革的另一个重要特点是，在强化帝国集权统一的同时，又努力保留居鲁士的宽容政策，允许波斯帝国境内其他非波斯民族继续执行原先的地方性政策，从而维持帝国的多样性。

首先是将波斯王朝统治的广阔地区，从伊奥尼亚和色雷斯半岛，到埃及、巴比伦和叙利亚，直到印度和巴基斯坦，划分20多个行省，

---

① 亓佩成：《论波斯帝国政治体制的流变》，《洛阳师范学院学报》，2015年第12期。

② 参见李铁匠选译：《古代伊朗史料选辑》，商务印书馆，1992年，第35—36页。

每个行省都配之以固定的赋税。[①]每个行省置一位总督（Satrap，中文版的希罗多德《历史》又译“太守”），掌握当地的行政、治安和经济大权，直接对国王负责。总督制在居鲁士时代就开始实行，但行省总督在大流士改革前，并非全部由波斯人担任，而在改革之后全部由波斯王室成员和波斯贵族担任。正如有学者所说，“经过大流士改造的波斯帝国，成了一个真正的波斯人而非代表所有被征服地区的帝国”。“大流士的帝国不仅是波斯人的帝国，且是以王室为核心的波斯人的帝国。”[②]

大流士一方面将总督权力收归波斯贵族，另一方面通过将财税权、军事权和行政权的分立，来制衡行省总督的权力。“总督、将军、司税收的大员三权分立，各自对国王负责，使他们之间相互监督和牵制，以便于国王的控制。此外，大流士还在总督身旁置秘书一人，作为中央与总督的联络员，实际上是国王的亲信，负责监视总督的一切行动。国王还经常派出钦差大臣到各地巡行，视察情况，直接向国王汇报，被希腊人称为‘王的耳朵’。如果发现哪个总督或大员不忠于国王，钦差大臣就会采取严厉的惩罚，甚至把他的皮剥下来，铺在总督的座椅上，使继任者有所忌惮，不敢再反对国王。”[③]

尽管大流士一世的改革，极大地强化了国王的专制权力和波斯

---

① 大流士一世究竟划分了多少个行省，尚有争议。据希罗多德的《历史》一书记载，大流士一世总共划分了20个行省，不包括波斯本土在内。但不少研究者认为，行省的数目在波斯帝国不同时期有所变化。参见周启迪：《试论波斯帝国的行省与总督》，《北京师范大学学报（社会科学版）》，1995年第3期。

② 晏绍祥：《米利都与波斯：专制帝国中地方共同体的地位》，《世界历史》，2015年第3期。

③ 谢玉珊、徐虎：《大流士一世改革与波斯帝国的全盛》，《天中学刊》，1996年第5期。

帝国的中央集权，但另一方面，他也特别注意保留地方的自主性，允许地方有相当程度的自治权。“中央赋予总督辖地自治权，其稳定的程度同地方叛乱的威胁之间总处于此消彼长的关系中。波斯帝国依赖宗亲关系，实施人治，波斯大王同散布各地的贵族之间的关系非常重要，不亚于不断修缮御道以维持各地的便捷交通的重要性，也不亚于维持作为帝国根基的军队的重要性。中央赋予地方精英以高度的文化、政治自治权。”[①]行省制和总督制的改革和完善也适当地保留了地方的自治权力，从而使得波斯帝国的中央集权与地方自治出现了一定程度的平衡：“虽然法律上国王和总督拥有无限权力，其命运有时会被国王与总督左右，但在日常管理中，它们大体自治，由此造成了波斯帝国统治中国王的专制与地方自治合作的特征，两者的结合，是帝国得以长期维持的基本原因。”[②]

比起亚述帝国来，波斯帝国的行政官僚体制更加专业化，民族和宗教政策也更加具有包容性，尤其是行省制和总督制较好地维护了中央专制集权与地方分权自治的平衡。“但波斯帝国的行省制度毕竟是初创，还很不完善，直到波斯帝国崩溃时为止，各个地区、部落的孤立性和分离主义倾向依然存在，每个行省仍然拥有自己的一套度、量、衡制度和货币体系，在社会经济上仍可独立存在。因为波斯帝国仍是一个军事行政联合体。”[③]换言之，从本质上说，波斯帝国的强大依靠的仍然是绝对的君主专制体制和军国主义体制。高度集权的国家机器和无可匹敌的军事实力，是波斯称霸世界的根本

① [美] 科马克·奥·勃里恩：《帝国的衰亡：十六个古代帝国的崛起、称霸和沉没》，邵志军译，现代出版社，2015年，第110页。

② 晏绍祥：《波斯帝国的“专制”与“集权”》，《古代文明》，2014年第3期。

③ 周启迪：《试论波斯帝国的行省与总督》，《北京师范大学学报（社会科学版）》，1995年第3期。

保障。一旦这两根支柱发生动摇，帝国的末日也就随之来临。大流士一世不仅具有雄才大略，而且才华出众。他擅长帝国的管理，创新了为后人仿效的帝国行省体系；他甚至还是杰出的建筑设计师，自己设计建造了王室宫殿，开凿了从尼罗河至红海的运河，铺设了一条从波斯湾到爱琴海的全长1600英里的“御道”，甚至沿这条“御道”建立了世界上最高的“邮政”系统。然而，大流士一世也犯下了伟大的帝王都容易犯下的致命错误，即凭借自己的军事力量进行帝国版图的无限扩张，最终铸成了地缘政治的战略失误：企图将波斯帝国的霸权延伸至希腊的城邦国家，最终招致灭顶之灾。

公元前546年，波斯帝国消灭了吕底亚王国，统治了包括米利都在内的希腊城邦。公元前500年，米利都爆发了反抗波斯残暴统治的大规模武装起义，并获得了强大的雅典城邦的支持。公元前494年，波斯国王大流士一世亲自镇压了米利都起义。随后，大流士一世及其后继者以雅典支持米利都起义为名正式向雅典发动进攻，意图征服整个希腊城邦，希波战争（前500—前449）随之爆发。历经半个世纪的希波战争，是波斯帝国命运的决定性转折点。波斯王朝最多时曾号称集结百万大军进攻希腊城邦，但波斯帝国最终不敌希腊。公元前490年著名的马拉松战役中，不可一世的大流士军队大败于雅典人。这是大流士一世一生唯一的一次重大军事挫折，从此波斯帝国的衰落日甚一日。“希波战争历时半个世纪，貌似强大的波斯帝国被英勇捍卫自己独立的希腊城邦所击败。在战争期间，埃及、巴比伦等被征服地区爆发了大规模的反抗波斯统治的起义，进一步削弱了波斯帝国的军事力量。波斯帝国的统治，主要依靠军事力量的强大，军事优势的动摇和丧失，帝国的集权统治就难以维持了。”[1]公元前330年，马其顿在亚历山大大帝的领导下取得波斯波利斯战役的胜利，攻入波斯波利斯。阿契美尼德末代国王大流士三世被部下所杀，盛极一时的波斯帝国正式覆灭。

---

① 谢玉珊、徐虎：《大流士一世改革与波斯帝国的全盛》，《天中学刊》，1996年第5期。

第三章
亚历山大帝国

亚历山大帝国（Alexander Empire，前336—前323），又称马其顿王国（Macedonian Kingdom）或马其顿帝国（Macedonian Empire）。亚历山大帝国是历史上继波斯帝国之后第二个横跨欧、亚、非三大洲的帝国。公元前324年之前，亚历山大帝国的首都为马其顿的佩拉。公元前324年亚历山大攻占美索不达米亚后，将首都迁往巴比伦。帝国的通行语言是希腊语，在帝国的全盛时期人口达到2050万，面积超过500万平方千米。亚历山大帝国源起于希腊东北部边缘的马其顿王国，帝国的存续与亚历山大个人的命运几乎完全关联，因而是世界帝国史上绝无仅有的后人以统治者命名的帝国。

马其顿王国（前808—前168）原是希腊不起眼的一个城邦小国，在腓力二世（Philip Ⅱ of Macedon，前359—前336）国王统治时期，国力开始变得强大，尤其是军事实力迅速崛起，成为希腊城邦国家中的霸主。在腓力二世之前，希腊军队均由自愿入伍者与应征入伍者组成，他们在农忙季节通常要回家务农，只有农闲时节才能训练作战，由于军训时间不足和专业化程度不高，希腊军队的战斗力不强。腓力二世对希腊的军事体制进行了重大改革，建立了一支由雇佣军和部分全职士兵组成的职业军队。[①]此外，腓力还创立了在世界军事史上有重要地位的著名的“马其顿方阵”、重装骑兵和马其顿海军。军人职业化极大地提高了马其顿军队的战斗力，加上兵种的合理化调整和军事指挥技术的重大改进，马其顿军队成为所向披靡的雄狮。“腓力的军队是实现他帝国梦想的最有力工具，他狂热地为了开拓疆土而奋斗，开疆拓土对他而言本身就是一种意义，在使用士兵方面，他精明无比，甚至过了头。他各种手段无所不用其极，如外交、贿赂、恐吓和联姻（他妻妾成群，这些妻妾有助于他同马其顿的附庸国保持和平），这些手段在腓力把位于地中海边缘的马其顿这样一个地处偏远的王国变成古代最强大的帝国的过程中起了重要作用。”[②]

正是这支使敌人闻风丧胆的马其顿军队，后来追随亚历山大南征北战，驰骋万里疆场。腓力二世建立了一支训练有素的常备军，使军队成为全职职业，成为很多马其顿男人的生活方式。腓力二世凭借其强大的军事实力和出色的指挥才能，于公元前338年征服雅典等希腊城邦，公元前337年建立“科林斯同盟”，除斯巴达之外的所有希腊城邦国家，均承认马其顿的霸权地位，腓力二世成为希腊城邦国家联盟的新霸主。“科林斯同盟”的建立，是世界历史的重大事件，它标志着伟大的希腊城邦时代的结束。据说，已届98岁高龄、原本是亲马其顿派的民意领袖、著名演说家伊索克拉底（Isocrates，前436—前338），在得知腓力二世以新霸主的身份实质性地控制希腊各城邦之后便绝食而亡，成为希腊城邦时代的最后一幕悲剧。腓力

① 参阅［美］菲利普·李·拉尔夫等：《世界文明史》（上卷），赵丰等译，商务印书馆，2006年，第279页。

②［美］科马克·奥·勃里恩：《帝国的衰亡：十六个古代帝国的崛起、称霸和沉没》，邵志军译，现代出版社，2015年，第151页。

二世之所以在群雄逐鹿的希腊霸主之争中能够胜出，这本身就说明他具有杰出的军事和政治才能。没有腓力二世统一希腊各城邦国家，就不可能有后来的马其顿帝国；没有腓力二世创建的马其顿军队，也不可能有亚历山大的赫赫战功。“在腓力二世统治的23年里，他把马其顿变成了世界强国。他发展马其顿的采矿、贸易和农业。他把贫穷落后的国家转变成为统一强大的国家。他也使希腊处于马其顿的统治之下。”[①]因此，公平地说，腓力二世在马其顿帝国的历史上也是一位值得大书特书的伟大人物。很多历史学家不无遗憾地说，因为他的儿子太伟大了，以至于腓力二世的英名被严重地遮盖了。公元前336年，在马其顿古都埃格，王室聚集此地，庆祝伊庇鲁斯的亚历山大一世和腓力二世之女克丽奥佩脱拉的婚礼，当腓力二世在没有警卫陪伴的情况下进入城内的戏院时，不幸被他的贴身侍卫所暗杀。

腓力二世在征服希腊各城邦之后，就有对波斯帝国进行军事扩张的战略计划，并于公元前336年春已派遣至少有1万人的先头部队渡过了赫勒斯滂海峡，攻入了阿契美尼德王朝所属的小亚细亚。腓力二世突然死亡后，年仅20岁的亚历山大继承王位，成为马其顿的新国王和希腊的新盟主。这位被拿破仑称为西方四大军事奇才之首的马其顿新国王，接过其父亲的强大军队和远征波斯帝国的遗志，开始了奇迹般的军事征服之旅。“在波斯这样一个拥有7000万人口的庞大帝国中，竟然没有一支本土警戒部队能够阻止西方3万精兵强将的肆意妄为，其结果便是有几十万人仅仅是因为挡在了亚历山大行

① [美] 德布拉·斯凯尔顿、[美] 帕梅拉·戴尔：《亚历山大帝国》，郭子林译，商务印书馆，2015年，第21页。

军路上就被无端杀死。”[①]公元前334年，亚历山大率马其顿军队远征波斯帝国，于公元前333年在叙利亚击败大流士三世的10万大军，占领大流士的宫殿，随之又挥师南进叙利亚、腓尼基和大马士革。公元前332年，亚历山大率军进入埃及，并建造“亚历山大城”；公元前331年在两河流域北部的高加美拉与波斯的百万大军进行战略决战，给予波斯军队以毁灭性的打击。公元前330年，占领波斯帝国都城苏萨、巴比伦和波斯波利斯，导致波斯帝国彻底覆灭。消灭波斯帝国之后，亚历山大仍继续征战，企图征服整个世界。他于公元前327年率部队进入印度，并在印度西北部建立了两座亚历山大城。至此，亚历山大帝国的版图达到极点，成为继波斯帝国之后世界历史上第二个横跨欧洲、亚洲和非洲的帝国，也是当时世界上版图最大的帝国。帝国的版图包括今天的希腊、马其顿、阿尔巴尼亚、保加利亚、罗马尼亚、土耳其、叙利亚、黎巴嫩、以色列、埃及、伊拉克、科威特、伊朗、阿富汗、巴基斯坦、土库曼斯坦、乌兹别克斯坦、塔吉克斯坦的全部或部分领土。“这个帝国几乎囊括了当时人类的主要文明——波斯文明、埃及文明、犹太文明，甚至印度文明。”[②]

亚历山大帝国的建立主要得益于马其顿王国在腓力二世时期开始形成的强大的军事力量。在统治被征服地区的过程中，亚历山大也学习和借鉴了波斯帝国的许多制度，但这些都不是亚历山大帝国的真正特色。马其顿帝国最鲜明的特色，在于将帝国的扩张过程与希腊化过程有机地结合起来，形成了一种别具特色的殖民化统治制

---

①［美］维克托·戴维斯·汉森：《杀戮与文化：强权兴起的决定性战役》，傅翀等译，社会科学文献出版社，2016年，第132页。

② 参阅夏遇南：《亚历山大帝国》，中国国际广播出版社，2014年，“亚历山大东征壁画”插页。

度。一些历史学家甚至认为，“亚历山大发动远征，以令人惊奇的方式横穿小亚细亚、埃及、美索不达米亚、波斯与阿富汗，直抵印度边境，是受一种急迫的使命感所驱使，即把希腊文化传播到可能还处于愚昧状态的亚洲人那里”[①]。亚历山大这种在其征服的广大国家中全面推行希腊化改造的殖民统治模式，开启了一个所谓的“希腊化时代”（The Hellenistic Age，前323—前31）。亚历山大的这种帝国统治客观上导致了两个方面的重要后果，它们都对西方文明史产生了深远的影响。一个方面是消极的，另一个方面是积极的。其消极后果就是，“亚历山大最终摧毁了希腊人的自由与政治自治的理念”，将希腊的军事文化传播到了爱琴海之外的广大地区，成了政治压迫和经济不平等的根源。其积极后果就是，“将文学和艺术推向了一个全新的巅峰”。“亚历山大用独裁君主的统治方式取代了希腊式的自由城邦政治——但仍保留了西方传统中理性至上的思想和冷静审视的态度，由此孕育出伟大的城市、瑰丽的艺术，以及精耕细作的农业手段与精明睿智的商业理念。”[②]

马其顿原是希腊一个边缘化的城邦国家，并不被希腊本土公民所认可，甚至被视为落后不文明的蛮夷。但是，马其顿有一种根深蒂固的希腊文化认同[③]，特别是亚历山大本人深受其导师亚里士多德的深刻影响。在亚里士多德看来，希腊人和希腊文明是人类最优秀的民族和最优秀的文明，其他民族都是未开化的蛮族，传播和扩散

---

① [美] 菲利普·李·拉尔夫等：《世界文明史》（上卷），赵丰等译，商务印书馆，2006年，第280—281页。拉尔夫在后面补充说：现在人们一般认为，亚历山大无止境的军事扩张，也只是为了追逐权力和荣誉，同时加上他的极度自大。

② [美] 维克托·戴维斯·汉森：《杀戮与文化：强权兴起的决定性战役》，傅翀等译，社会科学文献出版社，2016年，第134—135页。

③ 关于马其顿人的希腊认同，参见徐晓旭：《马其顿帝国主义中的希腊认同》，《世界历史》，2008年第4期。

希腊文明，就是教化和提升落后文明，是一项伟大而高尚的事业。亚历山大深深地接受了这种希腊中心主义的世界观，认为希腊的价值就是人类的普遍价值，他把希腊化过程融于帝国的建立过程之中，使文化融合与军事征服最大限度地加以结合。亚历山大深信，将希腊文明扎根于被征服的帝国之境，就是一件无比高尚的世界性事业。他自己也因此不无自豪地把“世界当作自己的家乡”，帝国大军征战到哪里，就让希腊文明在哪里生根开花。当亚历山大占领巴比伦王国后，他甚至把帝国的首都也迁移到这里。正如一位研究者所指出的那样：“亚历山大专制统治形式不同于大流士。他对广土众民的大帝国实行殖民制。亚历山大在东征过程中，在一些战略要地和交通要道建立了许多名为亚历山大里亚的希腊民族城市。普鲁塔克说有70多座，近代史家确认40多座。希腊的移民从希腊本土大批地涌入亚历山大里亚城，遍布于亚历山大帝国的这些城市成为亚历山大推行殖民统治的坚固据点。希腊的政治、经济、文化通过这些城市影响着周邻地区。亚历山大感到仅靠马其顿人和希腊人的军事力量以及新建的亚历山大里亚城市，是无法统治幅员辽阔的帝国的。他不像大流士那样仅用本族人统治异族人，他要通过对东方贵族的安抚、使用、培养，使东方贵族希腊化，心甘情愿地为亚历山大帝国效劳。”①

当马其顿军队占领埃及和巴比伦，征服波斯帝国后，亚历山大帝国的版图在当时已经无与伦比的广阔。为了巩固帝国的统治，亚历山大采取了以下措施：首先，把首都定在帝国中心巴比伦以求达到对边疆地区有效的威慑；其次，建立数以十计以亚历山大命名的城市控制战略要地，既依托城市达到对当地的有效控制，又可吸引

① 李怀国：《论世界古代五大帝王的专制统治》，《求是学刊》，1991年第6期。

和安抚希腊；第三，促进希腊-马其顿人与当地的融合，鼓励将领和士兵与当地人通婚；第四，沿袭波斯旧制实行总督制，保留和任用一些波斯人为总督，以安抚当地人。[①]与众不同的是，亚历山大把世界当作家乡，试图建立一个世界性的帝国，使自己成为世界的主人。从踏上决战波斯帝国的征途起，他似乎从未想到要班师回朝。公元前337年，亚历山大统领大军越过开伯尔山口，进入南亚次大陆，直达印度河以东的海达斯佩斯河，占领了印度西北部的广大地区。当亚历山大意图继续进军印度恒河流域，到达“大地终端”一探究竟时，却陷入了意想不到的困境：部下的士兵长期疲于奔命，已经极其厌倦战争，纷纷抗命，拒绝前进。“马其顿军队具有民主制传统，因此士兵可以在司法权利允许的范围内拒绝行军。所有军队士兵都有权利提出行动计划，并对其进行投票表决。”[②]另一种说法是，大部分士兵开始不听亚历山大的指挥，他是在万般无奈的情况下，才改变初衷而带领士兵撤出印度。“如果只是一小部分士兵叛乱的话，他可以采取果断措施镇压他们；但是，现在他要面对的是全体将士的不满，这让他备受挫折。然而，他专横固执的个性让他难以妥协，于是懊恼而失望的他把自己关进了帐篷里，整整关了两天。……终于，亚历山大答应放弃东征计划，改道向西。”[③]公元前324年，马其顿军队兵分两路返回巴比伦，这实际上宣告了将近整整10年的“亚历山大远征”终于结束。

---

① 孟凡青：《亚历山大帝国分裂的原因探析》，《西南大学学报（社会科学版）》，2014年第5期。

② ［美］德布拉·斯凯尔顿、帕梅拉·戴尔：《亚历山大帝国》，郭子林译，商务印书馆，2015年，第71页。

③ ［美］雅各布·阿伯特：《亚历山大大帝》，毕婷译，华文出版社，2017年，第205页。

公元前323年，年仅33岁的亚历山大大帝突然暴亡。由于亚历山大没有指定任何接班人，他的猝死便直接引发了马其顿王朝的血腥内斗，他的母亲、妻子与儿女全部被其政敌杀死，王族和将领们纷纷拥兵自立，庞大的亚历山大帝国分崩离析，只存在了短短13年后便寿终正寝。亚历山大帝国是世界帝国史上最短命的伟大帝国，其衰亡的教训尤其值得总结和铭记。后人在分析其迅速解体的原因时指出，帝国版图太大以致缺乏有效的管理，希腊化并没有真正使帝国内部各民族之间不同的文化传统得以有机整合，亚历山大生前未建立一套王位继承制度，导致其后继者之间激烈内斗，“希腊人”“马其顿人”和“蛮族人”的区分及缺乏相互的内在认同等，都或直接或间接地导致了帝国的迅速解体。王室的衰落只是帝国解体的直接原因，而帝国缺乏内在的向心力则是其衰亡的根本原因。“王室的衰落使其对继承者的约束力和向心力一点点地减弱，以致他们相互征战，加速了帝国的分裂。虽然在这四十年中，不断有继承者试图将帝国统一在自己的治下，但由于马其顿传统观念中平等观念和尚未形成的权威意识使统一者不断受到挑战，更由于他们自身的不足而相继失败。亚历山大帝国毕竟是突然崛起的帝国，对帝国的统一与管理从自身统治制度和民众心理上都缺乏必要的准备，因此，对于如此庞大的帝国，在缺少凝聚力和向心力时，帝国的分裂也就不可避免。”①

“亚历山大是唯一能够依靠个人权威将巨大帝国控制在一起的人。”②他死后，亚历山大帝国崩溃，分裂成若干独立的新国家，其

---

① 孟凡青：《亚历山大帝国分裂的原因探析》，《西南大学学报（社会科学版）》，2014年第5期。

② ［美］德布拉·斯凯尔顿、帕梅拉·戴尔：《亚历山大帝国》，郭子林译，商务印书馆，2015年，第81页。

中最重要的是统治埃及的托勒密王朝、统治波斯的塞琉古王朝和统治希腊与马其顿的安提柯王朝。这三个王国的新君主都是亚历山大的部将，并且继续推行亚历山大的希腊化政策，从而在原来横跨亚洲、非洲和欧洲的亚历山大帝国版图内开创了一个全新的历史时期。“这个新的历史时期，被历史学家称为希腊化时期，这个名称并不很确切，因为它不是希腊文明的单向扩展，而是希腊和东方两种文明的混合，是希腊和东方的相互影响。这个新时代的出现和亚历山大帝国是分不开的，正是亚历山大的远征和他的一系列政策促进或加速了这一时代的到来。从某种意义上说，这也许是亚历山大对人类历史的最大贡献。亚历山大给当时的人民带来了全新的‘世界国’（world state）的概念，希腊人，无论是柏拉图、伊索克拉底还是亚里士多德都只有城邦的概念。”①

将希腊文明强制性地扩展到欧洲、非洲和亚洲的广大区域，开创了一个全新的所谓“希腊化时代”，这是亚历山大本人及其建立的庞大帝国留给后人的最重要遗产。对于亚历山大传给后世的这份“希腊化时代”重要遗产，存在着两种不同的评价。消极的评价认为，“希腊化时代”使希腊人不能再享受昔日的自由和优雅，是一种文明的堕落。例如，有人根据波里比阿的《罗马帝国的崛起》这一编年史巨著得出结论说：“希腊化时代（The Hellenistic Age）始于亚历山大大帝（前356—前323）过世那年，至于何时结束，莫衷一是：或是前146年（迦太基、科林斯被罗马摧毁），或是前133年［罗马人民继承阿塔罗斯三世（Attalus Ⅲ）的帕加马王国］，或是前31年［埃及最后一任君王克丽奥佩脱拉七世（Cleopatra Ⅶ）被罗马执政官屋大维打败后自杀］。根据传统的编年，这希腊化时代是继希腊前古

① 夏遇南：《亚历山大帝国》，中国国际广播出版社，2014年，第283页。

典（Archaic Age，前776—前479）以及古典时代（Classical Age，前479—前323）之后。这整段希腊史经常被看作像是登山、攻顶以及下山的过程。希腊化时代于是被看待为一个下山或‘堕落’的时代，背离古典时期的典范，因为希腊化时代的人不再说典雅的雅典（Attican）希腊文，而是简化的普通希腊文（Koine）；希腊人不再生活于自由自主的城邦之中，而是受独裁君王的宰制。”[①]相反，更多的学者对亚历山大的“希腊化时代”持积极的评价，认为它改变了欧洲和亚洲的文明进程，为其今日的文明奠定了基础。“亚历山大仅仅活了33岁。从20岁直到他去世的时候，亚历山大和他的军队扫荡了一个庞大区域，这个区域包括波斯、小亚细亚、叙利亚和埃及。他率领军队旅行了几千英里。最终，他统治了一个帝国。这个帝国的面积达两百万平方英里，横跨三大洲。他在征服他所知道之世界的过程中，通过比起敌人更灵活、更策略、更坚决的方式战胜了比他的军队更强大的军队。他也通过把希腊文化引入埃及和亚洲而改变了历史。希腊政治、语言、艺术和思想的传播为那些一直延续到今日的文明奠定了基础。”[②]

在西方历史研究中，一方面，亚历山大因其残暴和好战而受到一些人的批评，但另一方面，则因为其对“希腊化时代”的特殊贡献而更多受到高度的赞赏。批评者认为，促使亚历山大不停征战的根本动力，是其无止境的征服欲和难以满足的权力欲，这些征战给欧洲和亚洲广大人民带来了深重灾难和痛苦。亚历山大的“人生目标就是开疆拓土，他想的是如何将自己的权力扩展到各个地方。他

---

①［古希腊］波里比阿：《罗马帝国的崛起》，翁嘉声译，社会科学文献出版社，2013年，第5页，“中文版译者导读”。

②［美］德布拉·斯凯尔顿、［美］帕梅拉·戴尔：《亚历山大帝国》，郭子林译，商务印书馆，2015年，第4页。

从没想过人民的福祉，也没想过做些什么来防止国家陷入混乱和内战之中。他很清楚，在他死后，国家会分崩离析、民不聊生”，“连年征战带来的毁灭和痛苦在欧洲和亚洲大陆持续了很多年”[①]。与之相反，赞扬者则认为亚历山大不是一个简单的征服者，而是一位真正的“世界主义者”和人类普遍价值的弘扬者。亚历山大死后，在欧洲、亚洲、非洲广阔的土地上，存在着近300个希腊化的城市，希腊化的浪潮并未随着大希腊帝国的分裂而消失。亚历山大将希腊先进的民主和人文精神带入到落后和专制的亚洲、非洲，此后被罗马人所传承，进而创造了一个环地中海的西方文化圈。这个文化圈在日后结合了基督教文化，带领西方国家率先进入了现代社会。[②]

---

①［美］雅各布·阿伯特：《亚历山大大帝》，毕婷译，华文出版社，2017年，第214页。

② 参阅龚田夫：《希腊帝国缔造者——亚历山大大帝》，《百科知识》，2008年第13期。

第四章
罗马帝国

罗马帝国（Roman Empire，前27—1453），在公元395年后分为西罗马帝国（395—476）和东罗马帝国，东罗马帝国又称拜占庭帝国（Byzantine Empire，395—1453）。罗马帝国的本土在意大利半岛，帝国首都分别在罗马、君士坦丁堡和米兰等，官方语言先后为拉丁语和希腊语等。帝国面积最大时跨越欧洲、亚洲和非洲，领土面积超过500万平方千米，人口超过6000万。

罗马帝国究竟终于何时，有两种观点。吉本等主流历史学家认为，罗马帝国终于拜占庭帝国的灭亡，即公元1453年；而彼得·希瑟等罗马史专家则认为，罗马帝国实际上在公元7世纪就寿终正寝了。此后的“罗马帝国”实际上是另一个新的帝国。他说：“公元476年，东罗马帝国经历西罗马帝国的灭亡后继续存在，而且在接下来整整一个世纪里看似繁荣昌盛。在皇帝查士丁尼一世（Justinian Ⅰ，527—565年在位）统治下，帝国甚至在西地中海进行了一次扩张征服行动，摧毁北非和意大利的汪达尔人和东哥特王国，从西哥特人手中夺回西班牙南部部分地区。吉本总结说，罗马帝国实际上在地中海东部存在了1000年，它的灭亡时间要算到土耳其人1453年占领君士坦丁堡的时候。但是我认为，公元7世纪兴起的伊斯兰教对东地中海的罗马世界造成决定性的破坏。它夺走查士丁尼帝国四分之三的税收，刺激了大规模的制度和文化改革。尽管君士坦丁堡的统治者们在公元700年后的很长时间里仍自称为‘罗马人的皇帝’，但实际上他们统治的更应该被理解为一个新帝国，而不是真正意义上罗马帝国的延续。”①

罗马帝国史研究权威爱德华·吉本在其经典著作《罗马帝国衰亡史》中说，罗马帝国的疆域扩张在共和国政府的统治时期便已基本完成，那时主要依赖元老院的政策、执政官员的积极的好胜心和人民的勇武精神，罗马取得了大片土地，后来的罗马皇帝绝大部分都只不过是坐享其成而已。最初的7个世纪取得了一次接一次的胜利；但直到奥古斯都时代才放弃了野心勃勃的征服全球的计划。奥古斯都的遗嘱之一，便是建议“永远只求保守住似乎是大自然为罗马划定的战线和疆界之内的那一片土地：西至大西洋边；北至莱茵河和多瑙河；东至幼发拉底河；南边则直到阿拉伯和非洲的沙漠地带”②。

罗马帝国的前身是罗马共和国（Roman Republic，前509—前27），这是古代最伟大的共和国，是古希腊民主和人文传统的直接传承者，也是当时最为强盛和领土面积最广阔的国家之一。到共和国晚期，名震一时的罗马军团已经陆续“征服了意大利南部和北部地区、整个北非地区、埃及、西班牙、法国、英国大部分地区、瑞士、奥地利、巴尔干地区、土耳其、亚美尼亚、罗马尼亚、保加利亚、

---

①［英］彼得·希瑟：《罗马帝国的陨落：一部新的历史》，向俊译，中信出版社，2016年，第515页。

②［英］爱德华·吉本：《罗马帝国衰亡史》（上卷），黄宜思等译，商务印书馆，1997年，第19—20页。

希腊以及中东大部分地区”[①]。公元前44年，罗马共和国终身独裁者（执政者）恺撒（Gaius Julius Caesar，前102—前44）遭元老院派人暗杀身亡，恺撒生前指定其养子屋大维（原名Gaius Octavian Thurinus，后为Gaius Octavius Augustus，前63—14）任继任人，但先后遭到元老院和马克·安东尼（Mark Antony，约前83—前30）等的严重挑战。

公元前27年，屋大维平定所有对手的挑战，成为罗马的最高统治者，同时被元老院正式授予“元首”（princeps）或“首席公民”（princeps civitatis），以及“最高统帅”（Imperator，又译“皇帝”）、“最高执政官”、“终身执政官”等称号，允许独一无二地使用“奥古斯都”（Augustus，意即“神圣的”和“备受尊敬的”）名号。自此以后，罗马实际上已变成了一个君主制国家。无论从实际上还是名义上，屋大维都是拥有至高无上权力的罗马皇帝；相应地，罗马共和国也随之转变为罗马帝国。“当元老院将imperator（元帅）的头衔授予恺撒和奥古斯都时，imperium的语义得到了进一步巩固，超越了纯粹的军事意义，产生了政治统治者的意味。奥古斯都将执政官变为终身，权力覆盖罗马所有行省，imperator与imperium两词合一，imperium一词从罗马人民的统治权，变为皇帝统治的行省或领土。从此，帝国有了管辖其生活着不同族群的广阔领土的意义。”[②]

罗马帝国将最高统治权定一尊于奥古斯都后，对内平息了各种政治内斗，对外继续进行军事扩张。奥古斯都进一步拓展了伊比利

①［美］埃里克·纳尔逊：《罗马帝国》，邢锡范等译，辽宁教育出版社，2006年，第9页。

②［美］克里尚·库马尔：《千年帝国史》，中信出版社，2019年，第11页。

亚半岛、高卢、日耳曼、中东以及小亚细亚的疆域，并将不少周边的小国变为帝国的附属国，从而使罗马帝国进入了全盛时期。公元前14年，奥古斯都去世，元老院将他神圣化，授予他“祖国之父”等至高无上的荣誉。奥古斯都开创的罗马帝国最初200年，是罗马历史上最为繁荣昌盛的时代，也是罗马帝国内部最为安宁的时代，史称“罗马和平”、“罗马治下的和平”（Pax Romana）或“奥古斯都的和平”。奥古斯都本人被奉为皇帝和明君的典范，成为其他罗马皇帝学习和效仿的榜样。在他去世后，罗马帝国又出现了所谓的“五贤帝”，即涅尔瓦（Marcus Cocceius Nerva，30—98年，96—98年在位）、图拉真（Marcus Ulpius Nerva Traianus，53—117年，98—117年在位）、哈德良（Publius Aelius Traianus Hadrianus，76—138年，117—138年在位，又称“勇帝”）、安东尼努斯·皮乌斯（Antoninus Pius，86—161年，138—161年在位）和马可·奥勒留（Marcus Aurelius，121—180年，161—180年在位，又被称为“哲学家皇帝”）。这些贤明的罗马皇帝传承了奥古斯都大帝的开明传统，共同缔造了罗马帝国的无比辉煌，使罗马不仅成为欧洲的政治、经济和文化中心，也是当时世界的中心。“条条大路通罗马”，即是当时罗马帝国极盛之谓也。奥勒留之后，罗马帝国缓慢地进入衰落时期，帝国内部很快就陷入内战和动荡不安之中，反复多次分分合合，甚至出现过一天一个皇帝的闹剧。“从公元224年到公元260年之间，就出现了16位皇帝”，其中没有几个皇帝是自然死亡的。[①]公元395年，狄奥多西大帝（Theodosius the Great，346—395）驾崩，他临终前将罗马帝国分给两个儿子，长子阿卡迪乌斯（Arcadius）为东罗马帝国皇帝，次子霍诺里

①［美］埃里克·纳尔逊：《罗马帝国》，邢锡范等译，辽宁教育出版社，2006年，第247页。

乌斯（Flavius Honorius Augustus，384—423）为西罗马帝国皇帝，从此罗马帝国正式分裂为东罗马帝国和西罗马帝国。

东、西罗马的分裂是整个罗马帝国发展史上的重大转折点，它极大地扭转了罗马帝国历史进程，从某种意义上说，它实际上意味着奥古斯都缔造的罗马帝国的终结。彼得·F.邦说，东、西罗马帝国的分裂，增大了帝国的脆弱性。但没有人会预料到，东、西罗马分治后不到一个世纪，就只剩下了东罗马帝国。[①]其实，这种分裂本身就是帝国的深刻危机，它意味着罗马帝国至少在狄奥多西大帝时还没有健全完善的皇帝继承制度。由两个儿子以分治的形式继承罗马帝国的遗产，实质上本身就意味着帝国政治制度存在着重大缺陷。帝国最高权力的继承制度对于帝国政权的维系至关重要，它往往关系到帝国的生存。前述的亚历山大帝国覆灭的主要原因之一，正是由于没有适当的权力继承制度，导致了帝国的迅速分崩离析。罗马帝国的分治虽没有直接导致帝国的覆灭，但却从根本上扭转了帝国的历史进程，并为帝国的灭亡埋下了深层的祸根。

东、西罗马分治以后，西罗马帝国管辖的地域包括不列颠的一部分，以及意大利、西班牙和高卢等地。西罗马帝国一直遭到西哥特部落和日耳曼部落的不断进攻，从未有过安宁的时期。西罗马帝国的首都也不在罗马，先后迁至意大利北部的梅蒂奥拉努（Mediolanum，今米兰）和意大利东北海岸的拉文纳（Ravenna）。公元402年，西哥特统帅阿拉里克（Alaric Ⅰ，370—410）率军大规模进攻意大利半岛。这次进攻虽被具有日耳曼血统的西罗马军队统帅斯提里克击退，但罗马人自己的权力已经丧失殆尽。公元406年，日

---

①［丹］彼得·F.邦：《罗马帝国》，［丹］彼得·F.邦等编：《牛津世界帝国史》第二卷，牛津大学出版社，2021年，第227页。

耳曼部落跨过冰冻的莱茵河进入高卢，其中一支定居在伊比利亚半岛。408—410年，阿拉里克三次兵临罗马城下，最终于410年彻底攻陷并洗劫了罗马。这是罗马建城1163年以来首次被外族人完全攻陷。此后西哥特人还相继侵占高卢和西班牙，纷纷宣布在意大利、高卢和西班牙等西罗马帝国境内建立自己的王国。公元476年，西罗马帝国的日耳曼雇佣军统帅奥多亚克（Odoacer或Odovacar，435—493）被军队拥立为王，并正式废黜西罗马末代皇帝罗慕路斯·奥古斯都（Romulus Ⅱ）。按照爱德华·吉本的说法，这标志着西罗马帝国的彻底灭亡。[①]

东罗马帝国，西方人习惯称拜占庭帝国，管辖范围包括巴尔干半岛、小亚细亚、叙利亚、巴基斯坦、埃及、美索不达米亚西部以及爱琴海和东地中海的岛屿，首都在君士坦丁堡（Constantinopolis，又称"第二罗马"和"新罗马"，今土耳其伊斯坦布尔），官方语言仍为拉丁语和希腊语。东罗马帝国的正式称号始终是"罗马帝国"，西罗马帝国灭亡后，它一直以正宗的罗马血统自居，拜占庭帝国只是后人对它的称号。罗马帝国东西分治后，东罗马帝国一直比西罗马帝国更加强大，尤其是在查士丁尼大帝执政期间，东罗马帝国达到了鼎盛。公元527年，查士丁尼大帝（Justinian the Great，483—565）被授予"奥古斯都"尊号，与其叔父查士丁一世（Justin Ⅰ，450—527）共同执政，查士丁去世后，查士丁尼成为东罗马帝国的专制君主，并被称为"世界的独裁者"。查士丁尼大帝一直怀抱着统一东西罗马帝国，重振罗马帝国昔日雄风的梦想。他内修文治，编纂了对整个西方世界的法律制度产生巨大影响的《查士丁尼法典》；

---

① 参阅［美］米夏埃尔·比尔冈：《古代罗马帝国》，郭子龙译，商务印书馆，2015年，第77—81页。

外治武功，积极进行对外军事扩张。公元534年，他率领拜占庭军队征服罗马的宿敌汪达尔王国；公元535年，击败意大利半岛的东哥特人；公元554年，收复南西班牙、法兰西的一部分及亚得里亚海岸的领土。至此，东罗马帝国的国力和影响力均到达全盛时期，君士坦丁堡成为世界的经济贸易中心。查士丁尼大帝去世后，东罗马帝国开始逐渐衰落。公元6世纪后，阿拉伯人大规模进攻拜占庭军队，先后占领了叙利亚、巴基斯坦、埃及和非洲行省。公元1204年，帝国首都君士坦丁堡被东征的十字军攻陷和洗劫，东罗马帝国内部发生分裂，出现了“拉丁帝国”和“雅典大公国”，帝国变得千疮百孔。14世纪后，奥斯曼土耳其人成为东罗马帝国的主要劲敌，1453年奥斯曼帝国攻占君士坦丁堡，拜占庭帝国正式宣告覆灭，“往昔的东罗马帝国一去不复返”①。

人们常常说，罗马不是一天建成的，也不是一天消亡的。由于罗马帝国在世界帝国史上具有无可争辩的深远影响，对罗马帝国兴亡原因的分析，也是帝国研究的热点。许多历史学家和政治学家，甚至包括文学家和哲学家等，都对罗马帝国衰亡的原因做过各种各样的分析与探讨，并且涌现出了不少著名的伟大作品，特别是爱德华·吉本的六卷本煌煌巨制《罗马帝国衰亡史》（*The History of the Decline and Fall of the Roman Empire*）。

罗马帝国的衰亡首先有其政治的原因，如权力过于集中，除了罗马皇帝本身就拥有绝对的专制独裁权力外，戴克里先皇帝（Gaius Aurelius Valerius Diocletianus，244—312）平定旷日持久的内战后，又建立起了一套高度集权化的官僚体制，替代之前罗马帝国统治地

①［美］米夏埃尔·比尔冈：《古代罗马帝国》，郭子龙译，商务印书馆，2015年，第85页。

中海地区的地方自治模式。[①]罗马帝国也没有建立起长期稳定有效的皇帝继承制度，以至出现了狄奥多西大帝去世后由两个儿子分治东、西罗马。其次，有经济方面的原因，一些专家认为罗马帝国最严重的经济问题源于繁重的赋税，如佐西莫斯（Zosimus）在其名著《罗马新史》（*New History*）中“着重批判了君士坦丁一世和狄奥多西一世通过沉重的赋税对巨额财富的掠夺”[②]。其三，还有军事的原因，罗马帝国后期的军事力量日益依赖于从其征服地区招募的雇佣兵，这些雇佣兵虽有职业化和廉价的优势，但缺乏对帝国的忠诚，完全以利益为驱动，在关键时候往往靠不住。其四，不少人将罗马帝国的衰亡归因于帝国最高统治者们的腐败，像狄奥多西一世等皇帝的腐化堕落和荒淫无耻，大大加速了帝国的衰败。其五，有些人将罗马的衰败归结为帝国的奴隶制度，认为奴隶是帝国的主要生产力，但过于繁重的劳动妨碍了奴隶对后代的繁衍，造成了劳动力的严重短缺。最后还有公民自身素质的问题，罗马公民天然具有优越感，并享有各种帝国的特权，久而久之便养成了贪图享受的毛病，没有理想和进取精神。此外，关于罗马的衰亡还有各种千奇百怪的解释。例如，有人认为罗马的衰落是因为铅中毒之故；有人将之归因于罗马的淫荡和暴食；还有人说是由于日耳曼人的猛烈进攻；等等。[③]

关于罗马帝国的衰亡，最后我们还是回到吉本的经典分析。吉本在六卷本的巨著中通过对罗马帝国兴亡过程的全景式分析，发表了“对罗马帝国衰亡的最后思考”。这个“最后的思考”，既可以看

---

① 参阅康凯：《过度集权与晚期罗马帝国的衰亡》，《河北学刊》，2014年第3期。

② 参阅李逸夫：《佐西莫斯的“罗马帝国衰亡论”探析》，《学术研究》，2020年第6期。

③ 参阅［美］菲利普·李·拉尔夫等：《世界文明史》（上卷），赵丰等译，商务印书馆，2006年，第355—358页。

作是吉本关于罗马帝国衰亡的最终结论，也可以看作是他在研究完罗马帝国兴衰过程后的掩卷长叹。从这个“最后的思考”中我们可以发现，在吉本看来，罗马帝国的衰亡原因是多方面的，是多种因素共同作用的结果。即使像吉本这样“置身于朱庇特神庙的废墟之中”，积累了无比丰富的资料，以“几乎近20年生命”研究罗马帝国的兴亡，也难免出现重要的疏漏，因而，关于罗马帝国兴衰原因的分析，对历史学者和政治学者来说，永远是开放的和无止境的。我们将其“最后思考”转引如下：

> 对于这些朝圣者以及每一位读者来说，一部罗马帝国衰亡史必然会吸引住他们的注意；它是人类历史上最伟大，或许也是最可怕的一个场面。各种各样的原因及其进步的结果都与人类编年史中许多最有趣的事件交织在一起：诸如那赖以长期维护着一个自由共和国的名称和形象的恺撒们的诡诈的策略；那军事独裁统治的混乱；基督教各派的发生和确立；君士坦丁堡的建立；那君主国的划分；日耳曼和西徐亚野蛮民族的入侵与定居；民事法律的制定；穆罕默德的人品及宗教信仰；教皇的世俗统治权；查理大帝的西罗马帝国的恢复与衰落；拉丁人在东部的十字军远征；撒拉逊人和土耳其人的征服；希腊王国的毁败；罗马在中世纪时期的状况和革命等等。一位历史学家可能会为他的题目的重要性与多样性而欢呼；但是，当他意识到自己的不足的时候，他必然常会责怪他的素材的不足。①

①［英］爱德华·吉本：《罗马帝国衰亡史》（下卷），黄宜思等译，商务印书馆，1997年，第706—707页。

撇开罗马帝国对于西方文明和人类文明不可磨灭的深远影响不论，罗马帝国前后延续近1500年，是世界历史上真正称得上“千年帝国”的绝无仅有的范例，它本身就是一部帝国的百科全书。帝国的各种要素、各种制度、各种矛盾、各种斗争和各种形态，几乎都可以在罗马帝国中找到。例如，罗马的皇帝制度，既有早期带有共和色彩的元首制，到了公元284年戴克里先称帝时，才由元首制变为绝对君主制。在元首制时期，即便是握有无上统治权力的屋大维，在形式上也仍然要受到元老院的制约，而且罗马的元老院一直存在。有人把这种带有共和色彩的元首制视为“共和国和帝国君主制之间过渡时期的统治制度”①。然而，恰恰是这种元首制而非绝对的君主专制，涌现出罗马早期的“五贤帝”，创造了罗马帝国无与伦比的辉煌。罗马帝国也实行行省制度，但罗马帝国早期的行省制度却别具特色。行省分为三个系统，一为皇帝所管辖，一为元老院所管辖，一为地方政府所管辖。这种行省制度虽有分权制衡和地方自主的优点，但也有弱化中央统一权威和助长地方分裂的弱点。因此，正如米夏埃尔·比尔冈所说：“提及古罗马，我们便会想到一个军事及经济大国，法律完备、政治灵活、文学一流，更有伫立逾两千年之久的宏伟建筑。罗马代表了一个帝国所能达到的极致。它还可作为一个鉴戒：纵使是最强大的帝国，也会随着时间的推移土崩瓦解。”②

罗马帝国对欧洲文明乃至整个世界文明产生的影响是深远而巨大的，它集中体现在三个方面。首先是罗马帝国的形成，打通了帝国版图内各个国家之间的政治和经济壁垒，形成了当时历史条件下

---

①［美］埃里克·纳尔逊：《罗马帝国》，邢锡范等译，辽宁教育出版社，2006年，第189页。

②［美］米夏埃尔·比尔冈：《古代罗马帝国》，郭子龙译，商务印书馆，2015年，第3页。

最广阔的世界性市场，有力地促进了生产力的发展和经济的繁荣。罗马帝国治下长期的和平与繁荣，也创造了文学、艺术、建筑、军事、交通、科学、思想等各个领域的辉煌成就，有力地推动了欧洲社会的进步，也为伟大的文艺复兴提供了重要灵感。其次，罗马帝国创设的许多政治法律制度，成为重要的政治遗产，为欧洲内外的许多国家所传承和效仿，深刻地影响了欧洲和世界的政治发展。例如，罗马帝国的《查士丁尼法典》为欧洲绝大多数国家的法制体系奠定了重要基础，从而为欧洲及全人类社会的法治建设作出了重要贡献。又如，神圣罗马帝国时期，查理四世皇帝确立了选帝侯制度，赋予特定的德意志贵族选举皇帝的权力。这种选帝侯制度，使得即使在最黑暗的中世纪，也保留了源自古希腊的民主选举传统。最后，罗马帝国最重要的贡献在于，继承并极大地弘扬了希腊文明，将希腊文明传送到了欧洲西部，扩大到罗马帝国的全境。“罗马历史是西方历史的真正开端。由亚历山大带到东方的希腊文明未能持续太长时间，由恺撒、西塞罗和奥古斯都带到西方的同样的文明，却成了西欧其后许多成就的起点。”[①]可以说，正是由于罗马帝国对希腊文明的传承和发扬，才使得西方文明在长时期内成为全人类文明的领跑者。

---

①［美］菲利普・李・拉尔夫等：《世界文明史》（上卷），商务印书馆，2006年，第360页。

第五章
蒙古帝国

蒙古帝国（Mongol Empire，1206—1259）的前身是大蒙古国，主体民族是蒙古族，帝国的最高统治者称“可汗”（Khan，又称“大汗”“汗王”“合罕”，常简称“汗”），主要使用蒙古语，在被征服国也同时使用汉语、突厥语和波斯语作为官方语言。帝国全盛时期的版图多达3300万平方千米，人口高达2亿左右。“成吉思汗在13世纪初创立的蒙古帝国是人类历史上疆域最广阔的国家，远大于罗马帝国和查理大帝创建的帝国，大流士的波斯帝国及其推翻者亚历山大帝国也无法和它相提并论。然而成吉思汗缔造的大蒙古帝国也是昙花一现的帝国。”①

蒙古帝国是一个由游牧民族建立的草原帝国（Empire of the Steppes）或游牧帝国（Nomadic Empire），是世界历史上最大的游牧帝国，深刻地带有游牧民族的特性。作为一个典型的游牧帝国，蒙古帝国具有许多与一般陆地帝国或海洋帝国极不相同的特征，以至于一些学者怀疑“帝国”的概念究竟是否适用于蒙古的军事政治体

---

①［法］帕特里斯·格尼费、［法］蒂埃里·伦茨主编：《帝国的终结》，邓颖平等译，海天出版社，2018年，第112页。

系。例如，蒙古国没有固定的城市作为防守和管理中心，没有先进的经济和科技，没有数量庞大的军队，没有充足和稳定的财政资源，也没有大规模的本土人口。作为草原游牧帝国，蒙古帝国拥有自己的一些鲜明特征，如以部族为基础的社会组织的多层性和等级性；部族组织兼有生产性和军事性，平时从事生产，战时投入战斗；高度的流动性，帝国的政权机构和军事组织处于经常的变动之中。

蒙古人原是生活于漠北大草原的游牧部落，乞颜部族可汗孛儿只斤·铁木真（1162—1227）相继征服塔塔尔、泰赤乌、蔑儿乞、乃蛮等蒙古主要部族后，蒙古各部族首领于公元1206年在斡难河（今鄂尔浑河）上游召开忽里勒台大会（蒙文为Khural，意即大聚会，实为蒙古部族首领大会），正式推举铁木真为蒙古大汗，并尊称其为“成吉思汗”（Genghis Khan，意即“天赐予蒙古人的大汗”）①，建立了“大蒙古国”（Yeqe Mongol Ulus）。铁木真凭借其强大的骑兵统一蒙古各部族并建立大蒙古国之后，旋即开始大规模的对外军事扩张。蒙古铁骑首先对准西辽、西夏和金朝，1218年攻灭西辽，1227年灭亡西夏，1232年征服高丽，1234年覆灭金朝。在南进的同时，蒙古帝国也开始西征。1219年，蒙古帝国开始大举进犯花剌子模，并于1231年灭亡花剌子模国；1237年占领莫斯科，1241年兵分两路侵入欧洲，大败神圣罗马帝国联军，相继攻占波兰、匈牙利、斯洛伐克、捷克，直至奥地利的维也纳附近，并建立钦察汗国。1258年，蒙哥大汗亲率大军分三路进击南宋，占领大片南宋领土。1256年后，蒙古军队开始征服中东诸国。1258年，占领阿拉伯帝国首都巴格达，

---

① 关于“成吉思汗”的确切意义，有多种解释，如“强大的汗”“天赐的汗”“海洋的汗”等，参阅蒙古宫廷史官：《蒙古秘史》，常峰瑞编译，中央编译出版社，2011年，第59—62页。

消灭阿拉伯帝国的阿拔斯王朝。1259年，蒙古军进入叙利亚，连破阿勒颇、大马士革等城。蒙古帝国在蒙哥大汗时期，势力达到极盛，成为当时雄踞世界的最强大帝国。正如世界史学家菲利普·费尔南德兹-阿迈斯托所说：比起之前的任何游牧帝国的征服，蒙古人征服到达的地方更多，持续的时间更长，“在其最广泛的范围内，帝国覆盖了从伏尔加河到太平洋地带，包括整个俄罗斯、波斯、宋朝，丝绸之路以及大草原。在地域的层面上，这使它以很大优势成为迄今为止世界上最大的帝国”[①]。

成吉思汗统一蒙古各部族，成为大蒙古国的可汗即皇帝以后，拥有至高无上的军政大权。这种可汗制度实质上就是其他帝国普遍推行的君主制，但从形式上说，仍有着明显的区别。蒙古帝国并无君主制普遍存在的长子继承制度，可汗并非由长子当然继承，而是由前任可汗提名，须经蒙古部族首领大会即忽里勒台大会推举决定。成吉思汗在统一蒙古各部族、建立大蒙古国的过程中，在社会政治制度方面所做的最大改革，即是建立了军政合一的千户制。成吉思汗将蒙古全部部族划分为95个千户，千户之下再分百户、十户。这些千户、百户、十户既是社会管理单位，也是军事组织单位。各千户的首领称为“那颜”，由大汗从蒙古贵族中选任，那颜的职位为世袭制。千户制虽然在平时是一个行政管理组织，但本质上却是一个军事组织，而且是一个与蒙古的游牧民族性质相适应的骑兵组织单位。每个千户、百户和十户都必须具备相应的马匹、粮草和军械，每个成年的蒙古人既是牧民也是战士，做到“上马则备战斗，下马则屯聚牧养”。

---

①［美］菲利普·费尔南德兹-阿迈斯托：《世界：一部历史》（上），叶建军等译，北京大学出版社，2010年，第481页。

与游牧民族的特性相一致，蒙古军队进行对外军事扩张和征服的内在动力和主要目的，几乎就是赤裸裸的掠夺土地、马匹、财富、女人和奴仆。在拥戴铁木真为蒙古大汗的忽里勒台大会上，其他部族首领对铁木真说："我们要拥戴你做大汗。如果铁木真做了大汗，大敌当前，我们愿一马当先，冲入敌群，把他们美貌的女儿妻子，还有明亮宽敞的宫帐，都抢来献给你；把异族美丽的贵妇，还有膘肥体壮的好马，都抓来献给你。"[①]蒙古的将士们这样说，也这样做。蒙古大军所到之处，除了肆无忌惮地屠杀外，就是俘虏妇女。每攻占一个城市，蒙古兵常常把成年男性居民集体地加以残忍杀害，只留下妇女儿童和部分工匠，作为他们的奴隶和仆人。他们甚至常常把大片的耕地故意毁坏，使之成为可以放牧的荒原。在所有关于帝国战争和军事征服的文字记载中，没有任何其他的记录比蒙古帝国的征战更加残暴。即使是那些试图发掘蒙古帝国的"积极效应"的作者，大多数也会明白无误地承认这一点：

> 蒙古人的征服活动，同以往游牧部落对外扩张不尽相同。一方面是它继承了游牧民族的传统并使其发展到了顶峰，即屠杀定居民众，毁坏城市和农田，使荒芜之地再回到草原状态，以利于游牧畜群。还通过残酷的掠夺战争，来获取牲畜、财物、妇女、奴隶，从而摆脱草原严酷环境下艰难而又贫穷的生活。另一方面在大规模扩张之前，蒙古铁骑已多次深入农耕区域，掌握了对付定居民族和攻占城市的方法。如攻城车、撞城机、投石机、火焰投掷机、大驾炮等等。这样一来，这支以草原各种传统为基础，并可随意支配农耕地区经济资源的军队，具有

① 蒙古宫廷史官：《蒙古秘史》，常峰瑞编译，中央编译出版社，2011年，第57页。

> 更为强大的攻击力，造成的破坏也是前所未有的。蒙古征服者只注意掳掠各种工匠和妇女儿童，其余的人不是被杀就是流散。因而，凡是经过蒙古军队火和剑扫荡的地方，无不赤地一片，到处白骨。如1221年，成吉思汗的儿子拖雷攻下莫夫城以后，投降居民全被列队斩首，而后又将妇女儿童和成人的头颅分别堆成金字塔焚烧。残酷的杀戮和无情的掠夺，对亚欧文明破坏极大。使被征服地区生产长时间停滞不前，甚至倒退。[①]

1227年，成吉思汗在亲率大军消灭西夏的战争期间病逝。1229年，蒙古忽里勒台大会在经过40天的激烈争议后推举铁木真三子窝阔台（1186—1241）为新任大汗。窝阔台在位12年间，蒙古帝国继续马不停蹄地进行军事扩张，除了消灭金王朝，统一华北外，还将帝国版图扩展到中亚和东欧。1241年底，窝阔台病逝。1246年，忽里勒台大会推举窝阔台长子贵由继承蒙古国大汗，但贵由大汗在1248年春突然暴亡。1251年，成吉思汗最小的儿子拖雷的长子蒙哥由忽里勒台大会推举为大汗。蒙哥继位后，蒙古帝国大军进行第三次西征，占领阿拉伯帝国首都伊拉克，征服波斯地区。蒙哥大汗自己则亲率4万大军南下进攻南宋王朝，1259年在攻打南宋合州（今重庆合川）钓鱼城期间卒于军中。蒙哥大汗去世后，庞大的蒙古帝国开始内部分裂，蒙哥的两个儿子忽必烈和阿里不哥在1260年先后分别由各自拥戴者支持的忽里勒台大会推举为蒙古国大汗。随后忽必烈和阿里不哥之间进行了4年内战，忽必烈最终于1264年战胜阿里不哥。1271年，忽必烈将其所辖国土改称国号“大元”，并将首都迁

---

① 郭永胜：《蒙古帝国的世界历史地位》，《内蒙古师范大学学报（哲学社会科学版）》，1992年第4期。

往大都（今北京）。至此，蒙古帝国正式分立为元朝，以及钦察汗国、察合台汗国、窝阔台汗国与伊利汗国四大汗国。尽管元朝及四大汗国的君王都是成吉思汗的后裔，它们之间也仍然有着割不断的联系，甚至在名义上其他汗国也承认元朝作为蒙古国传承者的正统地位，但实际上它们之间已经成为各自独立的王朝国家。随着蒙哥大汗的去世，蒙古帝国事实上也宣告覆亡："蒙哥的去世斩断了最后的纽带，大汗的统一意志不复存在，最后形成了权力集中、近乎独立的金帐汗国，组织精良的蒙元军事帝国和西亚一直稳固的伊利汗国三大王国。这些王国彼此权力平等，帝国的每个'边境诸地'实际上已经比中央强大。"①

蒙古帝国的迅速崛起与衰亡，对于许多学者来说是一个千古之谜。蒙古史专家尼古雷·卡拉丁（Nikolay N.Kradin）在其关于蒙古帝国的专题论文中开门见山就说，对于学界而言，"关于蒙古史的一个经典问题"是：怎么样和为什么一个很小的、不为人知的民族能够迅速崛起成为一个如此大规模的世界性帝国，给众多周边国家带来恐怖和毁灭？后来又是怎么样和为什么如此伟大的一个政治体又突然完全从世界历史舞台上消失了？②对于这个经典的问题，许多人试图提供各种不同的答案。

例如，关于蒙古帝国崛起的原因，至少就有以下5种解释：（1）军事优胜说，强调蒙古军队的战斗力，包括军队内部结构、完善的军情系统、先进的武器装备、机动的作战能力及其后勤保障、特殊

---

①［德］迈克尔·普劳丁：《蒙古帝国的兴起及其遗产》，赵玲玲译，社会科学文献出版社，2020年，第183页。

②［俄］尼古雷·卡拉丁：《蒙古帝国与欧亚的统一》（The Mongol Empire and the Unification of Eurasia），［丹］彼得·F.邦等编：《牛津世界帝国史》第二卷，牛津大学出版社，2021年，第507页。

的战略战术等因素在扩张中的作用。(2)被征服者分裂说，强调蒙古帝国霸业形成中的有利历史时机。在蒙古人悄然崛起的12世纪末叶，欧亚大陆的各文明中心都呈现一派积弱不振和分裂混乱的局面，被征服者大多处于内外交困而不能自拔。(3)“中世纪暖期”说，强调铁木真出现在历史舞台上的时候，蒙古大草原正经历着干旱的痛苦，牧场被“较为干燥的气候”破坏了。正是在这个特殊的气候背景之下，铁木真团结草原各部落对外发起了侵略。(4)生存—复仇说。强调蒙古帝国的扩张，更多是出于生存和复仇的目的，在实现这个目的的过程中，混合了令人发指的劫掠和暴行，以及许多“计划外的”入侵行为。(5)“牧民习性的扩张”说，强调在蒙古游牧民族遭遇生存危机的重大“历史关节点”时，蒙古游牧民族的这一牧民习性开始得以扩张，由此导致了一场发生于欧亚大陆的人类历史上来势最凶猛、波及范围最广泛、为时最短且破坏性最大的游牧民族入侵农耕文明的浪潮。[①]

蒙古帝国的本部只是一个不到百万人的游牧部落，其军队规模一般认为不超过20万人，有些专家认为蒙古的精锐部分只有9万人左右。那么，是什么原因使蒙古人能够在如此短暂的时间内征服了这么多的国家和民族，战胜并消灭了数十倍于自己的军队？这同样是一个令人难解的谜。许多人不约而同地将其归因于蒙古的军国体制和成吉思汗杰出的军事才能，这无疑是抓住了要害。具体地说，主要有以下这些原因。(1)牧战合一的特殊军国体制。蒙古部落总数只有百万人口左右，但成吉思汗通过“千户制”和“怯薛制”将15岁以上70岁以下的所有蒙古男子组织成为平时放牧、战时打仗的

① 王勇：《牧民习性的扩张：“蒙古帝国”形成的一个解释框架》，《行政科学论坛》，2015年第3期。

常备军。其中包括95个“千户”，外加怯薛军1万户，所有千户和万户均由成吉思汗直接统辖指挥。(2) 骑兵优势。蒙古人本来就是游牧部落，人人精于骑术。蒙古的部队主要是骑兵，充分发挥了其民族优势。虽然人数不多，但这支轻骑兵无论从装甲、配备、马匹、骑术、战术和士气等方面，在当时都胜于欧洲的重装骑兵，战斗力极强，堪称战无不胜的精兵。(3) 灵活的部队人员和武器补给体制。许多专家估计，蒙古自己的常备军至多不超过20万人，它之所以能够南征北战，征服数十个国家，其中一个重要原因是，不断补充兵源；除了及时收编被占领国军人，并强征青壮年入伍，作为“签军”补充进蒙古军队的士兵，其数量甚至超过了蒙古自己的军队。(4) 先进的武器。蒙古人每征服一个地方，便夺取该地区的资源和技术，用以打造先进的武器。蒙古人往往对征服地区的男子进行灭绝人性的大屠杀，但对工匠却网开一面，并且组建了古代军事史上最庞大的独特兵种——工（匠）兵。(5) 成吉思汗的军事天才。成吉思汗不仅具有杰出的军事组织才能，能够将原先四分五裂的蒙古部落统一起来，形成牧战合一的“千户”制骑兵；而且具有杰出的军事指挥天才，善于做出正确的战略判断，运用“围三阙一”的巧妙战术，集中兵力歼灭敌人。此外，成吉思汗也善于利用敌国内部的各种政治和民族矛盾，成功地实现“以敌制敌”，不仅在交战中占尽优势，而且善于把战略上的劣势转化成优势，达到对敌各个击破的目标。

关于蒙古帝国的覆灭，许多人会想到三个直接的原因。一是帝国版图过大，作为统治民族的蒙古族人口总数只有100万左右，能够履行政治管理职能的统治精英也就数万人，根本无法管理如此庞大的地区。蒙古通过三次西征，征服了欧亚众多国家，建立了一个横跨欧亚的世界性帝国，其面积最大时达3300万平方千米，被征服国人口最多时达到2亿左右。仅从国家统治的技术角度看，以如此少量的精英去管理这么大规模的国家，几乎是不可能的事情。“蒙古人要保持对所有被征服国家的控制，由于每个地区都很广阔，执行每一个中枢的命令并保持顺从，基本上是不可能的。”①二是蒙古统治者的主要动机是征服和占领世界，而非管理国家。尽管蒙古帝国拥有耶律楚材这样杰出的政治家，深谙“天下虽可得之马上，但不可在马上治之”之治国理论，但终究改变不了这个游牧帝国的本质。成吉思汗自己定下的使命便是征服世界，他死后的遗愿就是要求子孙们必须尽快完成三大任务：金国彻底投降，征服西亚，征服整个欧洲。军事征服和占领国家，而不是管理国家，变成了蒙古帝国的主要功能，这离开了国家治理的普遍规律，注定了帝国政权不可能持续。三是成吉思汗是千载难遇的杰出军事家和政治家，蒙古帝国的崛起在很大程度上归功于他个人的雄才大略。无人可以取代成吉思汗在蒙古帝国中的地位，他的突然死亡，使帝国失去了内在的凝聚力和杰出的统帅，使帝国内在地潜藏着危机。

在这些直接原因的背后，还有一个更深刻的本质原因，注定了蒙古帝国的不可持续：蒙古帝国的崛起，是一种落后的文明对先进文明的野蛮征服和掠夺。无论是从科学技术、思想文化、生产力水平，还是从社会组织形式、政治发展程度和国家治理制度等各个方面看，蒙古帝国的文明程度都明显落后于被其征服的多数国家。它征服其他民族的基本方式，就是依靠强大的军事力量进行血腥残暴的杀戮和镇压，蒙古帝国的崛起过程，是典型的野蛮力量战胜文明力量的过程。正如米夏埃尔·比尔冈所分析的：“蒙古人的崛起，意

---

①［德］迈克尔·普劳丁：《蒙古帝国的兴起及其遗产》，赵玲玲译，社会科学文献出版社，2020年，第284页。

味着游牧文明与定居文明之间最后一次大规模冲突的到来。蒙古人虽迅速取得了战争的胜利，但随着时间的流逝，游牧人却竞争不过定居社会所创造的财富和知识。新的作战方式给定居社会的军队带来了新的作战手段，它可以击败马背上的弓箭手。在蒙古帝国的许多地区，被蒙古人所征服的人们最终获得了力量，起而反抗蒙古人的统治。蒙古统治阶层内部的争执则引发分裂，并且由于缺乏合作，它最终导致了蒙古扩张的终结。”①

从经济上说，蒙古帝国没有任何先进的生产方式，完全不创造财富，而只是一味地掠夺和抢劫；从政治上说，蒙古人倡导并要求所有男子必须“上马则备战斗，下马则屯聚牧养”，其基本政治结构是“千户制”，这是一种原始的军国体制。作为基本社会组织管理单位和主要军事组织的“千户”，虽兼有社会管理和军事战斗的双重功能，但其首要功能是军事作用。因此，“千户”之上的“万户”，是蒙古王朝直辖的最高权力组织，分左翼万户、右翼万户和中军万户，其高位掌权者是军事统帅，而非行政长官。而被蒙古征服的中国与欧洲绝大多数国家，当时已经发展起了十分精致和复杂的科层化国家管理体制和军事组织体制。在语言、文学、艺术、教育、思想和价值等文化方面，蒙古帝国与被占领国相比，几乎处于原始状态。其军事征服的价值，既无宗教信仰的因素，更无传播文明的因素，就是赤裸裸地掠夺被占领国的财富和霸占女人。这样一种极度落后的文明，即使依靠军事征服建立了自己的帝国体系，最终也逃脱不了以下两种命运：一是自己被更先进的文明同化，融入当地民族；二是因被占领国人民的强烈反抗而解体。这两种命运也正是庞大的

---

①［美］米夏埃尔·比尔冈：《蒙古帝国》，温海清译，商务印书馆，2015年，第13页。

蒙古游牧帝国的最后结局。

有人说，蒙古帝国的崛起是游牧民族对文明社会攻击的最后一幕。但这最后一击给整个文明世界带来了极其深重的灾难，这个巨大的灾难集中体现在三个方面：对无数生命的血腥屠杀、对文明成就的彻底毁坏和对文明进程的巨大逆转。首先是大规模的杀戮。蒙古军队占领和征服其他民族的唯一方法就是残忍的屠杀。他们不仅在战争中屠杀敌人，而且常常在征服对方后仍然对被占领地男子进行集体杀戮。屠杀不仅是蒙古帝国的征服手段，甚至也成了其管理占领地的常用手段。其次是对文明成就的大规模毁坏。蒙古人为了军队的马匹有充足的草地，故意将城市建筑夷为平地，为了报复对方的抵抗，不仅杀死对手，而且将其所有城堡、宫殿和文物焚烧毁灭。最后，蒙古统治者用人类最野蛮和原始的血腥暴力的方式进行帝国扩张和统治，极大地逆转了人类文明的进程。蒙古大军所到之处，该地区的人类文明程度必然呈现惊人的倒退。关于蒙古帝国野蛮征服和残暴统治的历史文献记载不胜枚举，这些惨绝人寰的暴行不仅对于现代人类而言完全无法接受，即使在当时也屡屡刷新人类暴行的纪录。“蒙古大军所到达的地区，没有哪座城市能够抵挡得住蒙古铁蹄的践踏和冲击，也没有哪个城堡能够免去被蒙古人占领、洗劫的命运，而且蒙古军的攻灭速度惊人，手段残忍。蒙古军在攻克花剌子模故都玉龙赤杰时，以火攻城，将整个城市烧成一片火海，之后又放水淹城，将昔日文明繁华的都城变为废墟，一片狼藉。蒙古大军在攻克讹答剌时，因遭到守城将领海儿汗多次攻击，最后俘虏了海儿汗，往其耳朵里灌融化了的水银进行报仇。蒙古人还在对你沙不儿城的屠杀中‘割下死者的头，堆积如山，又把男人的头和妇女、儿童的头分开来……苍蝇和豺狼以赛德尔的胸脯为餐，山鹰享用娇女的肉，兀鹫饱食美妇的颈’。”[1]蒙古大军在攻克巴格达时，哈里发的古老宫殿成了屠杀场，“在城市废墟上建120座9万颗人头堆起来的金字塔，城市房屋全部推倒，除清真寺、学校和医院外，不留任何建筑”[2]。

近些年来关于蒙古帝国研究的一个最新动向，是试图努力发掘其对世界历史进程和人类文明的积极意义。毋庸讳言，蒙古帝国的兴起对世界历史进程产生了深刻的影响，极大地改变了世界的地缘政治格局，其中当然也包括某些积极的影响，主要是促进了欧亚的一体化进程和欧亚国家之间的经济文化交流。米夏埃尔·比尔冈在这方面的观点就很有代表性，他说：“蒙古人建立这个庞大世界性帝国的速度，是亘古以来所未有的。他们将欧亚大陆整合在一个真正的国际贸易体系中，同时它又促发了各种新的交流方式。当因宗教信仰差异而常常引致战争的时候，蒙古人又向我们展现出宗教宽容的价值。蒙古人把从被征服者那里学习所得的文化和知识，带到帝国的各个地区。他们促成了不同文化，在世界大范围内的传播。”[3]但是，与蒙古帝国对整个人类文明的毁灭性破坏相比，这种积极作用是微不足道的，对此我们必须有清醒的认识。

---

① 宋鑫秀：《蒙古西征对当时世界的统治及影响分析》，《黑龙江史志》，2014年第9期。

②［德］迈克尔·普劳丁：《蒙古帝国的兴起及其遗产》，赵玲玲译，社会科学文献出版社，2020年，第395页。

③［美］米夏埃尔·比尔冈：《蒙古帝国》，温海清译，商务印书馆，2015年，第13页。

第六章
奥斯曼帝国

奥斯曼帝国（Ottoman Empire，1299—1923）的主体民族是奥斯曼土耳其人，在攻占东罗马帝国的君士坦丁堡后即定都于此，并将君士坦丁堡改名为伊斯坦布尔，官方语言为土耳其语，鼎盛时期的帝国领土超过550万平方千米，人口逾3000万。①

奥斯曼帝国源自13世纪末14世纪初活跃在中亚地区的一个突厥部落，该部落在13世纪末是鲁姆苏丹国的一个酋长国。1288年，奥斯曼（Osman Ⅰ，1258—1326）接任部落埃米尔，即部落酋长。雄心勃勃的奥斯曼从伊斯兰教苏菲派长老手中接过“胜利之剑”，并以伊斯兰“圣战者”的名义开始向周边的其他酋长国和拜占庭帝国攻城略地。他于1299年在占领地区建立独立的“加齐”（Gasis的音译，意为宗教战士或为宗教献身的人）国，还将自己的名字“奥斯曼”

---

① 有专家认为，将奥斯曼帝国的建国时间界定在1299年，纯粹是由于数字的巧合。卡罗琳·芬克尔说：“为什么要把公元1299年看成奥斯曼帝国建国的时间点？这一年并没有发生特殊的战争，也没有宣布独立或占领哪个堡垒。其实，最简洁的解读常常最具说服力：1299年刚好是伊斯兰教历的第699至700年。基于罕见的数学巧合，基督教历法和伊斯兰教历法在同一时间迈进下一个世纪。还有哪个吉祥的年份比这一年更适合用来纪念一个横跨欧洲和中东的帝国的建立呢？”参阅［英］卡罗琳·芬克尔：《奥斯曼帝国：1299—1923》，邓伯宸等译，民主与建设出版社，2019年，第2页。

作为王朝名称，1300年自任奥斯曼王朝的苏丹（Sultan，又译素丹，阿拉伯语意即“最高统治者”）。1326年，其子奥尔汗（Orhan或Orkahn，1285—1359）继任苏丹后继续对外扩张，1337年占领了拜占庭帝国在小亚细亚的全部领土。穆拉德一世（Murad Ⅰ，1326—1389）时占领拜占庭帝国重镇亚得里亚堡，征服色雷斯、马其顿、索菲亚和整个希腊北部，并迫使保加利亚、塞尔维亚称臣。1453年，穆罕默德二世（Muhammad Ⅱ，1432—1481）占领君士坦丁堡，宣告拜占庭帝国的覆灭。至苏莱曼一世（Suleiman the Magnificent，1494—1566）时，又将中东和北非的大部分地区纳入帝国的版图，此后奥斯曼帝国进入全盛时期。截至1566年苏莱曼一世辞世之时，奥斯曼帝国的版图覆盖了当今全部或部分的匈牙利、南斯拉夫、阿尔巴尼亚、希腊、乌克兰、罗马尼亚、保加利亚、土耳其、克里米亚、伊朗、伊拉克、叙利亚、黎巴嫩、约旦、以色列、埃及、沙特阿拉伯、也门、利比亚、突尼斯、阿尔及利亚等地区，总人口也从1200万增长到2200万。[①]当时西班牙的人口仅为500万，英格兰的人口约为250万。1683年，奥斯曼帝国的疆域达到最大，“此时帝国的疆域范围大致包含今天西亚的土耳其、伊拉克、科威特、叙利亚和黎巴嫩、以色列、沙特阿拉伯的汉志地区、也门西部、格鲁吉亚、亚美尼亚、阿塞拜疆；欧洲的罗马尼亚、保加利亚、南斯拉夫联盟、马其顿、希腊、波斯尼亚和黑塞哥维纳、克罗地亚、斯洛文尼亚、阿尔巴尼亚、匈牙利、摩尔多瓦、乌克兰南部的克里米亚及附近地区；非洲的埃及、苏丹的北部、利比亚北部、阿尔及利亚北部、突尼斯以及地中海的克里特、塞浦路斯等。面积大约530万平方

① 姜明新：《奥斯曼帝国苏莱曼盛世简析》，《西亚非洲》，2012年第4期。

公里。”[①]

在世界帝国历史上，奥斯曼帝国拥有特殊的地位。这不仅因为它强大的军事力量和辽阔的帝国版图，更因为它的繁荣昌盛。奥斯曼帝国是16—17世纪世界上最富裕发达的国家，也是土耳其历史上前所未有的鼎盛时期。它控制了波斯湾、红海和地中海的主要港口，成为当时世界的贸易中心；它连通亚洲、欧洲和非洲，成为不同文明体系的交汇点；它最大限度地包容了不同的宗教信仰，成为伊斯兰教和基督教的大熔炉。因此，奥斯曼帝国创造了许多人类历史上的政治、经济、贸易、文化、艺术、宗教和建筑奇迹，帝国的最高统治者也获得了崇高的荣誉。“苏里曼一世的统治时期（1520—1566年）是奥斯曼帝国及其文明的极盛时期。帝国的疆界扩展到了最大限度，帝国高度繁荣，文学艺术丰富多彩，建树良多。同时，虽然教皇和各种各样的欧洲冒险家仍喋喋不休地谈论赶走‘异教徒’，但奥斯曼帝国赢得了世人的尊敬。苏里曼一世与英格兰的亨利八世、法国的弗朗西斯一世和神圣罗马帝国皇帝查理五世同时，是16世纪最引人注目的君王之一，而且他是其中到那时最为富裕的。在自己的臣民中他获得了‘立法者’的称号，同时代的欧洲人称之为‘大帝’。”[②]

奥斯曼帝国是历史上第一个伊斯兰帝国，从政治体制上说，其最重要的特征是教俗合一和政教合一。奥斯曼帝国的最高统治者是苏丹，奥斯曼苏丹是奥斯曼帝国的象征，由奥斯曼家庭世袭。奥斯曼苏丹掌握着帝国的最高行政权和最高军事权，是帝国臣民的主宰

---

① 王三义：《奥斯曼帝国移动的边疆与脆弱的霸权》，《上海交通大学学报（哲学社会科学版）》，2010年第4期。

② ［美］菲利普·李·拉尔夫等：《世界文明史》（上卷），商务印书馆，2006年，第706页。

者和保护者。奥斯曼苏丹在1453年占领君士坦丁堡后则被冠以伊斯兰世界最高领袖“哈里发”（Halife）的称号，成为“真主在大地上的影子”，是先知穆罕默德的继承者，也是“安拉之公仆”。集苏丹和哈里发于一身的奥斯曼帝国君主既拥有世俗领域的最高统治权，又是伊斯兰世界的精神领袖，有权制定沙里亚法（伊斯兰教法）未提到的相关事务的法律。这样一来，保卫伊斯兰世界的疆域、统率穆斯林对基督教发动圣战和维护伊斯兰教法的神圣地位，便成了奥斯曼帝国苏丹的首要职责。因此，苏丹与哈里发的结合为奥斯曼帝国的扩张提供了强劲动力。哈里发的头衔让苏丹以伊斯兰世界的统治者和保护者自居，征服广大伊斯兰世界和向基督教世界发动圣战成为苏丹坚定的信念和对外交往的主要形式。在苏莱曼大帝时期，甚至远在苏门答腊岛和伏尔加河流域的穆斯林也被视为苏丹的臣民。① 奥斯曼帝国的统治者自己也沉醉于这种政教合一的帝国体制带来的无限权力之中，苏莱曼一世生前所建的清真寺正门就镌刻着以下文字：“（苏丹苏莱曼）已经十分接近（真主），那个拥有最高权威与全能力量的神、主权世界的创造者；（苏丹苏莱曼）是真主的奴隶，因真主的神力而全能，是世间的哈里发，因神圣的光辉而闪耀。他在一切有人的地方执行着神圣之书的命令与教义。苏丹苏莱曼在真主与他的常胜军队的帮助下征服了东西方的土地，是世上所有王国的所有者，所有民族面前真主的影子，所有阿拉伯人与波斯人中的万王之王。”②

奥斯曼帝国不仅幅员辽阔，而且人口众多，统治着宗教信仰不

---

① 申浪：《奥斯曼帝国的国家治理模式探析》，《陇东学院学报》，2019年第3期。

② 参阅［英］卡罗琳·芬克尔：《奥斯曼帝国：1299—1923》，邓伯宸等译，民主与建设出版社，2019年，第129页等。

同的许多其他民族。奥斯曼帝国借以统治众多属国和不同民族的基本制度，一是蒂玛制度，一是米勒特制度。“蒂玛”（Tima）实际上是一种军事分封制度，奥斯曼帝国在军事扩张过程中，将一部分掠夺来的土地奖赏给战功卓著的将士。将士们一旦拥有蒂玛采邑，便享有对蒂玛的世袭权利，有权征收税收，对封地进行管理；同时也有义务承担兵役，效忠奥斯曼苏丹，维护帝国的整体利益。这种蒂玛采邑制度，不仅极大地激励了广大将士们前仆后继，奋勇作战，争立军功，以获取更多的采邑；而且有效地维持了广大被占领地区的社会政治经济稳定，因为蒂玛也是基本的政治、经济和军事管理单位，而且可以世袭传承，从而具有持久的稳定性。“米勒特”（Millet）在阿拉伯中的语义为“民族”“人群”“国民”，奥斯曼帝国时期指东正教徒、亚美尼亚基督教徒和犹太教徒等得到帝国法律认可的宗教团体或宗教社区。米勒特制度即是用以管理不同宗教信仰的其他民族的统治制度，既体现了奥斯曼帝国对异教徒和其他民族的宽容，也反映了其高超的国家治理手段。据说，1454年，穆罕默德二世任命金纳迪乌斯（Gennadius）为希腊东正教的宗教领袖，负责管理奥斯曼帝国境内希腊人的事务，是米勒特制的开端。穆罕默德二世允许亚美尼亚人和犹太人建立类似的社区，由他们“自己管理自己”。到苏莱曼大帝时期，天主教和其他宗教社区也组建类似的社区。[①]帝国按不同信仰将臣民划分为穆斯林、希腊人、亚美尼亚人、犹太人四大米勒特，每个米勒特由不同的民族成分构成，因为相同的民族会因信仰差异而分属不同的米勒特。[②]有学者认为，奥斯曼帝国的米

---

① 王三义：《奥斯曼帝国的制度建构及管理模式》，《吉林大学社会科学学报》，2016年第2期。

② 申浪：《奥斯曼帝国的国家治理模式探析》，《陇东学院学报》，2019年第3期。

勒特制度，实质上是在尊重多宗教、多种族、多文化格局的前提下实行的一种“因俗而治”的治理方式。[①]

1566年，苏莱曼大帝去世，盛极一时的奥斯曼帝国开始衰落。1569年，奥斯曼军队在进攻伏尔加河畔的阿斯特拉罕时，被俄国军队击败。1571年，奥斯曼海军又败于西班牙和威尼斯联合舰队。1612年奥斯曼与伊朗签订土伊合约，被迫放弃南高加索。1683年，奥斯曼帝国被哈布斯堡王朝、波兰和德国联军打败，签署《卡洛维茨条约》，首次割让匈牙利等欧洲领土。到了17世纪末，奥斯曼帝国的军事强国地位一去不复返。18世纪后，奥斯曼帝国更是每况愈下。1805年，埃及宣布脱离奥斯曼帝国独立；1829年，在英、法、俄干预下，希腊宣布独立；1877—1878年的俄土战争导致了塞尔维亚、罗马尼亚、黑山及保加利亚的独立。到了19世纪末期，中东、北非、巴尔干地区各国纷纷宣布独立。在风起云涌的民族独立运动的沉重打击下，奥斯曼帝国已经风雨飘摇、气息奄奄了。“奥斯曼帝国的彻底瓦解是第一次世界大战后中东政治形势的重大变化，而凯末尔领导的资产阶级革命所缔造的土耳其共和国，则是第一次世界大战和十月革命后亚洲民族解放运动的伟大胜利。进入19世纪晚期，奥斯曼帝国所辖的欧、亚、非许多国家有的独立，有的被帝国主义国家占领。第一次世界大战前夕，奥斯曼帝国不但失去大片领土，而且把领事裁判权交给西方列强，并欠下大笔外债，国家政治与经济受到帝国主义的干涉和控制。第一次世界大战中奥斯曼帝国站在德、奥一边，终因战败而濒临灭亡的边缘。战后被迫与协约国签订了一系列不平等条约，帝国的领土几乎丧失殆尽。当此民族存亡的紧急

---

① 参阅昝涛：《“因俗而治”还是奥斯曼帝国的文化多元主义？——以所谓“米勒特制度”为重点》，《新史学》，2020年第2期，第189—224页。

关头，土耳其人民在凯末尔（即基马尔，1881—1931）的领导下，发动了反帝反封建的资产阶级革命。1920年成立了国民政府，1923年10月29日建立了土耳其共和国，从而结束了苟延残喘的奥斯曼帝国的统治。”①

与蒙古帝国一样，奥斯曼帝国最初的创立者突厥人也是“畜牧为事，随逐水草”的游牧民族，但与短命的蒙古帝国的命运完全不同，奥斯曼帝国不仅统治时间超过600年，而且其兴盛时期历经二三百年，对人类文明作出了重大贡献。对奥斯曼帝国兴衰原因的分析，对文明的繁荣与发展更具有借鉴意义。

在征服神圣罗马帝国并定都君士坦丁堡后的100多年时间内，奥斯曼土耳其帝国不仅是当时世界上领土范围最广阔、人口规模最大和国力最强盛的国家，而且由于较好地实现了东西方文化、伊斯兰教与基督教、宗教因素与世俗因素三个方面的融合，也被认为是治理得最好的帝国。就其统治地域的广阔性、宗教文化的包容性、经济贸易的繁荣程度和帝国统治秩序的稳定程度而言，一些学者甚至将奥斯曼帝国与罗马帝国相提并论，比照“罗马治下的和平”而提出了“奥斯曼治下的和平”：“由于奥斯曼入侵者采取的开明政策，长期以来为人们苦苦追寻的东正教社会得以重建。希腊普世牧首在奥斯曼帝国的统治下获得了超过其他东正教教会的地位，比拜占庭帝国统治下的任何时期都更像是一个普世的宗教权威。穆斯林和基督徒之间实现了‘奥斯曼治下的和平’，从它的特征上可以看到奥斯曼帝国与罗马帝国的相似之处。在‘罗马治下的和平’中，罗马人在帝国版图之内表现出了对外邦人的高度容忍。……奥斯曼帝国在

① 胡光利：《试论奥斯曼帝国的兴衰及其历史经验教训》，《辽宁大学学报（哲学社会科学版）》，2001年第1期。

这一点上与罗马帝国十分相似。”①

一些学者从奥斯曼帝国的历史传统来分析其兴盛的原因，把帝国的强盛归因于奥斯曼土耳其人的三个“普遍主义”传统，认为有了这三个传统，才使得奥斯曼帝国的统治者“似乎任何野心都有可能实现”：“其一源于奥斯曼土耳其人的草原先祖，他们一直力图把帝国疆土扩大到与天同大；其二源于伊斯兰教国家，它们的哈里发的遗产和名号，正是奥斯曼帝国苏丹所要求得到的东西；其三源于古罗马，它的遗产由于奥斯曼帝国对部分先前罗马帝国领土的征服，落入了奥斯曼帝国之手。”②其实，更一般地说，奥斯曼帝国的兴盛得益于基于上述三个传统之上的三个结合。奥斯曼帝国的统治者充分利用了君士坦丁堡特殊的地理位置和历史文化传统，既将欧洲、亚洲与非洲有机地联结在一起，又成功地将东方文化与西方文化结合了起来。奥斯曼土耳其人信奉伊斯兰教，他们征服了基督教，但又善于利用基督教徒为其服务，较好地实现了不同宗教的和平共存。此外，作为一个神权国家，奥斯曼帝国创造性地建立起一整套世俗的专制体制，从而得以有效地治理庞大的帝国。正如帕特里克·贝尔福所说：“奥斯曼家族统治的国家并非一个民族国家，而是一个皇室统治下的多民族的帝国。不论国民是土耳其人还是来自其他民族，是穆斯林、基督徒或是犹太人，他们最重要的身份都是奥斯曼人，是一个超出了民族、宗教和种族观念的单一政治体的成员。在那个

---

①［英］帕特里克·贝尔福：《奥斯曼帝国六百年：土耳其帝国的兴衰》，栾力夫译，中信出版社，2018年，第754页。

②［美］菲利普·费尔南德兹-阿迈斯托：《世界：一部历史》（下），北京大学出版社，2013年，第630页。

时代，只有奥斯曼帝国承认全部三个一神教信仰。”①

许多学者试图从军事、政治、经济、文化等多个方面去探讨分析奥斯曼帝国兴盛的原因。像所有帝国崛起的过程一样，奥斯曼帝国对外扩张的主要工具也是其强大的军队。奥斯曼之子奥尔汗（1326—1359年在位）继位后，奥斯曼帝国就建立了强大的常备军。帝国军队以陆军的骑兵为主，后来建立了强大的海军。当时欧洲的基督徒也承认奥斯曼军队的战斗力超过他们。“苏丹通常能动员20万军队向外扩张。骑兵是陆军主力，装备精良，有长矛、短剑甚至火枪，战斗力极强；近卫军是陆军王牌，其由从基督徒或曾是基督徒的臣民中征招来的男童组成，经过严格的训练、选拔和教育，纪律严明，作战勇敢。近卫军在15世纪时已经配备火炮，1500年左右配备了手枪。帝国海军在1503年时已拥有舰船300艘之多，16世纪一直维持300—400艘战舰、6—7万水手与桨手的规模，此外还收编了北非海盗巴巴罗萨的舰队，而同时期的所有基督教国家都很难凑够100艘战舰。”②

从政治方面看，奥斯曼帝国实行独特的“哈里发—苏丹”制，将宗教权威与世俗权威合而为一，实现绝对的政治与文化专制，使权力高度集中于帝国君主苏丹之手。在高度集权的同时，奥斯曼帝国又通过蒂玛和米勒特制度实行军事分封和区域管理，并通过“政务会议”对最高权力实行一定程度的分权制衡。“在奥斯曼帝国的权力构成中，素丹为帝国最高统治者。帝国权力核心是政务会议（或政务委员会），总揽国家政务。这个政务会议16世纪后具有高等法院

① ［英］帕特里克·贝尔福：《奥斯曼帝国六百年：土耳其帝国的兴衰》，栾力夫译，中信出版社，2018年，第755页。

② 宋保军：《被遗忘的边疆——奥斯曼帝国扩张与16世纪基督教文明东南边疆的收缩》，《贵州社会科学》，2014年第7期。

的职能。有资格参加政务会议的，主要是维齐（vezir）、最高法官、财政官、政务秘书，其中有一位是‘大维齐’，他是政府中职务最高的官员，是行政事务的总负责人。”[①]在政治方面，另有两个因素对帝国的长治久安也十分重要。一是强调法制，奥斯曼的最高统治者虽是宗教领袖，却十分重视世俗法律，苏莱曼大帝被称为“立法者”苏莱曼，强调法制成为帝国统治的鲜明特色。奥斯曼帝国先后制定了《奥斯曼王家法典》《苏莱曼刑法典》《埃及法典》和《桑贾克法典》等，拥有一套比较完备的法律体系，以至有人认为奥斯曼帝国是世界上第一个法制国家。二是极其特殊的苏丹继承制度，俗称“残杀兄弟法”。奥斯曼的王权并非为长子继承，而是在王子中挑选最有才能者为继承人，其他兄弟则在王位确定时被残忍地处死。16世纪末这一制度才被废除，它对早期帝国政权的稳定起到了重要作用。

经济的转型和改革也对奥斯曼帝国的兴盛起到了重要作用。奥斯曼土耳其人最初是游牧民族，以放牧牛羊和牲畜为主。13世纪前，奥斯曼帝国主要还是游牧经济，但从14世纪末便开始发展农业经济，鼓励拓荒，兴修水利，学习先进的农耕技术，在苏莱曼大帝时还减轻租赋徭役，并推行军事采邑制，有效地将农耕与兵役结合起来。到15世纪末，帝国境内已有1万个采邑，几十万军队中十之八九来自军事采邑。奥斯曼帝国不仅鼓励农业，完成了从游牧经济向农业经济的转变，而且还鼓励工商业和对外贸易，采取不少有力措施发展商业经济。14世纪末，随着东罗马帝国的衰落，东西贸易的中心也逐渐从拜占庭转移至布尔萨。到了15—16世纪，奥斯曼帝国的商业贸易进入“黄金时期”：“布尔萨、伊斯坦布尔、开罗、埃迪尔内

---

① 王三义：《奥斯曼帝国的制度建构及管理模式》，《吉林大学社会科学学报》，2016年第2期。

以及萨洛尼卡等城市都是当时主要的货物集散和中转地。特别是布尔萨，它不仅是从波斯方向来的丝绸商队的国际通道，也是来自印度、阿拉伯半岛的香料商队取道大马士革后的必经之途。与此同时，奥斯曼人还频繁地活跃在布尔萨—埃迪尔内—佛罗伦萨一线的商业贸易线上。穆斯林商人甚至还在意大利北部的主要贸易中心区建立了庞大的商业贸易组织。当然，帝国鼎盛期最主要的商业贸易中心是伊斯坦布尔。这里商人聚集，商品齐全，不仅平民百姓，甚至不少官吏也加入了商业贸易的行列。帝国政府不仅鼓励本国商人经商，还采用免税的方法吸引外国商人到帝国各地经商。对一些在战争中受到严重毁坏的城市，还有计划地、甚至强制性地迁入大量的商人和手工艺者。”①

天下没有不散的宴席，天下也没有不衰亡的帝国，强盛二三百年的奥斯曼帝国在苏莱曼大帝后也一样无可奈何花落去。概括地说，导致奥斯曼帝国衰落的原因主要有以下几个方面。首先，政治上的极度专制。奥斯曼的“苏丹—哈里发”制被认为是绝对专制主义的典型，苏丹集宗教权威和世俗权威于一身，拥有至高无上的绝对权力。如果帝国很幸运遇到一位开明且英明的苏丹，那么帝国就会兴旺发达；反之，在绝对专制条件下，如果不幸遇上一位昏庸而专横的苏丹，那么帝国的命运就将逆转。任何伟大的帝国，雄才大略的开明君主总是极少数，大多数必定是碌碌无为的庸才，奥斯曼帝国也不例外。例如，塞利姆二世（Selim Ⅱ）便是一个懒惰、愚蠢、放荡、嗜酒如命的君主。其次，统治者的腐败堕落。奥斯曼帝国的许多君王不仅昏庸无为，而且穷奢极欲，荒淫无度。例如，托卡皮王宫的后宫可以容纳2000名侍女，宫廷的马厩可容纳4000匹马，御厨

① 甘雪春：《奥斯曼帝国兴盛原因探源》，《西亚非洲》，1991年第2期。

每天侍候5000名食客，宴会时则达1万人之众。其三，生产技术落后，经济出现危机。17世纪后，奥斯曼帝国在生产力水平上已经明显落后于欧洲其他国家，经济增长受阻。在经济技术领域，无论农业还是手工业，17世纪和18世纪的奥斯曼帝国均未发生根本变化，最终导致了经济危机的出现。例如，“由于外商的进入，大量欧洲银币涌入奥斯曼帝国，从而导致本国货币贬值，物价飞涨，社会秩序极不安定。17世纪初土耳其历史上所谓的‘大逃亡事件’就是在这样的背景下发生的。因此，有人评论道‘事实上呈现在奥斯曼帝国的解体过程面前的正是西方化的胜利’”[①]。最后，宫廷内斗也加速了帝国的崩溃。一些研究者认为，苏莱曼大帝后帝国开始衰落与后宫政治有着直接的联系。苏莱曼大帝为其宠妃胡蕾打破了奥斯曼帝国后宫政治的“三大传统”，从而开启了后宫干预政治的恶例，“自苏莱曼时期的后宫干政现象则是其后、尤其是十六、十七世纪奥斯曼帝国统治的一大突出特征”。这导致了“苏莱曼的生母与宠妃、尤其是后者能够长期干预朝政并发挥重大政治影响、甚至影响奥斯曼帝国未来政治走向”[②]。除了上述这些原因外，奥斯曼帝国衰亡的原因还有军队的腐败和战斗力的下降，世俗权力与宗教权力两者之间的冲突与张力，帝国最高权力阶层的不思进取和朋党政治，等等。[③]

---

① 胡光利：《试论奥斯曼帝国的兴衰及其历史经验教训》，《辽宁大学学报（哲学社会科学版）》，2001年第1期。

② 姜明新：《奥斯曼帝国苏莱曼盛世简析》，《西亚非洲》，2012年第4期。

③ 关于奥斯曼帝国衰落的其他原因，可参阅黄维民：《试论奥斯曼帝国衰落的原因》，《西安外国语学院学报》，1998年第2期；王三义：《细节与成败：奥斯曼帝国改革的深水层》，《复旦学报（社会科学版）》，2016年第5期；李艳枝：《晚期奥斯曼帝国世俗政治与宗教政治的博弈及其历史影响》，《世界宗教研究》，2017年第4期；等等。

第七章
西班牙帝国

西班牙帝国（Spanish Empire，1492—1898）的母国是西班牙王国，本土位于欧洲西南部的伊比利亚半岛，帝国首都绝大部分时间在马德里，官方语言为西班牙语。西班牙帝国全盛时期的面积保守估计在1050万平方千米，统治人口近4700万。1469年，西班牙土地上的两个主要王国，卡斯蒂利亚王国和阿拉贡王国联姻，卡斯蒂利亚王国的伊莎贝拉一世（Isabel Ⅰ，1451—1504）嫁给了阿拉贡的王子费尔南多二世（Fernando Ⅱ，1452—1516），开始了西班牙的统一进程。1479年，这两个西班牙王国正式合并。1492年，西班牙王国实现真正统一。统一后的西班牙王国迅速走上了对外扩张的道路，西班牙王国也随之转变成为西班牙帝国。

在西班牙进行海外冒险之前，葡萄牙人已经先行一步进行海外探险，并取得了众多引人注目的成就。例如，在14世纪后半期，葡萄牙人已经在大西洋的亚速尔群岛和马德拉群岛建立了殖民地，开始从事糖酒贸易并获得丰厚利润。在很大程度上受到葡萄牙人海上冒险成功的刺激，西班牙人也开始鼓励海上探险。1492年，哥伦布（Cristóbal Colón）与西班牙女王伊莎贝拉签订了《圣达菲协议》，在西班牙王朝的全力支持下，开始了其“发现新大陆”的探险之行，从而也开辟了西班牙帝国进行大规模海外殖民的“新航路”。哥伦布的远洋探险航行，像其他众多欧洲的远洋探险航行者一样，确实有探险家本人的好奇心理驱动，但主要动因还是获得黄金、珍宝、香料、特产等物质财富。哥伦布探索“新航路”的主要动因如此，西班牙女王鼓励并资助他远航探险的动因也同样如此，这一点在他与女王签订的《圣达菲协议》中可以明显地看出来。根据《圣达菲协议》，哥伦布在海外探险时，享有海军元帅、殖民统治者等一系列权力，但他所发现的海外所有土地都应归西班牙女王拥有，哥伦布本人可以从殖民地产出的全部财富中获得十分之一的收入。

哥伦布首次探险航行获得了巨大成功，以“新大陆”的发现者而被载入史册。他发现“新大陆”南美洲和西印度群岛后，凯旋而归，还带回了少量黄金。正如《世界文明史》的作者所说，哥伦布在首次航行后带回的黄金样品本身虽微不足道，但它们却让人产生了一种希望，即美洲的某个地方必定堆满了黄金。加上当时谣言此起彼伏，极大地激发了冒险家远征海外“新大陆”并劫夺黄金珍宝财富的无穷欲望。于是，一大批西班牙冒险家和征服者便紧随其后，开始了对拉丁美洲的征服和占领。他们凭借着船坚炮利的武器优势和残酷狡诈的冒险战略，只用很少的远征军就征服了大量的当地土著，并将其变成西班牙的殖民地，疯狂掠夺大量的当地财富。例如，1519—1521年间，埃尔南多·科尔特斯带了一支600人的占领军远征墨西哥，征服了有100万人口之众的墨西哥阿兹特克帝国，并将其财富洗劫一空。1533年，另一位西班牙征服者弗朗西斯科·皮萨罗率领180人就征服了秘鲁，抢劫了印加人传说中的黄金。[①]1565年，西

① 参阅［美］菲利普·费尔南德兹-阿迈斯托：《世界：一部历史》（下），北京大学出版社，2013年，第878—879页。

班牙人占领佛罗里达，并在佛罗里达东北部港口建立第一个殖民定居点和军事要塞圣奥古斯丁（St Augustine）；圣奥古斯丁很快就成为重要的战略地点，满载金银的西班牙船只从新大陆的殖民地可直接航行到西班牙。同年，西班牙人在菲律宾创立首个永久的西班牙殖民地，并开办马尼拉大帆船远航业务。这些大帆船把货物经太平洋从亚洲运载到墨西哥海岸的阿卡普尔科；然后，又在墨西哥将货物装上西班牙珍宝船队，最后运返西班牙。至此，西班牙帝国将疆土扩展到了大西洋的彼岸和菲律宾。

1580年，西班牙国王菲利普二世趁葡萄牙国王恩里克一世（Henrique，1512—1580）去世之机，宣称拥有葡萄牙王位的继承权，并下令阿尔瓦公爵进军葡萄牙首都里斯本，用武力压制安托尼奥一世在葡萄牙继位，从而确保自己对葡萄牙王位的继承。从此西班牙哈布斯堡王朝以共主邦联的关系，统治葡萄牙60年。菲利普二世为了更有利于保证葡萄牙王国的政治稳定，把首都搬迁到大西洋海港城市里斯本。西班牙在兼并葡萄牙后，名义上也拥有了葡萄牙原先占领的海外殖民地。这使得西班牙几乎统治了整个已发现的新大陆，建立起了横跨欧洲、非洲、大洋洲和亚洲的庞大殖民帝国体系。从此，西班牙成为世界上第一个“日不落帝国”，也是世界历史上真正意义的全球帝国之一，还建立了历史上第一个全球城市网络。“从米兰到墨西哥城，甚至远到马尼拉城，成为西班牙帝国的东西两翼，帝国边缘的这些城市与位居中心的马德里，共同组成了帝国的城市网络。”[①]在菲利普二世统治时期，西班牙帝国达到了巅峰，是当时最强大的海上霸权和世界的霸主。从领土的角度看，到了16世纪的

① 参阅朱明：《米兰—马德里—墨西哥城：西班牙帝国的全球城市网络》，《世界历史》，2017年第3期。

菲利普二世，西班牙帝国达到了自己的全盛时期。这时，“它的领土在欧洲大陆上从三面把法国包围了起来，经伊比利亚半岛向地中海和大西洋的岛屿延伸。在大西洋的对面，统治着除巴西之外的中美洲，在太平洋上它统治着菲律宾群岛。这个殖民帝国在其全盛时期领土面积达到了1054万平方公里，超过古罗马帝国的两倍，是近代西方国家建立起来的第一个最大的殖民国家”[①]。另有一些学者认为，西班牙帝国在17世纪上半叶的全盛时期，“除了本土伊比利亚半岛外，在欧洲还拥有尼德兰一部，意大利南部；拥有南美洲的绝大部分，中美洲和加勒比海地区，北美洲一部；“黑非洲”沿海地区，主要有几内亚、安哥拉、桑给巴尔、莫桑比克、索科特拉；亚洲的阿拉伯半岛东北海岸，印度西南海岸，锡兰，印尼苏拉威西岛大部，菲律宾。由于西班牙殖民大帝国的版图已越出了旧大陆，遍布于全世界，成了日不落帝国”，帝国的总面积达到“2650万平方公里”[②]。

西班牙帝国作为第一个近代意义上的全球性殖民帝国，已经不再局限于简单的军事征服和军事占领，而开始运用经济贸易和语言文化的扩张手段。支持哥伦布去开辟新航路和发现新大陆的不仅仅是帝国的王朝，还包括贵族和商人。对于贵族来说，除了获取经济得益外，征服殖民地还可能有获取荣誉和尊严的动机，而对于商人阶级来说，其唯一目的就是通过殖民地的不平等贸易获取巨额利润。西班牙王室在其广袤的海外殖民国家中实行独占主义的垄断贸易政策，凭借其强大的军事力量，不允许其他国家与殖民地进行贸易，

① 王加丰：《西班牙、葡萄牙帝国的兴衰》，三秦出版社，2005年，第192页。

② 张箭：《世界历史上版图最大之帝国初探》，《阴山学刊（社会科学版）》，2007年第4期。

甚至于殖民地之间的贸易也受到严格限制，致使其他国家无法与美洲殖民地进行合法的贸易往来。[①]西班牙帝国的王室、贵族和商人则从这种垄断性的殖民贸易中攫取巨额财富。仅以金银交易为例，有人统计，每年由西班牙驶往美洲新世界的船只总计起来将近10艘，船的排水量一般为300—500吨，上面装载军需品、士兵、殖民者、商人和马匹以及呢绒、丝织品、麻布、金属制品、葡萄酒、奢侈品、橄榄油和其他商品。西班牙船只在返途中运载了大量的财富，其中首先是金银。1521—1544年，每年从美洲运往西班牙的黄金有2900千克，白银有30700千克。1545—1560年，每年运回的黄金已达5500千克，白银则达246000千克。“因此，到16世纪末期，世界贵金属开采量中的83%归西班牙所有。西班牙人还从美洲运走糖、可可、苏木、宝石、珍珠、烟草、棉花、蓝靛、香油、皮革和其他商品。西班牙人不仅从事不等价贸易，而且对土著居民实行直接剥削。没落的西班牙下层贵族和他们的子孙在美洲则变成了大地主大种植园主。”[②]

西班牙帝国的征服和扩张过程，是一个典型的凭借其海上霸权进行对外殖民化的过程。西班牙全球帝国的崛起，最重要的是三个因素：强大的军事力量，特别是领先于其他国家的强大海军；发达的航海技术，特别是拥有一批掌握先进航海技术的探险家；现代化的帝国管理体制，特别是海外殖民管理体系。

西班牙的陆军和步兵经过改组后在当时的欧洲列强中，无论在军事规模上还是战斗技术上都已位居前列。然而，西班牙军事方面

---

① 参阅张家唐：《论西班牙帝国衰落与大英帝国崛起的关系》，《贵州社会科学》，2013年第12期。

② 于霞、吴长春：《西班牙帝国的兴衰》，《历史教学》，1990年第1期。

的真正强大和独特优势并非在陆军，而在其海军的异军突起，尤其以使人闻风丧胆的“无敌舰队”（西班牙语 Grandey Felicísima Armada，即最幸运的舰队或不可战胜的舰队、无敌舰队）而著名。“无敌舰队”由菲利普二世建立，舰队最多时拥有130艘战船，其中包括配备主战火炮和速射火炮的标准战船盖伦帆船（galleon）20艘，人员总计3万多人，其中包括陆军约1.9万人，总吨位达到57868吨。[①]“无敌舰队”实际上是海陆军的混合部队，海上战斗时以海军的火炮为主，登陆时则发挥西班牙的步兵优势，特别是训练有素的步兵方阵（Tercio）优势，以抢登敌船的战术为主。以“无敌舰队”为代表的强大海军，在西班牙帝国的崛起过程中起到了三个方面的重大作用。首先是助其抗衡欧洲其他列强，特别是英国和荷兰等帝国的扩张，保证西班牙在海外有足够的扩张空间。其次是占领和征服由航海探险家发现的大片海外“新大陆”，其先进的军事武器使得西班牙人可以用极少的兵力，迅速征服数以百万计的美洲等地土著，并占据广大的海外殖民地。再次是保护西班牙殖民贸易的船只不受海盗和其他国家军队的掠夺，西班牙从海外运回的大量黄金白银和香料，都是在西班牙海军航船的武装保护下才得以实现的。

在近代的航海技术和海外探险方面，葡萄牙和西班牙一直处于领先地位，出现了哥伦布和麦哲伦（Fernando de Magallanes）这样的杰出航海探险家。哥伦布是意大利人，以航海和探险为职业，最终移居西班牙，并在西班牙国王资助下，先后进行了4次远洋探险航行。其最重大的贡献，即是于1492年发现了美洲新大陆，从而开创了西班牙帝国海外殖民统治的新纪元。麦哲伦是葡萄牙的职业航海探险家，他向葡萄牙国王提出申请，试图率领船队进行人类首次环

① 参阅［日］石岛晴夫：《西班牙无敌舰队》，简光沂译，海洋出版社，1992年。

球航行，但葡萄牙国王没有同意他的请求，而且还解散其远洋船队。于是，麦哲伦便离开了葡萄牙，来到了西班牙的塞维利亚，向塞维利亚的要塞司令又一次提出环球航行的请求。要塞司令非常欣赏他的才能和勇气，不仅答应他的请求并将他介绍给西班牙国王查理五世，还把女儿嫁给了他。国王查理五世决定支持麦哲伦的远洋探险，下令为麦哲伦组建了一支由5艘船组成的探险船队。麦哲伦于1519年率领船队，开始了其无比艰难的环球航行，终于在1521年完成了人类历史上破天荒的横渡太平洋壮举。除了哥伦布和麦哲伦之外，西班牙还拥有其他许多杰出的航海探险家，也同样得到了西班牙王朝的支持，进行过无数次的海外探险航行。以哥伦布和麦哲伦为代表的探险家的远洋航行，极大地提高了人类海上航行的技术水平，增强了人类战胜海洋大自然的信心，为人类文明的整体进步作出了巨大贡献。从其直接后果看，则是使得西班牙的远洋航行技术处于当时世界的最领先水平，为其海外殖民帝国的扩张奠定了坚实的航行技术基础。

西班牙人对海外殖民地的统治采用了不少新的制度，既有利于其源源不断地从殖民地获取财富，又有助于有效维护殖民地人民的公共秩序。首先是制定专门的法律，用来保护美洲原居民的基本权益。尽管帝国主义者对任何殖民地的征服和统治本质上都是对殖民地人民的剥夺，但以法律的形式对殖民地原居民基本权利加以保护，在当时的情况下与其他欧洲国家的殖民统治相比是非常先进的。西班牙人的这种做法后来也被普遍接受，并被认为为现代国际法体系奠定了最早的基础。其次是改革完善殖民总督制度，对派驻殖民地的总督权力加以有效的限制。除了法律明确殖民总督只是西班牙国王的派出官员，只能代表国王行使权力外，西班牙政府还专门设立了一个具有上诉法庭功能的“咨询委员会”（andiencia），对总督进行监督。最后，为了激励美洲殖民地人民的生产积极性，让殖民地人民生产更多的财富，西班牙政府还创设了一种监护式赋税制（Encomienda System）。“目的是把印第安人作为生产力编入农业单位固定下来，由指定的监护人进行监督。在理论上，这一制度是要保护正在皈依基督教和‘开化’的印第安人免遭剥削。实际上，它把印第安人束缚在土地上，向监护人（encomendero）提供劳动并交纳赋税，后者把地产视为自己的私人财产。”[①]

西班牙在进行海外殖民扩张的过程中，除了运用军事和经济手段外，更重要的是广泛运用了宗教信仰和语言文化的手段。宗教在西班牙的海外扩张中占有重要的地位。长达800年的圣战使得天主教成为西班牙的政治意识形态，而统一后的西班牙王朝的伊莎贝拉女王本人恰恰又是一个狂热的天主教徒，在与费尔南多结婚后被尊奉为天主教女王，在1492年西班牙收复格拉纳达之日，欧洲几乎所有的天主教堂钟声齐鸣。[②]这位天主教女王在统一西班牙王国后，对内开始驱逐半岛上不肯改信基督教的阿拉伯人和犹太人，并建立了著名的宗教裁判所；对外则派出大量的传教士，在广大的殖民地内进行基督教输出。语言文化的输出，在西班牙帝国的殖民化过程中也有着重要作用。1492年，西班牙语言学家安东尼奥·德·内弗里哈向伊莎贝拉女王进献了历史上首部《卡斯蒂利亚语语法》。他在书的前言部分指出，推广卡斯蒂利亚语对于巩固西班牙疆域的重要意义，“语言总是帝国的伴侣”，无论是希伯来语、希腊语，还是拉丁语，都随相应帝国的兴衰而上下起伏。女王显然采纳了这位语言学家的

---

① [美] 菲利普·拉尔夫等：《世界文明史》（上卷），商务印书馆，2006年，第882页。

② 参阅王翠文：《国际体系变革背景下对西班牙帝国周期的分析》，《当代世界与社会主义》，2007年第2期。

意见，开始在广大被征服的殖民地普遍采用体现西班牙宗教与语言文化的命名。[①]结果是，西班牙语成为西班牙帝国扩张的一个象征，至今仍是国际化程度最高的语言之一。“西班牙语简称西语，按照第一语言使用者数量排名，为世界第二大语言，仅次于汉语，全球约有4.37亿人以西班牙语作为母语，占世界人口的4.84%，而西班牙本土只有4000多万人口，由此说明使用西班牙语的人大多在西班牙本土之外，从语言普及程度看，西班牙语无疑是一种国际化的语言。”[②]

16世纪中叶，西班牙帝国进入全盛时期，成为当时世界上不可一世的超级强国。但好景不长，16世纪末或17世纪初，西班牙帝国就迅速走向衰落。尽管它的崩溃要到19世纪初，但也是苟延残喘而已。[③]17世纪中叶以后，西班牙在欧洲的政治生活中已不占重要地位。西班牙帝国由盛入衰的转折点发生在菲利普二世（Philip Ⅱ，1556—1598年在位）执政期间。1588年，在对英国的海战中，强大的西班牙“无敌舰队”不敌英国海军，西班牙海军阵亡士兵高达2万人，西班牙从此以后便丧失了其海上霸权的地位。1648年，在对法国的作战中，菲利普二世的军队被法国军队击败，从此西班牙丧失其在欧洲的陆地军事优势。在王朝内部的王位继承战争中，西班牙又陆续向英国割让了直布罗陀，并丧失了葡萄牙和在意大利与荷兰的领土。19世纪初，西班牙帝国开始出现总体性的崩溃。正如费拉

---

① 参阅王延鑫：《语言乃帝国伴侣：西班牙帝国征服阶段的命名探析》，《西南科技大学学报（哲学社会科学版）》，2019年第6期。

② 卢春迎：《西班牙语诞生于拉丁语与西班牙帝国的崛起》，《外国语文》，2020年第3期。

③ 王加丰：《西班牙帝国为什么衰落》，《浙江师大学报（社会科学版）》，1997年第6期。

德拉（Josep M.Fradera）所看到的，在仅仅75年的时间中，西班牙帝国被见证了从一个“一流的跨洋霸权国家”变成了一个“二流国家”。在“七年战争”（1756—1763）期间，西班牙虽已不敌法国，但总体还保持强国的地位。而到了1830年，由于国内争斗及拿破仑对西班牙的入侵，西班牙的领土扩张和军事实力受到重创，西班牙丧失了绝大部分海外殖民地。[①]1826年，美洲除古巴外的殖民地先后独立，西班牙几百年的殖民统治宣告终结。1898年，西班牙与美国爆发美西战争，最终败于美国并与美国签订和约，古巴、菲律宾、波多黎各和关岛割让美国。“失去古巴和菲律宾，是西班牙帝国在19世纪初的拉丁美洲独立战争后受到的最沉重打击。从此，历时400年的西班牙帝国不复存在。”[②]

正像任何其他庞大帝国的衰败一样，西班牙帝国衰落的原因也是多方面的，而且这些原因总有几分似曾相识。例如，除了军事和经济的衰败外，西班牙帝国的殖民范围过于广阔，以至于无法进行有效管理；王室和贵族阶层的过分贪婪和特权，使得国库财政入不敷出；菲利普二世的专横跋扈和民族宗教迫害政策，加剧了国内的政治冲突和政治分裂；对殖民地人民的掠夺使得财富增长过于容易，导致了对国内生产技术和生产力水平的轻视，反而阻碍了国内经济发展的内在动力；等等。不过，正如西班牙帝国的崛起一样，帝国的衰落首要的原因是其军事力量和经济力量的衰弱。以“无敌舰队”为标志的西班牙皇家海军是其称霸全球的强大后盾，但在西班牙与英格兰的战争中，“无敌舰队”先后对英军的5次远征均以失败告终。

---

①［美］费拉德拉：《晚期西班牙帝国：改革与危机（1762—1898）》（Late Spanish Empire： Reform and Crisis，1762—1898），［丹］彼得·F.邦等编：《牛津世界帝国史》第二卷，牛津大学出版社，2021年，第990页。

② 王加丰：《西班牙、葡萄牙帝国的兴衰》，三秦出版社，2005年，第349页。

这不仅意味着西班牙海军的失败，更意味着西班牙的海上军事霸主地位已被英国所取代，相应地，西班牙的“日不落帝国”地位也日甚一日地无可奈何花落去。

菲利普二世奉行穷兵黩武的军事扩张战略，连年发动多场战争。一方面，大量的人员伤亡，使军队的兵员损失重大。有人估计，菲利普二世的海外战争，其生还者不到出征时的三分之一，每年平均损失军人达8000人左右，仅“无敌舰队”与英国一战，就损兵2万人。[①]另一方面，长期的战争不仅严重地削弱了帝国的军事力量，也使国库连续亏损，极大地削弱了其综合经济国力。据相关专家统计，16世纪60年代，为了镇压尼德兰革命的防务开支每年高达300万达克特，近乎王室年度总开支的三分之一。1566—1654年，尼德兰战争至少消耗了西班牙21800万达克特，这比王室从西印度群岛得到的收入总额12100万达克特要多得多。在对英格兰作战的几年中，政府支出的四分之三用于战争或是用于偿还上次战争所欠的债务。随着对手数量和力量的增长，军事防务开支连年攀升，西班牙用于维持现状的成本比现状带来的利益上升得更快，持续的政治、领土和经济扩张的岁入不足以负担帝国的开支，霸权国家扩张变得无利可图。西班牙王室先后在1557、1575、1596、1607、1627和1647年多次宣布破产。从上述西班牙帝国衰败的各种原因中，我们可以得到的一个深刻教训是，“西班牙的悲剧在于，在一个国际体系处于巨大变革的时代，一个新兴的民族国家依然选择了通过大规模占有领土和建立帝国的传统控制模式，其结果只能是帝国的覆灭”[②]。

---

① 参阅查灿长：《腓力二世与西班牙帝国的衰败》，《烟台师范学院学报（哲学社会科学版）》，1989年第4期。

② 王翠文：《国际体系变革背景下对西班牙帝国周期的分析》，《当代世界与社会主义》，2007年第2期。

第八章
大英帝国

大英帝国（British Empire，1603—1947）脱胎于大不列颠及北爱尔兰王国，其本部在欧洲西北部的大不列颠岛。帝国的首都在伦敦，官方语言为英语。大英帝国全盛时期的面积达到3550万平方千米，整个帝国体系管辖的人口超过4亿。虽然历史上有过众多著名的帝国，它们都对本地区甚至整个世界历史进程产生过深刻的影响，但就其对现代世界的影响来说，没有任何其他帝国超过大英帝国。正如《大英帝国史》的作者所说：在19世纪和20世纪的大部分时间里，英国人统治着一个幅员辽阔的帝国，它覆盖了北美洲的大部分、加勒比海广大地区、非洲撒哈拉沙漠以南大片土地、整个印度次大陆、澳大利亚、东南亚和太平洋地区，甚至曾一度控制着中东的大部分地区。大英帝国对现代世界的形成产生过巨大的影响，它对全世界的影响不仅体现在地缘政治、经济贸易和人口移民上，而且广泛地体现在政治体制、宗教信仰、科学技术、教育模式、市镇布局、文化品位、音乐体育和消遣娱乐等不同方面。[①]

---

①［英］P.J.马歇尔主编：《剑桥插图大英帝国史》，樊新志译，世界知识出版社，2018年，第1—2页。

英王国究竟何时开始成为大英帝国，一直是个模糊不清的问题。1588年，英国海军战败西班牙的“无敌舰队”，实际上意味着英国已经开始取代西班牙成为新的海上霸权。但是，一般认为，大英帝国的形成要晚于西班牙、葡萄牙和法国等欧洲列强。从已有的大英帝国研究成果来看，关于帝国的起始日期，主要有三种代表性观点。第一种观点认为，大英帝国应当从1603年开始，那一年苏格兰国王詹姆斯六世（James Ⅵ）继承了英格兰和爱尔兰女王伊丽莎白（Queen Elizabeth）的王冠，成为整个大不列颠联合王国的国王詹姆斯一世（James Ⅰ），同时也成为“大不列颠帝国”（the Empire of Great Britain）的国王。[①]第二种观点认为，应当从1707年算起，因为那一年英国国会通过了《1707年联合法令》（*Act of Union 1707*）。这个联合法令是指英国两条国会法令：由英格兰国会通过的《1706年与苏格兰联合法令》（*Union with Scotland Act 1706*）和由苏格兰国会通过的《1707年与英格兰联合法令》（*Union with England Act 1707*）。《1707年联合法令》的通过，标志着英格兰和苏格兰两个原为共主邦联的国家合并成单一的王国“大不列颠王国”。第三种观点最为流行，即认为应当将大英帝国的起始年定为1878年，因为那一年英国国王正式冠以“皇帝”的称号。

其实，这三种不同的大英帝国起始年份的区分并不太重要，它只是表明英帝国的形成有一个较长的时间过程，人们可以根据各自的标准截取其中的某个时间节点作为帝国的开始。关于大英帝国的形成过程及开始日期，德国历史学家于尔根·奥斯特哈默有过一个

---

①［美］尼古拉·肯尼（Nichlas Canny）：《第一英帝国：大西洋帝国与英王的人民》（The First Britisch Empire： Atlantic Empire and the People of the British Monarchy），［丹］彼得·F.邦等编：《牛津世界帝国史》第二卷，牛津大学出版社，2021年，第884页。

很好的解释：英帝国的存在则并非始于“创建”，它并不是一场突如其来的建国行动所带来的结果，而是在世界各地的众多舞台上经由一个漫长而复杂的过程形成的，既没有一场有时间记载的“大裂变”，也没有任何核心机构在对其进行操控。在19世纪，英国并不需要建立帝国，因为帝国很久以来便已存在。“在19世纪中叶之前，几乎没有人意识到，那些零零散散的王室领地和其他由英国人通过移民和殖民所占据的领土将会聚合在一起，共同构成一个完整的‘帝国’。直到19世纪70年代，在人们的观念里，那些被英国自视为其‘母国’的移民殖民地，仍然不同于另外一些和英国没有‘母系’关系，而更多是一种严厉的教化式父权统治关系的殖民地。”①

如果仅从正式的名号来看，英国到了1878年才冠以“不列颠帝国”之名，那一年维多利亚女王以继承莫卧儿王朝的法统为名，正式加冕为皇帝。然而事实上，不列颠王国从14—15世纪就开始进行海外殖民探险，至迟在16世纪晚期和17世纪初已经开始其帝国的征程。1584年，英国人拉雷（Walter Ralegh）就奉伊丽莎白女王之命在纽芬兰宣布建立英国的殖民区。1585、1587年，拉雷先后两次在美洲的北卡罗来纳海岸建立英国的殖民点。1607年，一个总部在伦敦的财团，首次成功地在美洲的弗吉尼亚建立了一个英国的殖民点。②17世纪50—70年代，英国通过对荷兰的三次战争，迫使荷兰接受《航海条例》，将荷兰从英国及其殖民地之间的海上航行中排挤出去。18世纪，通过“西班牙王位继承战争”和“七年战争”，英国与欧洲其他国家结盟，打败了法国，控制了直布罗陀海峡，占领了加拿大

---

①［德］于尔根·奥斯特哈默：《世界的演变：19世纪史》（Ⅱ），强朝晖等译，社会科学文献出版社，2016年，第778页。

② 参阅［英］约翰·达尔文：《未终结的帝国：大英帝国，一个不愿消逝的扩张梦》，冯宇等译，中信出版社，2015年，第17—18页等。

和密西西比河以东的大片北美洲领土，并成为印度的实际统治者。1793—1815年间，在对拿破仑帝国的战争中，英国进一步夺取了马耳他、毛里求斯、锡兰、好望角等大片非洲领土。1854年，英国通过对俄国的克里米亚战争，控制了土耳其，并开始涉足巴尔干和西亚地区。1874—1894年间，英国侵占了马来西亚，并将印度支那半岛纳入自己的势力范围。1875年，英国从法国人手中取得了苏伊士运河的实际控制权。到1887年之后，英国又相继侵占了埃及、苏丹、尼日利亚、肯尼亚和黄金海岸等大片撒哈拉以南非洲地区。所以，到了19世纪，在英国彻底战胜法国和俄罗斯后，名副其实的“英国世纪”真正到来。这时，英国终于不仅足以称霸欧洲，而且可以称霸全球。到第一次世界大战前夕，大英帝国的殖民地已遍及世界各大洲。“面积已达到3350万平方公里，相当于其本土面积的130多倍，是全球陆地面积的1/4左右。殖民地人口达3.935亿，是其本土人口的8倍多，占世界总人口的1/4左右。‘日不落帝国’达到了鼎盛时期。”①

大英帝国的形成，将帝国主义推进到了一个新的发展阶段，即帝国的殖民统治由直接的暴力控制为主转向间接的经济控制为主，或者说从军事帝国主义转为商业帝国主义或经济帝国主义。在商业帝国主义模式下，宗主国与附属国之间的关系，除了政治上的统治与被统治之外，经济上也形成了剥削与被剥削的关系。经济上的剥削与被剥削关系则主要通过两大生产体系得以实现，宗主国从事高级生产，即负责创造性的资本投资、工业制造、生产技术、商业标准和贸易销售，而殖民地则从事初级生产，负责供应原材料、农产品和简单劳动力。在商业帝国主义模式下，宗主国就像一个大公司

---

① 施雪华：《当代各国政治体制：英国》，兰州大学出版社，1998年，第16—21页。

的总部，而殖民地就像生产车间。可以说，大英帝国的崛起过程，就是这种商业帝国主义的形成过程。在大英帝国的极盛时期，整个世界的财富都源源不断地流向联合王国，全世界似乎都成为英国的生产工地。据说，当时的英国首相亨利·帕麦斯顿（Henry John Temple Palmerston，1784—1865年）曾洋洋得意地描述了一幅无比辉煌的帝国图景："北美和俄国的平原是我们的玉米地；芝加哥和敖德萨是我们的粮仓；加拿大和波罗的海是我们的林区；澳大利亚有我们的牧羊场，阿根廷和北美西部大草原有我们的牛群；秘鲁送来白银，南非和澳大利亚的黄金流向伦敦；印度人和中国人为我们种植茶叶，我们的咖啡、甘蔗和香料种植园遍布东印度群岛。西班牙和法国是我们的葡萄园，地中海是我们的果园；我们的棉花长期以来栽培在美国南部，现已扩展到地球每个温暖地区。"①

如果说罗马帝国是古代帝国的"百科全书"，那么大英帝国则是近代帝国的"百科全书"。作为人类迄今最为发达的帝国体制，大英帝国包含了帝国统治的各种主要形式，并且把这些不同的帝国统治模式的效能发挥到了极致。英帝国的殖民统治体制既不是一开始就有，也不是一成不变的，而是有一个逐渐演变完善的过程。正如彼得·布罗斯（Peter Burroughs）所说，"与早期的历史学家所想象的不同，大英帝国的统治是一个动态的过程，它没有一个静态的结构和既定的宪法框架"②。

---

①［美］保罗·肯尼迪：《大国的兴衰》，蒋葆英等译，中国经济出版社，1989年，第189页。

②［英］彼得·布罗斯：《帝国的制度与政府》（Imperial Institutions and the Government of Empire），［英］安德鲁·波特（Andrew Porter）、［英］阿拉尼·罗（Alaine M.Low）编：《牛津大英帝国史：19世纪》（*The Oxford History of the British Empire: The Nineteenth Century*）第三卷，牛津大学出版社，1999年，第170页。

首先是以武力征服为基础的帝国统治模式。这种模式最为普遍，也更加简单有效。只要拥有强大的军事实力和警察力量，就可以镇压殖民地人民的任何反抗，使他们绝对听命于大英帝国的号令，服从大英帝国在殖民地的统治秩序。早期英帝国对广大殖民地的统治，主要使用的也是这种暴力征服的方式。暴力镇压是原始也是最基本的统治方式，一旦殖民统治受到威胁，英国政府就会毫不迟疑地使用这种统治手段。例如，英国政府镇压非洲土著的反抗就毫不留情地使用了暴力镇压。“其中最激烈的反抗发生在苏丹。阿玛德（Muhammad Ahmad）自称‘马赫迪’（Mahdi），率领武装力量袭击英军，取得多次胜利，其中最著名的一场战斗是1885年长达十个月的喀土穆围城战。马赫迪武装在英军援军到达前两天攻陷喀土穆城池，击毙英军将领戈登（Charles George Gordon），将守城英军官兵尽数处死。马赫迪继而将英国殖民者赶出苏丹，建立起当时非洲最强大的土著国家——马赫迪国。后直到1898年，英将基钦纳方率军打败马赫迪武装，约11000名非洲人战死沙场。此外，非洲人较大规模的抗英行动还有黄金海岸的阿桑蒂战争等，均遭到英国军队的镇压。”①

其次是以开明的官僚体制为基础的帝国统治模式。比起前面的方式来，这种统治模式更为先进和文明，它事实上是将宗主国的官僚体制经过适当改造后移植到殖民地区。其主要特点体现在两个方面：一是在殖民地建立自治制度，通过自治领的方式重新构建宗主国与殖民地的关系；二是在被征服的殖民地建立起新的文官系统，通过这个官僚系统既为殖民地提供公共服务，同时也在殖民地为维系帝国秩序服务。特别是自治领制度，是大英帝国统治模式的重大

---

① 潘兴明：《英帝国政治治理评析：差异化治理模式及效应考察》，《史学集刊》，2013年第5期。

创新，既增强了殖民地民族的自主性，又密切了宗主国与殖民地的紧密联系。19世纪下半叶，英国在讲英语的殖民地区开始试行自治领制度，加拿大于1867年率先获得自治领地位，新西兰于1907年获得自治领地位，澳大利亚和南非联邦分别在1901年和1910年获得自治领地位。一些学者对英帝国的自治领制度高度赞赏，认为它非常成功。在这些学者看来，“对于自治领的地位仅存的有效束缚就是对英国王权的忠诚，英国的总督就像本土的国王一样只是一个傀儡”。“在两次世界大战中，所有的自治领均与其母国紧紧团结在一起。”①

第三种方式是以英国代理人的管理为基础的帝国统治模式，其特点是招募并培训专业的殖民管理者，把他们外派到英国的海外领地从事公共管理。这实际上是将英国国内的专业化行政管理制度，扩展到广大的殖民地。无论是对于宗主国还是附属国来说，最后这种模式的成本—效益比往往是最好的，它不仅极大地提高了对殖民地的行政管理效率，而且有效地降低了管理成本。例如，对于人口大国印度的管理，“英国只用了不到1000名行政人员，就治理了人口多达2.5亿的印度”。因此，“对于很多维多利亚时代的英国人来说，第三种帝国形式对英国来说更为理想，在道德上也最为可取”②。

在人类的帝国发展史上，英国建立了最为完整和最为发达的全球殖民体系。从地域范围看，这是一个版图前所未有广阔的全球体系，大英帝国的殖民地覆盖了世界五大洲，是真正的“日不落帝国”，有着最广泛的地域代表性。从内容上看，它绝不仅仅是经济贸易的全球殖民体系，而是包括政治、军事、语言、文化、宗教、教

①［美］理查德·E.苏里文等著：《西方文明史》，赵宇烽等译，海南出版社，2009年，第738页。

②［英］约翰·达尔文：《未终结的帝国：大英帝国，一个不愿消逝的扩张梦》，冯宇等译，中信出版社，2015年，第12—25页等。

育、风俗、习惯、科学、技术和人种等在内的全方位的殖民体系。在这个迄今规模最广大的全球殖民体系中，英国不仅是经济、贸易、生产的中心，也是政治、军事和行政的中心，更是文化、科学和技术的中心。按照一些专家的概括，英国人主要通过以下四种方式，建构起这一完备的全球殖民体系。[①]第一种是早期的“垦殖模式”，其主要特点是“政府引领、商界支持和民众参与”。英国最早对爱尔兰的殖民，就采用了这种模式。第二种是“公司模式”。在公司模式中，英国政府颁发特许状，批准成立殖民公司，准予公司进行殖民扩张，授予公司对殖民地的贸易垄断权和统治权。英帝国在不同时期成立了多个殖民公司，引人注目的有英属东印度公司、英属哈德逊湾公司、弗吉尼亚公司和在非洲的殖民公司等。印度是英帝国内最大的殖民地，而开辟这个殖民地的就是英属东印度公司。因此，在这种“公司模式”中，东印度公司的作用最具有代表性，影响也更大。第三种是“移民模式”，这种模式由探险家、民众、公司和业主发起，并得到政府的支持。在移民模式中，民间力量是对外殖民的主要动力来源，政府对此给予法律、军事等方面的支持。大英帝国对北美广大地区的殖民，主要运用的就是这种“移民模式”。在所有海外殖民帝国中，英国的对外移民人数最多。“仅1876—1900年的20多年间，来自英国的男性移民就达255万多人。”[②]第四种是“国家模式”，即国家全程掌控了对殖民地的争夺、占有和治理，制定相应的战略和规划，动员国家的政治、经济、军事资源和力量，整合民间资源，镇压当地人民的反抗。英国对非洲地区的殖民，主要采用

① 参阅潘兴明：《英帝国政治治理模式评析——差异化治理模式及效应考察》，《史学集刊》，2013年第5期。

② 陈祖庆：《试析大英帝国向英联邦的转型——基于英国移民政策演变的考察》，《牡丹江大学学报》，2015年第12期。

的就是这种模式。

大英帝国的兴衰过程，典型地体现了我们在本书第一部分中总结的帝国兴亡的一般规律。决定帝国崛起和衰落的因素有很多，从表面上看，一个国家的军事力量和统治者的素质往往被认为是主要原因，其实更实质性的因素在于先进的生产力和先进的政治制度。英国之所以能够创造出世界帝国史的众多奇迹，成为全球帝国史上难以逾越的顶峰，根本原因也在于其基于先进科学技术的发达经济体系，以及基于民主法治的先进管理制度。

英国是工业革命的发源地和人类社会现代化的先驱。工业革命促进了整个生产体系和经济体系的根本性进步，工业的现代化则开启了整个人类社会的现代化进程。英国之所以能成为工业革命和工业现代化的源头，主要是因为其先进的科学技术。从17—18世纪开始，英国涌现出了以牛顿（1673—1727）和瓦特（1736—1819）为代表的一大批伟大的科学家和发明家，使英国的科学技术遥遥领先于世界。牛顿是当时最伟大的科学家，他创立的物理学定律和科学体系，代表了当时人类科学探索的最高成就。恩格斯曾经这样评价牛顿的科学贡献："牛顿由于发明了万有引力定律而创立了科学的天文学，由于进行了光的分解而创立了科学的光学，由于创立了二项式定理和无限理论而创立了科学的数学，由于认识了力的本性而创立了科学的力学。"[①]瓦特则是当时最伟大的发明家。他发明了第一台实用的蒸汽机，开创了人类工业化的"蒸汽时代"。由先进的科学技术引发的工业革命，使得人类第一次用机器生产替代人工生产，从而极大地提高了社会生产力。例如，新型纺纱机的发明，使纺纱

①［德］恩格斯：《英国状况：十八世纪》，《马克思恩格斯全集》第1卷，人民出版社，2016年，第657页。

量比手工纺纱提高200—300倍。大量的劳动力被解放出来，1815年英国有纺纱工人25万人，到1860年只剩下3万人。

正是由于工业革命，才使得英国建成了当时世界上最发达的纺织工业、冶金工业、煤炭工业、机器工业和交通运输业，使英国在短短几十年内就由一个落后的农业国一跃而成世界上最先进的头号工业强国，成为著名的“世界工厂”。1852年，在世界出口的200万吨钢铁中，英国占到一半以上，其钢铁总产量比其他所有国家加在一起还多。1861年，英国生产的纱锭有3100万个，而美国仅有550万个，德国只有200万个，奥地利只有180万个。[①]工业革命不仅促使英国成为世界制造业的中心，也进而促使其成为世界贸易、金融和投资业的中心。其他国家纵使在军事上可以抗衡英国军队，也无法抵挡其价廉物美的工业产品，这是大英帝国称霸世界的最根本原因。马克思很早就敏锐地看到了这一点：蒸汽和机器引起了工业生产的革命。现代大工业代替了工场手工业，大工业建立了由美洲的发现所准备好的世界市场。世界市场使商业、航海业和陆路交通得到了巨大的发展。这种发展又反过来促进了工业的扩展。“它的商品的低廉价格，是它用来摧毁一切万里长城、征服野蛮人最顽强的仇外心理的重炮。它迫使一切民族——如果它们不想灭亡的话——采用资产阶级的生产方式；它迫使它们在自己那里推行所谓的文明，即变成资产者。一句话，它按照自己的面貌为自己创造出一个世界。”[②]

著名的左翼历史学家埃里克·霍布斯鲍姆对工业革命之于大英

---

① 参阅［美］菲利普·李·拉尔夫等：《世界文明史》（下卷），商务印书馆，2006年，第232—258页。

②［德］马克思、［德］恩格斯：《共产党宣言》，《马克思恩格斯选集》（第1卷），人民出版社，1995年，第276页。

帝国的深远意义作出了极高的评价。他非常明确地指出，正是由于工业革命，才使英国上升到了全球的领导地位，创造了众多的“世界第一”，包括“世界唯一的海军强权”，甚至是当时世界上“唯一的帝国主义者”。他在《工业与帝国：英国的现代化历程》中这样描述工业化与大英帝国的崛起：“工业革命标志着有文字记录以来世界历史上最根本的一次人类生活转型。在某个短暂时期内，工业革命仅与一个国家即英国的历史相重合，因此，整个世界经济都以英国为基础或者围着英国转。这个国家由此上升到了足以影响并支配全球的位置，这是规模相当的任何国家此前或此后从未达到的地位，在可预见的未来恐怕没有哪个国家可以望其项背。世界史上曾有过这样的时刻，如果不拘泥字眼的话，不妨将当年英国描述为：世上唯一的工厂、唯一的大规模进出口国、唯一的货运国、唯一的帝国主义者、几乎唯一的外国投资方，而且因此也是世界唯一的海军强权、唯一拥有真正世界政策的国家。这种垄断地位很大程度上得自开路先锋的独行无双，既然不存在其他拓荒者，英国便是开天辟地的主人。”①

英国也是世界上第一个实行代议民主和君主立宪的国家，代议民主的政治制度不仅为英国科学技术的进步和社会经济的繁荣创造了最有利的条件，而且也为其海外的殖民统治提供了先进的制度保障。1688年，代表英国资产阶级利益的新兴贵族发动了推翻英王詹姆斯二世（James Ⅱ，1633—1701）的“光荣革命”，威廉三世（William Ⅲ，1650—1702）在同意国会的《权利法案》后成为新的英格兰国王，英国从此进入君主立宪的代议民主时代。《权利法案》的

---

①［英］埃里克·霍布斯鲍姆：《工业与帝国：英国的现代化历程》，梅俊杰译，中央编译出版社，2017年，第3页。

主要内容包括：国王不得侵犯议会的征税权；国王无权废止议会通过的法律；不经议会同意，国王不得组织常备军；人民有请愿权；国王不得干涉议会的言论自由，不得因政治行为拘禁议员。不难发现，《权利法案》的实质，就是限制国王的权力，国王不再是帝国至高无上的统治者，国会则成为事实上的最高主权机关。英国在“光荣革命”后确立的这种代议民主制，在人类历史上第一次结束了个人的专制独裁，是人类历史上前所未有的里程碑式的政治进步，也是人类政治文明的最重大成就。代议民主政治的确立，为大英帝国无与伦比的繁荣昌盛至少产生了三个方面的重要作用。第一，从根本上避免了帝国的命运系于最高统治者个人素质的宿命。随着国家的最高权力从国王转移至国会，虽然国王的素质仍然在很大程度上会影响帝国的命运，但已不再可能从根本上决定帝国的命运。第二，帝国治理的最高准则不再是国王个人的命令和意志，而是国家的法律，特别是国会的决策。统治者个人的作用在帝国统治中不再成为最重要的因素，最高统治者的权力受到了法律的有效约束，以致出现了闻所未闻的“英国的总督就像本土的国王一样只是一个傀儡”。第三，国内的代议民主政治直接催生了大英帝国的自治领制度，在帝国的框架内最大限度地维护了殖民地人民的权利，特别是殖民地人民的自治权，在一定程度上促进了殖民地社会经济的繁荣。也正是这种代议民主制度，最终促成了英国向英联邦的转变。

关于大英帝国的衰落和解体，一直是帝国研究的重要内容，大量的研究集中在英国内部的政治经济原因分析和外部的美国等新兴强国的崛起。这些分析当然都有其一定的道理，但在我看来都非实质性原因。大英帝国的解体最根本的因素在于人类政治发展的内在逻辑，这一不可阻挡的政治逻辑就是人类政治生活的民主化。民主是不可抗拒的人类政治进步的潮流，是现代人类政治文明的集中体现。民主政治的逻辑从根本上摧毁了帝国政治的逻辑：帝国建立在对外战争掠夺、个人专制独裁和民族之间的不平等之上，而民主政治的每一个进步都恰好与之相反。民主政治要求摒弃战争和暴力，倡导人类和平合作；民主政治要求人与人之间、民族与民族之间的平等，反对任何形式的歧视；民主政治要求限制统治者的权力，实现立法、行政和司法权力的相互制衡。民主政治空间的每一点扩大，就意味着帝国统治空间的每一点缩小。如果人类自身相信民主政治的进步不可阻挡，那么就应该同样相信帝国体系必然崩溃。在我看来，辉煌无比的大英帝国之所以成为世界帝国史上的绝响，恰恰是对上述人类政治逻辑的最好证明。

大英帝国解体的进程，有力地证明了这样一种现代世界的政治逻辑：帝国内部民主政治的发展，即使没有附属国或殖民地人民的强烈反抗，也必然将导致帝国体系内部的崩溃。如果宗主国内部的民主力量足够强大，以至可以决定性地影响帝国的基本政策，那么，帝国体系内部各民族和各地区之间的政治平等和民主自治，或迟或早将摧毁帝国体系赖以存在的政治基础。这一点从杰里米·布莱克所举的实例中就可以明显地看到："在定居点殖民地，即白人长期定居的殖民地，随着所谓责任政府的发展，自治的范围从19世纪中叶开始扩大。这意味着，随着又一项重大的自由主义措施落成，殖民地总督在政治上要对当地选举产生的立法机构负责，而不是对伦敦负责。这一进程反映的是维多利亚时代英国类似议会安排的制度化。这一制度首先在1841年魁北克和安大略合并为加拿大省时采用；1857年加拿大省选定了首府拜城（Bytown，即渥太华），当地议会大楼还借鉴了威斯敏斯特新议会大厦的新哥特式风格。其他殖民地也纷纷走上了责任政府的道路：新斯科舍在1848年，爱德华王子岛在1851年，新西兰在1852年，纽芬兰、新南威尔士、维多利亚、塔斯马尼亚和南澳大利亚在1855年，昆士兰在1859年，开普殖民地在1872年，西澳大利亚在1890年，以及纳塔尔在1893年。”①

第一次和第二次世界大战是大英帝国由盛入衰的转折点。虽然英国在第一次和第二次世界大战中，都是战争的胜利者，但巨大的战争伤亡和国力损耗，使英帝国大伤元气，变得日益虚弱。第一次世界大战后，英国便逐渐丧失了世界经济和贸易中心的地位。第二次世界大战后，民族独立运动的风起云涌，加上美国和苏联作为新兴霸权国家的崛起，大英帝国的衰落不可逆转。1947年，大英帝国最大的殖民地印度宣布独立，随之，英王乔治六世在1948年正式宣布放弃“莫卧儿皇帝”的头衔，这是英帝国走向全面崩溃的重要标志。1948年，缅甸、斯里兰卡宣布独立，英国结束对巴基斯坦的委任统治；20世纪50年代，大批非洲国家纷纷宣布脱离大英帝国，英国还失去了对苏伊士运河的实际控制权；到20世纪60年代后，绝大多数亚非拉殖民地宣布独立于大英帝国，英国只剩下几个岛屿，“日不落”的大英帝国基本解体。与历史上其他帝国不同的是，英帝国解体后，绝大多数帝国的殖民地既没有与宗主国反目为仇，甚至也没有与宗主国断绝一切往来。虽然英帝国的殖民地独立后变成了完整意义上的主权国家和民族国家，但它们与宗主国却保持着良好的联系，多数成为由英国主导的英联邦（Commonwealth of Nations）成员。英联邦以英国女王为共同元首，其成员大多是原大英帝国的附属国、自治领、殖民地或托管地，目前共有成员单位55个，其中包括16个英联邦王国（Commonwealth Realm）。这是继帝国之后一种新型的国家联盟形式，也是当今世界最有影响的国家间组织之一。应

① ［英］杰里米·布莱克：《大英帝国3000年》，王扬译，中国友谊出版公司，2021年，第178页。

当看到，“今天，英联邦依然充满活力。津巴布韦于2004年、冈比亚于2013年分别退出该组织，南非、斐济和巴基斯坦则在20世纪90年代重新加入。英联邦同样也欢迎前英属自治领的属地，如萨摩亚、巴布亚新几内亚和纳米比亚，甚至是一些从未属于大英帝国的国家加入。英联邦共拥有55个成员国，总面积达2990万平方公里，人口总计23亿，其中10亿人会讲英语，该组织的整体生产总值超过1000万兆亿美元（占全世界生产总值的15%）”[①]。

正如当年罗马帝国对西方文明产生了深刻影响一样，大英帝国虽然最终解体了，但对西方文明，乃至整个人类文明也产生了极大的影响。在历史上的所有帝国中，“英帝国即使不是最宏伟的，也是版图最大的。当今世界起码有1/4的主权国家是从英帝国的版图中分出去的。仅凭这一点，它的影响在历史上诸多帝国里也是首屈一指的”[②]。进一步说，作为大英帝国的重要政治遗产，英联邦依然存在，并且对当代世界的政治经济格局产生重要影响。“英联邦今天依旧存在，而且有49个成员国，占了世界上1/4的人口。它的规模是当时帝国的繁荣程度的反映，也提醒人们英国曾对世界产生过巨大影响。北美的历史以及非洲、印度、中东和远东的大部分历史都是英国塑造的，在这些地区中的很多地方，英语仍然是法律、商业、政府和教育使用的语言。”[③]在相当程度上可以说，当代世界的政治、经济和文化格局的形成，都与大英帝国的兴衰有着紧密的联系。甚

---

①［法］帕特里斯·格尼费、［法］蒂埃里·伦茨主编：《帝国的终结》，邓颖平等译，海天出版社，2018年，第356页。

②［英］约翰·达尔文：《未终结的帝国：大英帝国，一个不愿消逝的扩张梦》，冯宇等译，中信出版社，2015年，第3页。

③［英］劳伦斯·詹姆斯：《大英帝国的崛起与衰落》，张子悦、解永春译，中国友谊出版公司，2018年，第615页。

至以美国为代表的西方发达国家之所以能够对当代世界产生如此巨大的影响，从某种意义上说，也与大英帝国的兴衰有着内在的联系。至少像马歇尔所说的："英语被称为当代社会一种全球性的语言，在一定程度上无疑是美国实力的反映。但是，美国作为一个英语国家，与其他国家一样，都是在大英帝国的影响下形成的。"[①]

---

①［英］P.J.马歇尔主编：《剑桥插图大英帝国史》，樊新志译，世界知识出版社，2018年，第1—2页。

参考书目

中国作者

〔隋〕王通：《中说译注》，张沛译注，上海古籍出版社，2011年。

白海军：《帝国的荣耀：英国海洋称霸300年》，江苏人民出版社，2014年。

戴可来、楚汉编著：《亚述帝国》，商务印书馆，1987年。

复旦大学历史系日本史组编译：《日本帝国主义对外侵略史料选编（1931—1945）》，上海人民出版社，1975年。

韩满春编著：《帝国的命运：罗马人与战争》，法律出版社，2009年。

胡孝文、徐波主编：《秦汉与罗马：帝国时代的倒影》，黄山书社，2011年。

华喆：《帝国的背影：1368年后的蒙古》，兰州大学出版社，2014年。

黄维民：《奥斯曼帝国》，三秦出版社，2000年。

李筠：《罗马史纲：超大规模共同体的兴衰》，岳麓书社，2021年。

汤志钧、汤仁泽编：《梁启超全集》第二集，中国人民大学出版社，2018年。

林樾编著：《帝国的崛起与没落》，北京理工大学出版社，2009年。

钱穆：《中国历代政治得失》，三联书店，2001年。

饶淑莹：《转型时代的帝国研究》，上海人民出版社，2010年。

王加丰：《西班牙、葡萄牙帝国的兴衰》，三秦出版社，2005年。

王三义：《晚期奥斯曼帝国研究：1792—1918》，中国社会科学出版社，2015年

王三义：《帝国之衰：奥斯曼帝国史六论》，社会科学文献出版社，2018年。

武鹏程主编：《海洋与文明：西班牙》，海洋出版社，2021年。

吴松弟：《中国人口史》第三卷（辽宋金元时期），复旦大学出版社，2000年。

夏遇南：《亚历山大帝国》，中国国际广播出版社，2014年。

杨白劳：《英帝国：日不落之殇》，现代出版社，2020年。

耶律承安：《蒙古帝国二百年：超级帝国》，现代出版社，2022年。

耶律承安：《蒙古帝国二百年：帝国兴起》，现代出版社，2021年。

易中天：《帝国的惆怅：中国传统社会的政治与人性》，浙江文艺出版社，2014年。

易中天：《帝国的终结：中国古代政治制度批判》，浙江文艺出版社，2014年。

于卫青：《波斯帝国》，中国国际广播出版社，2014年。

俞可平等：《全球化与国家主权》，社会科学文献出版社，2004年。

俞可平主编：《政治通鉴》（第一卷），中国大百科全书出版社，2020年。

张本英：《自由帝国的建立——1815—1870年英帝国研究》，安徽大学出版社，2009年。

张恩东编著：《不列颠的崛起：英国巨舰与海上战争》，机械工业出版社，2017年。

张金凤：《19世纪英国战争叙事与帝国构建研究》，浙江大学出版社，2020年。

张伟劼编：《帝国的遗产》，上海人民出版社，2013年。

张亚东：《重商帝国：1689—1783年的英帝国研究》，中国社会科学出版社，2004年。

郑非：《帝国的技艺：统治不可统治之地》，广西师范大学出版社，

2021年。

周启迪、沃淑萍：《波斯帝国史》，北京师范大学出版社，2014年。

王加丰：《西班牙、葡萄牙帝国的兴衰》，三秦出版社，2005年。

李铁匠选译：《古代伊朗史料选辑》，商务印书馆，1992年。

施雪华：《当代世界各国政治体制：英国》，兰州大学出版社，1998年。

于卫青：《波斯帝国》，中国国际广播出版社，2014年。

外国作者

《新旧约全书》，中国基督教协会印发，1989年。

［澳］A.B.博斯沃思：《亚历山大帝国》，王桂玲译，青海人民出版社，2006年。

［美］A.T.奥姆斯特德：《波斯帝国史》，李铁匠、顾国梅译，上海三联书店，2010年。

［印］G.D.古拉提：《蒙古帝国中亚征服史》，刘瑾玉译，社会科学文献出版社，2017年。

［英］P.J.马歇尔主编：《剑桥插图大英帝国史》，樊新志译，世界知识出版社，2018年。

［美］R.J.鲁梅尔（R.J.Rummel）：《权力杀戮：作为非暴力手段的民主》（*Power Kills: Democracy as a Method of Nonviolence*），交易出版社（Transaction Publishers），1997年。

［美］S.N.艾森斯塔得：《帝国的政治体系》，阎步克译，贵州人民出版社，1992年。

［英］阿尔弗雷德·卡尔德科特：《大英殖民帝国》，沈阳出版社，2021年。

［美］阿兰·米哈伊尔：《奥斯曼之影：塞利姆的土耳其帝国与现代世界的形成》，栾力夫译，中信出版社，2021年。

［英］阿瑟·哈索尔：《大英帝国扩张史》，曾瑞云译，东方出版社，2021年。

［英］埃里克·霍布斯鲍姆：《工业与帝国：英国的现代化历程》，

梅俊杰译，中央编译出版社，2017年。

［英］艾瑞克·霍布斯鲍姆：《帝国的年代：1875—1914》，贾士蘅译，中信出版社，2017年。

［美］埃里克·纳尔逊：《罗马帝国》，邢锡范等译，辽宁教育出版社，2006年。

［英］爱德华·吉本：《罗马帝国衰亡史》（上卷），黄宜思等译，商务印书馆，1997年。

［美］安德鲁·N.鲁宾：《帝国权威的档案：帝国、文化与冷战》，言予馨译，商务印书馆，2014年。

［英］安德鲁·波特（Andrew Porter）、阿拉尼·罗（Alaine M. Low）编：《牛津大英帝国史：19世纪》（*The Oxford History of the British Empire: The Nineteenth Century*）第三卷，牛津大学出版社（Oxford University Press），1999年。

［荷］安东·范德伦：《海洋帝国的崛起：尼德兰八十年战争，1568—1648》，杜原译，天地出版社，2021年。

［意］安东尼奥·内格里：《超越帝国》，李琨等译，北京大学出版社，2016年。

［日］奥村房夫等：《近代日本战争史》第4编（大东亚战争），同台经济恳话会，平成7年。

［美］保罗·肯尼迪：《大国的兴衰》，蒋葆英等译，中国经济出版社，1989年。

［澳］保罗·詹姆士（Paul James）、［澳］托姆·纳恩（Tom Nairn）：《全球化与暴力》（*Globalization and Violence. Vol. 1: Globalizing Empires, Old and New*），赛奇出版社（SAGE Publications），2006年。

［法］保罗·路易·莱热：《奥匈帝国史》，李为为译，华文出版社，2021年。

［美］白桂思：《丝绸之路上的帝国：青铜时代至今的中央欧亚史》，中信出版社，2020年。

［以］本杰明·亨利·艾萨克：《帝国的边界：罗马军队在东方》，欧阳旭东译，华东师范大学出版社，2018年。

［英］比尔·曼雷（Bill Manley），《古埃及的历史图谱》（*The Penguin Historical Atlas of Ancient Egypt*），企鹅出版社（Penguin Books），1997年。

［丹］彼得·F.邦（Peter Fibiger Bang）、［英］C.A.贝里（C.A. Bayly）、［美］W.谢德尔（Walter Scheidel）编：《牛津世界帝国史》（*The Oxford World History of Empire*），牛津大学出版社（Oxford University Press），2021年。

［美］彼得·弗里切：《第三帝国的生与死》，扈喜林译，社会科学文献出版社，2021年。

［英］彼得·希瑟：《帝国与蛮族：从罗马到欧洲的千年史》，任颂华译，中信出版社，2020年。

［英］彼得·希瑟：《罗马的复辟：帝国陨落之后的欧洲》，马百亮译，中信出版社，2020年。

［英］彼得·希瑟：《罗马帝国的陨落：一部新的历史》，向俊译，中信出版社，2016年。

［古希腊］波里比阿：《罗马帝国的崛起》，翁嘉声译，社会科学文献出版社，2013年。

［澳］布雷特·鲍登：《文明的帝国：帝国观念的演化》，杜富祥等译，社会科学文献出版社，2020年。

［英］布伦达·帕克、［英］杰弗里·帕克：《携带黄金鱼子酱的居鲁士：波斯帝国及其遗产》，刘翔译，中国社会科学出版社，2020年。

［美］萨拉·B.波默罗依等：《古希腊政治社会和文化史》，周平等译，上海三联书店，2010年。

［美］查理·迈尔（Charles S.Maier）：《帝国的一员：美国的统治及其先例》（*Among Empires: American Ascendancy and Its Predecessors*），哈佛大学出版社（Harvard University Press），2006年。

［英］大卫·哈维：《新帝国主义》，初立忠等译，社会科学文献出版社，2009年。

［美］戴尔·布朗主编：《波斯人：帝国的主人》，王淑芳译，华夏出版社，2002年。

［英］戴维·雷诺兹：《大英帝国与第一次世界大战》，徐萍、高连兴译，中国友谊出版公司，2019年。

［英］戴维·米勒等编：《布莱克维尔政治学百科全书》，邓正来译，中国政法大学出版社，1992年。

［意］但丁：《论世界帝国》，朱虹译，商务印书馆，2017年。

［法］德阿·托隆：《蒙古人远征记：草原帝国争霸史》，宝音布格历译，上海社会科学院出版社，2003年。

［美］德布拉·斯凯尔顿、［美］帕梅拉·戴尔：《亚历山大帝国》，郭子林译，商务印书馆，2015年。

［俄］E.T.盖达尔：《帝国的消亡——当代俄罗斯的教训》，王尊贤译，社会科学文献出版社，2008年。

［美］菲利普·费尔南德兹-阿迈斯托（Felipe Fernandez-Armesto）：《世界：一部历史》，叶建军等译，北京大学出版社，2010年。

［美］菲利普·李·拉尔夫等著：《世界文明史》（上卷），赵丰等译，商务印书馆，2006年。

［德］费希特（Johann Gottlieb Fichte）：《致德意志民族》（*Addresses to the German Nation*），公开法庭出版公司（Open Court），1922年。

［美］格雷厄姆·韦伯斯特（Graham Webster）：《公元1—2世纪罗马帝国的武装力量》（*The Roman Imperial Army of the First and Second Centuries A.D.*），俄克拉荷马大学出版社（University of Oklahoma Press），1998年。

［德］贡德·弗兰克：《白银资本：重视经济全球化中的东方》，刘北成译，中央编译出版社，2000年，第99页。

［德］赫尔弗里德·明克勒：《帝国统治的逻辑：从古罗马到美国》，程卫平译，社会科学文献出版社，2021年。

［英］亨利·卡门：《黄金时代的西班牙》，吕浩俊译，北京大学出版社，2016年。

［美］亨利·基辛格：《大外交》，顾淑馨等译，海南出版社，1998年。

［美］简·伯班克、［美］弗雷德里克·库珀：《世界帝国史：权力

与差异政治》，柴彬译，商务印书馆，2017年。

［美］杰克·斯奈德：《帝国的迷思：国内政治与对外扩张》，于铁军等译，北京大学出版社，2007年。

［英］杰里米·布莱克：《大英帝国3000年》，王扬译，中国友谊出版公司，2021年。

［英］杰森·古德温：《奥斯曼帝国闲史》，罗蕾等译，江苏人民出版社，2010年。

［英］卡罗琳·芬克尔：《奥斯曼帝国：1299—1923》，邓伯宸等译，民主与建设出版社，2019年。

［美］科马克·奥·勃里恩：《帝国的衰亡：十六个古代帝国的崛起、称霸和沉没》，邵志军译，现代出版社，2015年。

［美］克里尚·库马尔：《千年帝国史》，石炜译，中信出版社，2019年。

［美］维克托·戴维斯·汉森：《杀戮与文化：强权兴起的决定性战役》，傅翀等译，社会科学文献出版社，2016年。

［英］克里斯·威克姆：《罗马帝国的遗产：400—1000》，余乐译，中信出版社，2019年。

［美］凯尔·哈珀：《罗马的命运：气候、疾病和帝国的终结》，李一帆译，北京联合出版公司，2019年。

［法］雷蒙·阿隆：《民族国家间的和平与战争》，王甦等译，社会科学文献出版社，2021年。

［英］雷蒙德·卡尔：《不可能的帝国：西班牙史》，潘诚译，东方出版中心，2019年。

［法］雷纳·格鲁塞：《蒙古帝国史》，龚钺译，商务印书馆，2017年。

［英］拉姆齐·缪尔：《帝国之道：欧洲扩张400年》，许磊等译，上海人民出版社，2021年。

［美］拉姆塞·麦克莫兰：《腐败与罗马帝国的衰落》，吕厚量译，中国方正出版社，2015年。

［英］保罗·兰福德：《日不落帝国兴衰史：18世纪英国》，刘意青、

康勤译，外语教学与研究出版社，2015年。

［英］劳伦斯·詹姆斯：《大英帝国的崛起与衰落》，张子悦、解永春译，中国友谊出版公司，2018年。

［法］勒内·格鲁塞：《草原帝国》，赵晓鹏译，中国致公出版社，2019年。

［法］勒内·格鲁塞：《蒙古帝国兴亡录》，王颖编译，民主与建设出版社，2017年。

［美］理查德·E.苏里文等：《西方文明史》，赵宇烽等译，海南出版社，2009年。

［苏］列宁：《帝国主义是资本主义的最高阶段》，《列宁全集》（第二十七卷），人民出版社，2017年。

［英］伯纳德·刘易斯：《现代土耳其的兴起》，范中廉译，商务印书馆，1982年。

［加］刘易斯·波利、［加］威廉姆·科尔曼主编：《全球秩序：剧变世界中的机构、制度与自主性》，曹荣湘译，社会科学文献出版社，2009年。

［英］罗伯特·巴尔曼·莫厄特：《大英帝国简史》，严旭译，华文出版社，2021年。

［法］罗伯特·福尔茨（Robert Folz），《公元5世纪至14世纪西欧的帝国概念》（*The Concept of Empire in the West Europe from the Fifth to the Fourteenth Century*），爱德华·阿诺德出版社（Edward Arnold Publishers），1969年。

［美］罗伯特·吉尔平：《世界政治中的战争与变革》，武军等译，中国人民大学出版社，1994年。

［澳］马丁·托马斯（Martin Thomas）、［英］安德鲁·汤普逊（Andrew S.Thompson）：《牛津帝国终结手册》（*The Oxford Handbook of the Ends of Empires*），牛津大学出版社（Oxford University Press），2017年。

［德］马克思：《资本论》，《马克思恩格斯选集》，人民出版社，1995年。

［德］马克思、［德］恩格斯：《马克思恩格斯全集》，人民出版社，

1972年。

［意］马里奥·利沃拉尼（Mario Liverani）主编：《阿卡德，世界上的第一个帝国：结构、观念和传统》（*Akkad, The First World Empire: Structure, Ideology, Traditions*），萨尔贡出版社（Sargon），1993年。

［意］马西莫·利维-巴奇：《世界人口简史》，王帅等译，中国友谊出版公司，2022年。

［美］麦克尔·哈特、［意］安东尼奥·奈格里：《帝国——全球化的政治秩序》，杨建国等译，江苏人民出版社，2003年。

蒙古宫廷史官：《蒙古秘史》，常峰瑞编译，中央编译出版社，2011年。

［法］孟德斯鸠：《罗马盛衰原因论》，婉玲译，商务印书馆，1995年。

［美］米夏埃尔·比尔冈：《古代罗马帝国》，郭子龙译，商务印书馆，2015年。

［美］米夏埃尔·比尔冈：《蒙古帝国》，温海清译，商务印书馆，2015年。

［美］米夏埃尔·比尔冈：《古代波斯诸帝国》，李铁匠译，商务印书馆，2015年。

［英］肯尼斯·摩根：《20世纪英国：帝国与遗产》，宋云峰译，外语教学与研究出版社，2008年。

［英］肯尼斯·摩根：《日不落帝国兴衰史：20世纪英国》，宋云峰译，外语教学与研究出版社，2013年。

［美］尼克·邦克：《大英帝国的崩溃与美国的诞生》，银凡译，民主与建设出版社，2017年。

［美］尼尔·史密斯（Neil Smith）：《美帝国：罗斯福的地理学家和全球化的序曲》（*American Empire: Roosevelt's Geographer and the Prelude to Globalization*），加州大学出版社（University of California Press），2003年。

［英］诺曼·戴维斯：《欧洲史：帝国时代（约330—1493）》，刘北成等译，中信出版社，2021年。

［英］帕特里克·贝尔福：《奥斯曼帝国六百年：土耳其帝国的兴衰》，栾力夫译，中信出版社，2018年。

［法］帕特里斯·格尼费、［法］蒂埃里·伦茨主编：《帝国的终结》，邓颖平等译，海天出版社，2018年。

［德］迈克尔·普劳丁：《蒙古帝国的兴起及其遗产》，赵玲玲译，社会科学文献出版社，2020年。

［日］杉山正明：《蒙古帝国与其漫长的后世》，乌兰译，北京日报出版社，2020年。

［美］萨卡·墨图（Sankar Muthu）编：《帝国与现实政治思想》（*Empire and Modern Political Thought*），剑桥大学出版社（Cambridge University Press），2012年。

［美］斯坦福·肖：《奥斯曼帝国》，许序雅、张忠祥译，青海人民出版社，2006年。

［加］斯蒂芬·斯特里特等主编：《帝国与自主性：全球化进程中的重大时刻》，陈家刚等译，社会科学文献出版社，2010年。

［伊朗］图拉吉·达利遥义：《萨珊波斯：帝国的崛起与衰落》，吴赟培译，北京大学出版社，2021年。

［德］瓦尔特·L.伯尔奈克：《西班牙史：从十五世纪至今》，陈曦译，上海文化出版社，2019年。

［澳］沃尔特·施德尔主编：《罗马与中国：比较视野下的古代世界帝国》，李平译，江苏人民出版社，2018年。

［英］西蒙·贝克：《帝国兴亡：罗马帝国的六大转折点》，新世纪出版社，2013年。

［英］西蒙·沙玛：《英国史》（全3卷），彭灵译，中信出版社，2018年。

［日］石岛晴夫：《西班牙无敌舰队》，简光沂译，海洋出版社，1992年。

［美］J.威廉·富布赖特、［美］塞思·P.蒂尔曼：《帝国的代价》，吴永和等译，译林出版社，1992年。

［美］威廉.I.鲁宾逊：《全球资本主义论：跨国世界中的生产、阶级

与国家》，高明秀译，社会科学文献出版社，2009年。

［美］雅各布·阿伯特：《亚历山大大帝》，毕婷译，华文出版社，2017年。

［英］亚当·斯密：《国富论》，唐日松等译，华夏出版社，2004年。

［英］亚当·斯密：《原富》，严复译，商务印书馆，1981年。

［德］于尔根·奥斯特哈默：《世界的演变：19世纪史》，强朝晖等译，社会科学文献出版社，2016年。

［英］约翰·阿特金森·霍布森：《帝国主义》，纪明译，上海人民出版社，1960年。

［英］约翰·达尔文：《帖木儿之后：1405年以来的全球帝国史》，黄中宪译，中信出版社，2021年。

［英］约翰·达尔文：《未终结的帝国：大英帝国，一个不愿消逝的扩张梦》，冯宇等译，中信出版社，2015年。

［美］约瑟夫·C.格鲁：《使日十年——1932—1942年美国驻日大使约瑟夫·C.格鲁的日记及公私文件摘录》，沙青青译，社会科学文献出版社，2020年。

［德］约西姆·巴克汉森：《蒙古帝国的世界征服：全球视野下透视蒙古帝国崛起的历史、地理密码》，于文译，哈尔滨出版社，2020年。

［美］珍妮弗·皮茨：《转向帝国：英法帝国自由主义的兴起》，金毅等译，江苏人民出版社，2012年。

［加］哈罗德·伊尼斯：《帝国与传播》，何道宽译，中国人民大学出版社，2003年。

［俄］伊兹科维兹：《帝国的剖析：奥托曼的制度与精神》，姚楠译，学林出版社，1996年。

［英］尤金·罗根：《奥斯曼帝国的衰亡》，王阳阳译，广西师范大学出版社，2017年。

［俄］泽内达·A.拉戈津：《亚述：从帝国的崛起到尼尼微的沦陷》，吴晓真译，商务印书馆，2020年。

［美］詹姆斯·特拉斯洛·亚当斯：《缔造大英帝国：从史前时代到

北美十三洲独立》，张茂元、黄玮译，广西师范大学出版社，2019年。

［美］詹姆斯·特拉斯洛·亚当斯：《重铸大英帝国：从美国独立到第二次世界大战》，覃辉银译，广西师范大学出版社，2018年。

索 引